日本の心理教育プログラム

心の健康を守る学校教育の再生と未来

YAMASAKI Katsuyuki
山崎勝之【編著】

福村出版

はじめに

事の始まり

かれこれ15年ほど前になるでしょうか。本書の編者らは，現在では「予防教育」と呼んでいる新たな心理教育プログラムを開発し，日本の全国の学校で普及させ始めました。

ここで言う心理教育プログラムとは，心理学の理論や技法を駆使し，健康や適応を守るために展開される教育プログラムのことを指しています。本来「心理教育」（psychoeducation）は，精神疾患の患者さんたちに向けて行われるプログラムでしたが，近年は，予防（開発）的な特徴が強くなり，多様な適用の場を持って広がりを見せています。そして本書では，学校において子どもたちを対象にした心理教育プログラムを扱っています。

編者らは，1990年代からさまざまな心理教育プログラムを開発して学校で実施してきました。しかし，それらは単発に実施されることがほとんどで，効果評価を終え論文にしてしまえば，それで満足しているような状況が長らく続きました。今思えば，他の心理学研究者もいろいろとプログラムを開発していましたが，似たような状況でした。

しかし，このような心理教育プログラムが，子どもたちの健康と適応を本当に守るためには，学校で長期間，たとえば小学校ならば全学年で一年中継続して実施することが必要であることにすぐに気づきました。それほどに，健康や適応が悪化していたり，あるいは将来的に悪化する可能性がある場合，その対応は時間も労力もかかるものでした。心理学の観点から言えば，その根本的な原因は，根強く形成された心の特徴（認知や行動や感情，それにパーソナリティを含めて）にあったのです。

心理教育プログラムの恒常的安定実施へ

　学校で，安定して恒常的に実施する。学習指導要領にもない心理教育プログラムで，このことを実現するにはどうしたらよいのでしょうか。その実現に向けて，日本の学校教育のシステムや内容をすぐに変えることは難しいでしょう。そこで編者らは，その日が来ることを信じて，まずは心理教育プログラム自体を恒常的安定実施に耐えるものにすることに力を傾けようとしました。そのためには予算もいるし，人も必要です。そこで，この実現のため，所属する大学をあげて文部科学省の特別経費（プロジェクト分）に応募し，応募1年目で事業の採択にいたりました。

　ここから，大学にこのプロジェクトのためのセンターが設立され，多数の人材を集め，必要機器を取りそろえ，5年間を見据えたプロジェクトが始まりました。新しい心理教育プログラムのため，その理論基盤を整え，階層的に緻密な教育目標を設定し，子どもたちを魅了する授業方法を編み出し，かなりの勢いで多数のプログラムを開発していきました。学校現場から多大なご協力をいただき，試行錯誤を重ね，次第にプログラム群が最初のかたちを整え始めました。開発されたプログラムは，学校においてすべての児童生徒を対象にして実施できる一次（ユニバーサル）予防に主軸を置いたものでした。この点で，学校教育での実施になじむ特徴を最初から持っていました。

　また，開発されたプログラムは，世界的に見ても，理論も方法もこれまでの心理教育プログラムとは異なる斬新なもので，そのうえ，子どもたちが待ち焦がれるほど魅力ある教育になりました。そのため，多くのマスメディアが取りあげることになり，その影響もあってプログラムは順調に広まりだしました。科学としての教育を標榜した以上，科学的に行われた教育効果の評価も良好な結果が重ねられ，このまま順風満帆で進んでいくものと期待が高まりました。

　ところが，その期待もむなしく，プログラムが広まる速度は次第に鈍化しました。その原因はすぐにわかりました。プログラムの重さが普及を阻んでいたのです。プログラムが「重い」とは，実施に際して，実施者が準備し，

記憶し，また実施スキルを高める必要が多くあったということです。多忙を極める学校教員，しかも学習指導要領にない教育を，労力と時間を割いて実施することはたいへんな重荷であったと想像できます。子どもたちが健康で幸多く生きることは，教員なら誰もが願っていることです。それにもかかわらず，その教育に踏み込めない現状がありました。忸怩（じくじ）たる思いに先生がたは苛まれていたはずです。

　この状況を前に編者らはあきらめず，プログラムの軽量化に努めました。理論や子どもを引きつける力はそのままに，前日に少し目を通せば実施できるような軽快なプログラムに改定を始めました。この軽快なプログラムを今では「第三世代の予防教育」と呼んでいますが，この第三世代をもって再び全国普及の道程を刻んでいるというのが現在の状況です。

本書の誕生と期待

　しかし今回は，安易には考えていません。編者らが開発したプログラムだけでは十分ではないことを心にとどめました。子どもたちの健康や適応を守る心の特徴を健全に育成する心理教育プログラムとして，少なくとも小中学校のどの学年でも一年中実施するには，このプログラム群の力量だけではとうてい足るはずがありません。

　このことを考えながら日本で開発され実践されている心理教育プログラムを見渡してみると，実に多くのプログラムがあることがわかりました。その全貌は容易にとらえられないほどで，またそれぞれのプログラムは，教育対象となる年齢や心の特徴が違っていました。それらがパッケージのように整理され，実施者の学校教員にわかりやすいかたち，使いやすいかたちで提供できれば，どれほど素晴らしいかと夢見ました。

　その夢の実現は先になるでしょうが，いち早い実現をめざして昨年から活動を始めました。まず，日本心理学会と日本教育心理学会において編者らが中心となりシンポジウムを開催しました。シンポジウムのテーマは，学校において心理教育プログラムをどのように安定して恒常的に実施するかという

ことです。日本心理学会では研究者が，日本教育心理学会では学校教員がこのテーマについて話題提供し，討議しました。その後，これらのシンポジウムの開催に勢いを得て，次の一歩としてこの書籍の出版に至りました。

　日本の心理教育プログラムにはどのようなものがあるのでしょうか。その主要なものを本書で紹介しました。いずれの章も語りかけるような書きぶりのもと，経験に基づいて書かれているという点で臨場感満載で，それぞれの心理教育プログラムの宝石のような輝きが伝わってきます。

　そして本書は，日本の心理教育プログラムの紹介だけにとどまりません。めざしていることは，このような心理教育プログラムの学校での恒常的安定実施です。子どもたちが心身ともに健康で幸多く自らの生活舞台を享受できること，ひいては幸福感たっぷりに生きることが学校教育の最大の目標のはずです。このことが達成されてこそ学業も本物になるのです。本書で紹介された心理教育プログラムはいずれも，学校での安定実施という点では乗り越えがたい大きな壁にぶち当たってきました。その壁がどのようなもので，どう乗り越えるのかを考えることも，プログラムの紹介と同時に必要なことです。本書では，そのことも執筆者が実際の経験から語り，実効性のある壁の克服方法も紹介していきます。

　日本の心理教育プログラムを知りたい。その要望に答えるとともに，プログラムの恒常的安定実施への鍵を同時にお伝えするのが本書です。この問題は，日本という国の学校教育のあり方にかかわります。未来の学校教育がどうあるべきか。そのような一大問題にも思いを馳せることができるような内容も詰め込みました。

本書の出版を支えてくださった方々

　本書では，どの執筆者にとっても，学校がプログラムを適用する主舞台である以上，学校に関係する多くの方々のご支援とご協力を受けています。そこでまず目に浮かぶのは，プログラムの実施の際に出会った児童生徒の皆さんです。嬉々として新しい教育プログラムに参加してくれたあの子どもたち

は，その後どのような人生を歩んでいるのでしょうか。心理教育プログラムが健康で幸いな生活に少なからず役立っていることを信じ，あのときのはちきれんばかりの笑顔を思い出しています。そのプログラムの実施を快諾し，そればかりか実施を積極的に推進してくださった学校の先生がた，教育委員会の皆様，その他学校教育関係者の皆様には感謝の言葉もありません。その英断とご協力には頭が下がる思いです。

　最後に，本書の出版の労をとっていただきました福村出版社長の宮下基幸氏には，この本を世に出していただき，子どもたちに必要となる，新たな学校教育の導入へと大いなる力をいただきました。編集者の吉澤あき氏には編集の実務作業の労をとっていただき，細部まで配慮がゆきとどいた的確な校正と，折りにふれ私たち執筆者を励ましていただいた編集ぶりに，倦みがちな執筆への英気が立ち戻りました。両氏に，心より御礼申し上げます。

　さあ，本書の出版をもって学校が変貌する契機が生まれるでしょうか。めざすは，子どもたちの健康と適応を基盤に据えた学校です。そして，それこそが真に子どもたちの知的側面もはぐくむことに気づく学校です。本書の16名の執筆者の情熱は，きっとそのことを実現することでしょう。

編者　山崎勝之

7

なぜ，心理学発の学校教育プログラムは常時実施されないのか？

── 子どもたちの健康と適応以上の重要事があろうか

山崎 勝之（鳴門教育大学）

本章へのとびら

　いよいよ本編が始まります。学校で子どもの健やかな育ちを守る教育を紹介し，その教育を学校で常時実施するための書籍の幕開けです。学校で見る子どもたちの健康や適応上の姿は決して望ましいものではありません。そのことは繰り返し，強く指摘されてきました。しかし，その指摘もむなしく，学校は変わりません。この章では，学校での問題を指摘しながらも，だからどうするの？　なすべきことをどう実現するの？　という問いに大きな指針を示したいと思います。指針を具体化する内容は次章以降で展開されます。さて，本書のもつ魅力へと読者の皆さんを誘（いざな）えるでしょうか。

1　学校で際立つ，子どもたちの健康と適応の問題

1-1　最近，子どもたちの交流はどうなの？　学校とのつながりは切れていないか

　近年の学校の問題と言えば，誰もが口にするのが，「いじめ」と「不登校」でしょう。2020（令和2）年から蔓延し始めたコロナウイルスは学校から子どもたちを遠ざけることが多かったために，問題の発生統計を歪めてしまいましたが，蔓延以前の統計を見るといじめも不登校も増加の一途です。いじめ問題

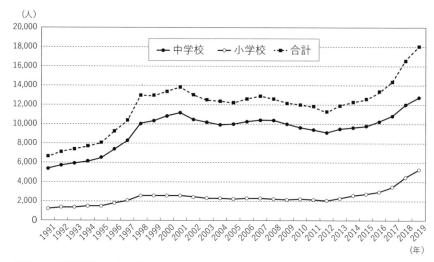

図序-1　不登校児童生徒数の推移（文部科学省，2021 より改変）

などは，2013（平成 25）年に「いじめ防止対策推進法」が制定されようが，悲惨ないじめ被害者の自死が繰り返されようが，減少の兆しが一向に見えません。自殺と言えば，2019（令和元）年までの 10 年間で，自殺者数は 3 万 1,690 人から 2 万 169 人に減少しているものの，10 代では 551 人から 659 人と増加傾向で推移していることも忘れるわけにはいきません（警察庁，2021）。

　さらに不登校の増加は際立ち，2012（平成 24）年あたりから増加し続け，2019 年には小中学校全体で 1 万 8,000 人を超えています（**図序-1**）。近年のこの不登校の増加が現行の学校教育に与える影響は計り知れないものがあり，このことは次節でさらに詳しく取りあげています。

　いじめにしても不登校にしても，学校が躍起になって取り組んでいる問題であるのに解決の糸口が見えません。学校での教育は何かが大きく間違っているようです。

1-2　家庭機能の低下問題を背負う学校教育

　前項では学校に関連して生まれる問題についてふれましたが，家庭で発生する問題から学校での教育が難しくなっている側面も見られます。いろいろと問

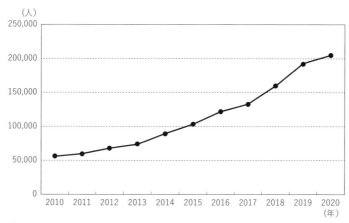

図序-2　児童相談所における児童虐待相談件数 (厚生労働省，2021 より改変)

題はあるのですが，増加が著しいということでは，児童虐待の問題が浮上します。児童相談所への相談件数を見ても，2020 年に児童虐待は 2 万人を超えました（**図序-2**）。これと同期するように増加しているのが家庭内暴力（DV）です。児童虐待も DV も家庭内での問題になり，暴力ということで同じような変化をたどっています。

　児童虐待は養育者の養育態度の問題から発生します。その問題は，アタッチメントのスタイル（型）の歪みに反映されます（山崎，2022a）。アタッチメントは平たく言えば，恐怖や不安など，ネガティブな気もちのときに子どもが特定の対象と近接する（近づく，くっつく）ことで安心しようとする特性です（服部，2021）。このアタッチメントの型は，安定型（B 型），回避型（A 型），アンビヴァレント型（C 型）に分類されていましたが，後に無秩序・無方向型（D 型）が加わりました。

　D 型の子どもでは，近接と回避のような，本来は両立しないような行動が起こり，顔をそむけた状態で養育者へ接近し，養育者にしがみついたかと思うと床に倒れ込む行動などを示します。そして，被虐待児の虐待者に対するアタッチメントでは 8 割ほどを D 型が占めています（Lyons-Ruth & Block, 1996）。アタッチメントは安定型が最も適応的だとされていますが，他の型も特定の養育

態度の問題から自分を守るために身につけたものと考えることができます。理解しがたく，対応に苦慮するD型の子どもたちも，自分なりの防衛行動をとっていると思えば，対応の方法が見えてくるでしょう。

　一般の学校では，発達障害の子どもたちが6.5%ほど在籍していることが明らかにされています（内閣府，2013）。それに，D型のようなアタッチメント型をもった子どもも在籍しています。そうした子どもの中に家庭発の問題があっても，学校を彼らの再生の場としてとらえ，そのための支援をしていく覚悟も必要になるでしょう。しかし，現在の学校が，はたして再生の場になっているでしょうか。

1-3　子どもの心と体がむしばまれる現状

　心身の病気という面でみても，子どもの状況は成人並みになってきました。例えば，かつてうつ病は大人の病気と考えられてきましたが，今では子どもでも成人と同じようにうつ病にかかっていることが報告されています（傳田，2008）。学校の教室では，暴力的で集団の和を乱す行動は問題視されがちですが，おとなしく覇気のない子どもたちへの対応は遅れがちです。そのような子どもたちにうつ病が潜んでいるかもしれません。

　身体的な病気で気になることは，生活習慣病です。成人で健康寿命を縮めているのは，何といってもがんや糖尿病などの生活習慣病です。その発症が小児期に始まっているのです。動脈中の高脂質を含んだ血流は早くも3歳児で認められ，10歳ごろには血管の硬化の兆しが見られると言われています（Matthews & Woodall, 1988）。日本学校保健会（2020）の調査では，2018（平成30）年度で，肥満割合は小学校男女で10%弱，総コレステロール異常は小学校男子で2.9%，女子で4.9%と軽視できない値を示しています。生活習慣病はその名のとおり，生活習慣の悪化が主な原因で起こります。現在この病気で苦しんでいる成人の皆さんには，子ども時代から食生活等に気をつけていればよかったと悔やんでおられる方が多いのではないでしょうか。子どもがそんなことを知る由もなく，子ども時代から生活習慣を健全なものにしていくことは，家庭だけでなく学校の役割でもあります。しかし学校は，この役目を本気で果たそうとしているでしょうか。

この節でお話ししたように，現代の子どもたちは健康や適応上の問題に苛まれています。健康や適応の問題は，何をおいても第一に考えなければならない問題です。それにもかかわらず，学校教育がこの問題への対応に本気で取り組んでいないことは，誰の目にも明らかでしょう。

2　学校教育は限界を迎えている

2-1　不登校が知らせる学校教育の限界

第1節で，不登校の児童生徒がかなりの勢いで増えていることをお話ししました。このように不登校が増加している原因はさまざまです（山﨑，2022b）。その原因の多くは社会情勢や個人の特性から説明することができますが，社会情勢の変化は注目に値します。それは，産業構造が変わり，学校がその担い手の育成にうってつけであった第二次産業（鉱業，建設業，製造業）が衰退したこと，高校の進学率が100％近く飽和状態になったこと，高等学校卒業程度認定試験の導入やフリースクールの増加などです。藤田（2015）によると，このような情勢の中で学校の神聖性が退行し，登校への動機づけが高かった層が不登校に向かい，学校側の登校への強制性の高い指導が低下し，登校への動機づけの低い層が不登校に傾斜したと考えられます。

このような状況を前に，文部科学省は手をこまねいていたわけではありませんが，打つ手はことごとく失敗しました。そして，ついに2019年には「不登校児童生徒への支援の在り方（通知）」を出し，フリースクールなど多様な教育機会の確保として学校復帰以外の方法を明記し，「学校復帰にとらわれない」という新たな不登校対応を示しました。

この対応にはがっかりさせられます。それは，学校そのものを時代の要請に合わせて変えるという視点が欠落しているからです。言ってみれば，この不登校の増加は学校が変わる絶好の機会です。その機会を自ら逃し，旧来の学校のあり方にしがみつこうとする姿勢はいただけません。これは，子どもたちの健康や適応がむしばまれる現況を踏み台にして学校教育が変わるべき機会を失っている過ちと言えるでしょう。

2-2 疲弊する学校教員

日本における学校教育職はストレスに満ちた仕事です。2019年度の公立学校の病気休職者は8,157人で，そのうち5,478人（約67%）が精神疾患によるものです（文部科学省，2020）。長時間労働による燃え尽き症候群（バーンアウト）が取り沙汰されて久しくなりますが，変わらず過酷な労働を強いられているのが学校教員です。国際教員指導環境調査（TALIS）の2018（平成30）年の結果（国立教育政策研究所，2019）では，OECD参加国の中で日本の教員の労働時間は最長で，参加国平均と比べると，週あたりで15時間以上長くなっています。このためか，児童生徒の自己肯定感や学習意欲を高めることに対する教員自身の自己効力感も，参加国平均を大きく下回っています。

この状況に追い打ちをかけるように，子どもの健康や適応の状況がよくないのです。教員が高めることができないと考えている子どもの自己肯定感や学習意欲が高まるはずはなく，この子どもの状態が教師の負担感を増すという悪循環が起こっています。子どもの状態がよいと教育も円滑に進むものです。そもそも自己肯定感が高いと子どもは自ら学び伸びていく力をもちます。そのような力を身につけさせる教育は，直接子どもの学習面には関係がないようでも，その土台となる基盤を培う教育になります。このような視点が，今の学校にあるでしょうか。

3　健康と適応を守る「心理教育プログラム」の大切さと現状

3-1　予防的な観点をもって心を教育することの大切さ

学校は，将来に備えてさまざまな力を培う場です。現時点でも大きな問題を抱えている子どもたちも多くいますが，将来的にはさまざまな問題を抱えることが誰にも予測されます。その問題で重要なものは，心身の健康を損ねることや，生き住まう環境にうまく適応しないことです。人生で大切なことを尋ねられれば，「健康で幸多く生きること」と答える人が少なくないでしょう。今も将来も，そのことを達成するためには，健全な心の育成が大切になります。心とは抽象的な言葉ですが，一般に言う，性格（パーソナリティ），感情，思考，

認知，行動などすべてを指した言葉です。心の問題は，問題の特徴によってさまざまな健康や適応上の問題をもたらします。

　こう考えると，この心を健全に育成することの大切さがわかってきます。本書では，心を健全に育成するために心理学の理論や技法を駆使した教育を包括して，健康と適応のための心理教育（psychoeducation）あるいは心理教育プログラム（psychoeducational program）と呼んでいます。もともと心理教育は，その出所が精神医療の領域であることからすると，本来は限定的な意味しかもちません。しかし近年では，その意味や適用範囲が拡大し，健康や適応を守り育成する教育的試みを広く指すようになっています。続く各章では，この教育の中の具体的側面に焦点を当てた教育名称が出てきますが，それらをすべて包括して心理教育プログラムと呼んでいることをここに明記しておきます。

3-2　既存の授業では目的を達成できない

　前節のように心理教育の大切さをお話しすると，現行の学校教育には健康のための保健，心の教育としての道徳科があるのではないか，と反論されるかもしれません。しかし，学校でどれほどの時数が保健の授業にあてられているでしょうか。小学校では4年間で24時間（3～6年生），中学校では3年間で48時間しかありません。また，最近教科となった道徳は週1時間実施されることになっていますが，その目標にしても，授業のやり方にしても，科学的根拠はなく，およそ授業方法も旧来の読み物教材をもとにした方法に頼ることが多くなっています。

　学校が遵守を余儀なくされる学習指導要領でそうなっているのですから，この枠をはずしたり，変えたりしがたいのが現状です。このような制約のなかでも，子どもたちの健康と適応を守る心理教育をどのように安定して実施するのかが本書の大きなテーマです。子どもたちにとって一番大切な生命を守る教育のため，立ちはだかる現行の学校教育の壁に挑むという，困難ですが，たいへん大切なテーマです。

3-3　研究者たちのプログラム開発と実施状況

　立場を変えて，研究者たちの心理教育プログラムの開発状況を見てみましょ

**写真序-1　子どもの健康と適応を守る教育のあ
り方を模索する国際会議**

う。広い意味で子どもたちの健康と適応を守るため，心理学を駆使したプログラムはおびただしい数があります。日本心理学会でも，日本教育心理学会でもいいので，最近の大会論文集でものぞいてみてください。何十というプログラムの開発やその効果が発表されていることがわかるでしょう。

　しかし，そのような大量のプログラムがその後，学校で安定して恒常的に実施される例はほぼ皆無です。このことには研究者側にも責任があるかもしれません。プログラムを開発し，その効果評価を行うことはとにかく研究になります。研究を成立させることだけに目が向き，そのプログラムが学校で十分に実施され，本当に子どもたちの健康と適応に寄与することを，欠くことのできない大切な目標にしていないのではないでしょうか。このようなことを世界中の多くの研究者たちが感じています。この状況をなんとかしたいという国際会議も日本で開かれています（**写真序-1**）。しかし，この難問が解決されたという好結果は，現在に至っても確認されません。

　本書の以降の章で紹介されるプログラムは，そんなプログラムではありません。学校で継続的に実施され，子どもの健康と適応を守り続けることを切実に願って開発されたものです。しかし，どのプログラムも，安定して，継続して，恒常的に実施することを阻む壁にぶちあたっています。その壁をどう乗り越えるか。それぞれの執筆者が現実的な方法を提起してくれます。

4　何が恒常的安定実施を阻むのか

4-1　教員は多忙すぎる，ゆとりが欠如している

　健康や適応を守る心理教育は誰の目にも大切な教育であることは間違いありません。それにもかかわらず，何がその安定実施を阻んでいるのでしょうか。その最大の理由の一つは，先に紹介した学校教員の仕事時間が長いことです。その際引用した国際教員指導環境調査では，他の OECD 参加国と比較して，事務業務や課外活動が特に多くなっていることが仕事時間の長さの原因だと示されています。つまり，教員が直接子どもに教えるという本来の仕事以外のことにとられる時間が長いという現状があるのです。

　加えて，学習指導要領を遵守するという国からの圧力があり，それに沿って時数や教育内容を合わせることに精一杯です。見かけ上，教育の細部の決定には学校に裁量権が与えられているとはいえ，それは絵に描いた餅のような権利になっています。

　このような状況下で，教員が学習指導要領にはない新教育を導入して実施する余裕などあるはずがありません。そのことを可能にしている教員がいるとしたら，意欲も体力もあるスーパーティーチャーということになるのでしょうか。

　学校教員になるためには，大学などで教員養成課程を経なければなりません。しかし，その養成課程には本書で紹介する新教育について学ぶ機会はほとんどありません。学習指導要領に沿った教育ができる教員を育成することに眼目が置かれています。このため，学校教員になってから新教育を始めようとすると，その理論なり方法なりを一から学ばなければならず手間がかかり，多忙な教員はその実施から後ずさりしてしまいます。

4-2　プログラムが恒常的安定実施に資するのか

　別の観点から見てみましょう。プログラムの開発側に立ってこの問題を考えてみると，恒常的安定実施に耐えるプログラム（あるいはプログラム群）が用意されているのかという疑問がわいてきます。もしこの用意がなされていなければ，学校側ができない，やろうとしないのも当然のことになります。

心理教育プログラムが
この点でクリアすべき条
件にはどのようなものが
あるでしょうか。第一に，
プログラムには目標達成
という点で効果がなくて
はなりません。当然のこ
とのように思われがちで
すが，科学的に効果があ
ることを証明するのはそ
れほど簡単なことであり
ません。第二に，子ども

写真序-2　心理教育プログラムに興じる子どもたち

にとって魅力があり，この教育を受けたいと思わせるほどの引きつける力をも
つ必要があります。長期間にわたり実施するのですから，最初のもの珍しさだ
けでは子どもを集中させて参加させ続けることはできません。**写真序-2**の授
業光景を見てください。全員が前のめりになって手を挙げ，教員を見つめる姿
に教育の魅力度が見えませんか。第三に，授業者にとっても，他の学校関係
者にとっても，そして保護者にとっても，主観的でいいので，「よい教育だな」
と感じてもらうことが大切です。周りの目がポジティブだと教育を運営しやす
くなります。第四に，学校の教員が実施することになるので，準備や実施があ
まり負担にならないことが大切です。これは，多忙な教員には欠かせない条件
です。そして最後に，できるかぎり，既存の授業の目標とも重なりがあれば申
し分ありません。既存の授業の目標を一部なりとも達成できるのであれば，学
習指導要領になくても学校側は実施しやすくなります。

　さて，なかなか高いハードルが恒常的安定実施には必要になることがわかり
ます。次章以降で紹介するプログラムが，どれほどこれらのハードルを越えて
いるのでしょうか。もちろん百点満点のプログラムはないと思いますが，多く
の条件をクリアしているはずです。そしてもう一つ付け加えるなら，本書で紹
介するプログラムの多くは単独で長期間実施できません。そこで，長期に継続
して実施するためには，複数のプログラムをどう組み合わせて実施するかとい

うことも計画する必要があるでしょう。本書はその計画までお話しするもので
はありませんが，紹介したプログラムをご覧になり，学校側がその組み合わせ
や実施順序などを楽しみながらプランしていただきたいと思います。

5　学校教育の革新への期待

5-1　現行の学習指導要領と学校制度を聖域としない抜本的改革へ
　現在の学校は，文部科学省による学習指導要領に基づいて教育を実施してい
ます。学習指導要領は，「学校教育法」の規定をうけて「学校教育法施行規則」
で定められ，法体系に位置づけられていることから，守り従うことが求められ
ます。そこでは，教育内容から時間数まで細部にわたって学校教育が規定され
ています。学習指導要領はもともと手引き程度の立ち位置でしたが，いつの間
にか拘束力をもつ学校教育のバイブルになりました。そのような大切な学習指
導要領ですが，ほぼ10年ごとに更新される内容には科学的根拠はなく，なぜ
そのように更新するのかはきわめて主観的な判断に拠っています。
　2017（平成29）年の文部科学省による学習指導要領の解説では，ある程度の
学校裁量が可能であることが示されていますが，それも学習指導要領の内容を
ほぼクリアしたうえでの裁量になっています。もっとも，教育課程や授業時数
の特例校の制度があり，ある程度，学習指導要領から離れて学校側独自の教育
を行うことが認められることがあります。しかしそれらの制度には縛りがない
わけではなく，学習指導要領を基準に守るべき条件も厳しく，実際上はこれら
の制度を利用している学校は少ないのが現状です。つまり，現状では，学習指
導要領に固執する学校がほぼすべてです。
　このあたりの事情は，比較的自由度が高いアメリカなどとは大きく異なって
います。アメリカでは学習指導要領といった国家基準はなく，教育課程は州ご
とに定められています。また，全米に広がるチャータースクールは公立であり
ながら，かなり自由度が大きい学校です。筆者が見るかぎり，アメリカの学校
は玉石混交でその良悪の幅が広がっていますが，そのよいほうへの振れを日本
は見習うべきでしょう。

一律の学校教育は，一旦ひずみを見せるとその悪影響は限りなく大きなものになります。近年の不登校の増加がその問題を際立たせています。現況は，現代の社会情勢に合わない巨大化した学校教育システムがいかに変貌を遂げにくいかを示しています。生き残り策として，自らが変わることなく，フリースクールなど他の教育の場の権限を増やしている様子は，一つの権力が衰退する歴史模様に他なりません。時代の要請に合わせて，果敢に，そして迅速に，発展修正するという自浄能力が学校にはないのでしょうか。

5-2　未来の学校をイメージしよう

　世界では，さまざまな学校が生まれています。モンテッソーリ教育やシュタイナー教育は昔から有名です。最近では，イエナプラン，サドベリー，フレネ，レッジョ・エミリア，ドルトンプランなどの各教育も耳にされることがあるでしょう。残念ながら，日本では潮流をつくるような新教育は確認されません。海外の教育の輸入版は少なくないのですが，他は，現在の教育課程の中で校則や定期テストをなくすなど自由度を上げた程度の改革が見られるのみです。

　では，将来的に学校はどうなっていくのでしょうか。といっても，本書はその像を描く目的をもちません。子どもたちを，健康で，生き住まう環境を享受できるようにしたい，それが大きな目的です。しかし，学校教育の視点を大きく変えるインパクトは与えることができると思います。現在の学校では，やはり学業が重視されています。それは，教育課程の授業構成を見れば一目瞭然です。OECDによる国際的な学習到達度調査（PISA）で，2003（平成15）年に日本の成績順位が急落した，いわゆるPISAショック以来，その傾向はますます高まっています。

　このようななかで，子どもたちの健康が悪化し，不適応を起こすことが増えているのです。健康や適応は人間の営みのベースにあります。学業にしても，このベースがおろそかになればうまく回りません。心理教育が学業に及ぼす効果についての研究は多くはないのですが，社会性と情動の学習（Social and Emotional Learning: SEL）と言われるプログラムの研究ではかなり包括的なデータ集約が行われ，この教育がテストの点数で見た場合でも学業面を高めることが明らかになっています（Durlak, Weissberg, Dymnicki, Taylor, & Schellinger, 2011）。

　こうして，本書の内容が未来の学校に大きな影響をもつとすれば，子どもたちを健康で適応的にするという視点を基盤として教育が構成される方向で学校教育を変えることでしょう。筆者はそのヴィジョンを明確にもちますが，その話はこの項で少しだけにとどめ，まずは，子どもたちの健康と適応を守る教育を恒常的に安定して実施すべきことを主張します。

6　本書の構成と魅力

6-1　本書がめざすものは，これだ

　前節で本書のめざすことを少し書きましたが，ここでさらに明確にしておきます。本書は，子どもの健康と適応のために開発され実践される，心理学の理論や技法を駆使した教育プログラム（心理教育プログラム）を執筆の対象にしています。そしてその眼目は，その教育を学校で恒常的に安定して実施することを阻む障壁がどのようなもので，その障壁をどのように乗り越えるかになります。

　これは，学校においては子どもたちの健康と適応を最優先で守ることが大切であることを前面に出した主張です。このことには誰も異論はないでしょう。それにもかかわらず，学校ではそれが実現できていないのです。この現況はたいへん重大な事態だと私たちは考え，居ても立ってもいられなくなり，本書の出版に至りました。

　本書では，いま日本で開発され実践されている，代表格と呼んでよい心理教育プログラムが紹介されます。しかし，その紹介はコンパクトに終え，それぞれのプログラムの学校での実践のなか，これまでに出会った，または出会うことが予想される障壁，そしてそれをどう克服したか，あるいはその克服方法としてはどのようなことが考えられるかについて紹介されます。学校においてこの種の教育がしっかりと根づき，継続して実施されることを心から願って出版された書籍なのです。

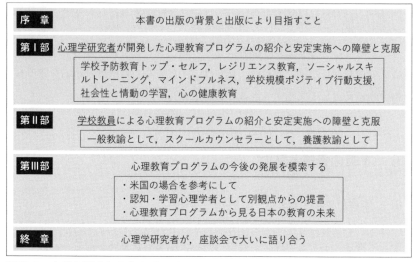

序 章	本書の出版の背景と出版により目指すこと
第Ⅰ部	心理学研究者が開発した心理教育プログラムの紹介と安定実施への障壁と克服
	学校予防教育トップ・セルフ，レジリエンス教育，ソーシャルスキルトレーニング，マインドフルネス，学校規模ポジティブ行動支援，社会性と情動の学習，心の健康教育
第Ⅱ部	学校教員による心理教育プログラムの紹介と安定実施への障壁と克服
	一般教諭として，スクールカウンセラーとして，養護教諭として
第Ⅲ部	心理教育プログラムの今後の発展を模索する
	・米国の場合を参考にして ・認知・学習心理学者として別観点からの提言 ・心理教育プログラムから見る日本の教育の未来
終 章	心理学研究者が，座談会で大いに語り合う

図序-3　本書の構成と内容のパノラマ

6-2　本書の構成のパノラマ

　図序-3で本書の構成が一望できます。第Ⅰ部は，心理学の研究者が開発し，主導的立場で実践してきたプログラムが紹介されます。そこでは，図にあるように，現在人気の高い多様な心理教育プログラムが登場します。そして，恒常的安定実施を阻む障壁についての紹介が続きます。もちろん，障壁の紹介にとどまることなく，その障壁をどう乗り越えることができるか，実地体験をふまえた実効性の高い提言がなされます。

　第Ⅱ部では，現在または以前に学校教員としてプログラムを実施してきた執筆者が登場します。その立場は，一般教諭，スクールカウンセラー，養護教諭とさまざまで，現行の学校においてプログラムの主要な実施者として考えられる学校教育関係者がそろいました。これらの学校関係者のほとんどは学校に常時います。プログラムを行うなかで，子どもたちや他の教員の反応，それに保護者の反応など，プログラム実施にかかわる多様な情報を日々得ています。このことから，プログラムを実施して実際に感じていることは研究者とは異なることが予想されます。研究者とは違った障壁も感じ取っていることでしょう。

　こうして研究者と学校教育者の両方から立ちはだかる障壁をあらわにし，その克服方法を明示することができるものと期待されます。

　その後の第Ⅲ部では，別角度から心理教育の恒常的安定実施の実現を考えます。日本の心理教育は，この種の教育では先進的な立ち位置にある米国の状況から見てどうか，心理学でも研究領域が異なる認知・学習心理学の研究者からどう見えるのか，井の中の蛙にならないためにもこのような視点からの情報は大切です。その後さらに，大切なことの総まとめの章を経て座談会の終章が続きます。座談会では，心理教育プログラムの開発と実施の経験が十分な研究者が集い，恒常的安定実施を阻む障壁とその克服方法を忌憚なく語り合います。

　本書は，このような背景，そして目的と内容をもつ書籍です。子どもたちの幸多い生涯を約束するために，学校教育が心理教育の導入とともに変貌を遂げることを期待しています。

キーパーソンが消えると教育も終わる，憂き目

　私は，これまで100校を超える学校で，子どもたちの健康と適応を守る教育（以下，新教育）を実施してきました。北は岩手県，南は佐賀県まで実施は広がっています。しかし，その実施の継続性はいろいろです。1回実施してやめてしまう学校，何年にもわたり継続実施する学校，1学年だけ実施する学校，すべての学年で実施する学校。さまざまです。

　そこで，しばしば考えました。なぜこのような学校差が出るのだろうか？　そして突き止めた大きな理由が，キーパーソンが他校に転校したり，退職したりすることでした。私たちが実施する新教育を導入したいという最初の希望は，一人の校長や一人の教員から舞い込みがちです。その人たちは，前向きに新しい教育を取り入れ，現状を改善しようとする意欲に満ちた人たちです。よりよいものをめざすという点では教員の鑑のような人たちで，まさにキーパーソンです。

　その人たちが先頭になり，コーディネーター役を務め，新教育は見事に回っていきます。何年にもわたって教育を実施する学校には，そのようなキーパーソンの顔と名前がはっきりと浮かび上がります。私たちとコミュニケーションを密にとり，問題があればどんどん改善する姿勢には，頭が下がる思いでした。

　そのキーパーソンの中には教育長もおられました。教育長がキーパーソンになれば，管轄の市ではすべての学校に新教育が実施されました。数年にわたる在任中はずっと実施され，市全体の小中学校が見違えるようになったと喜んでおられました。実際，私たちが見ても市のすべての学校が変わりました。しかし，市長が代われば教育長も代わり，キーパーソンとなる教育長がいなくなると新教育はどんどん下火になりました。

　キーパーソンとしての学校長がいなくなり，キーパーソンとしての教員がいなくなっても同じことが起こりました。今年も校長が代わり，教員が異動して，そのことが起こっています。また，異動した教員がすぐに赴任先の学校で新教育を実施できるわけでもなさそうです。しかも，さあ実施しようとなったときには，次の異動まで残りわずかです。

　さてどうしたものか。キーパーソンに頼らなくても，キーパーソンがいなくなっても続く新教育のあり方はどのようなものでしょうか。すべての教育関係者がキーパーソンになればよいと思い，いろいろとやっているのですが，まだまだうまくいっていません。特定のキーパーソンに頼らなければならない教育では，安定した恒常的な実施はおぼつかないままです。

（山崎　勝之）

研究者からの紹介と提言

内省と希望からの現実的展望

心理教育プログラムを開発し，実施し，そして効果評価まで行ってきた研究者が登場します。それぞれのプログラムのターゲットは多様ですが，これらがそろえば，子どもの健全な発達が半ば保証されることが期待されるほどのプログラムの数々です。

　しかし，いずれの研究者も，主舞台となる学校でこれらのプログラムを安定して恒常的に実施することには苦戦してきました。実際に出会った恒常的安定実施を阻む壁はどのようなものでしょうか。また，それをどう乗り越えたらよいのでしょうか。各研究者が，満を持して，独自のプログラムを紹介しながら語ります。

第1章

学校予防教育トップ・セルフ

―― 子どもたちが待ち焦がれ，先生は実施しやすい教育へ

内田 香奈子（鳴門教育大学）

本章へのとびら

　トップ・セルフが開発され，10年以上がたちました。この10年でプログラムは大きな進化を遂げ，実践しやすく，かつ子どもたちが楽しみにして待つ教育となりました。現在でも，プログラムをよりよいものにするため，専門家は教育と研究を推進し続けています。

　ただ今日に至るまでに，開発時には想像もできなかったいくつもの壁が専門家と現場との間に立ちはだかりました。それはどのようなものだったのでしょうか？　本章では，プログラム内容にふれつつも，それらの壁をどのように取り除こうとしてきたのかを紹介しながら，学校における心理教育の恒常的実施に向け，専門家ができることを考えたいと思います。

1　学校予防教育トップ・セルフとは

　トップ・セルフとは，「いのちと友情」の学校予防教育（TOP SELF: Trial Of Prevention School Education for Life and Friendship）の英語名を略した教育プログラム名です（山崎・佐々木・内田・勝間・松本, 2011）。「最高の自分」という意味も含め，子どもたちの健やかな育ちのお手伝いをしたいという願いを込めています。

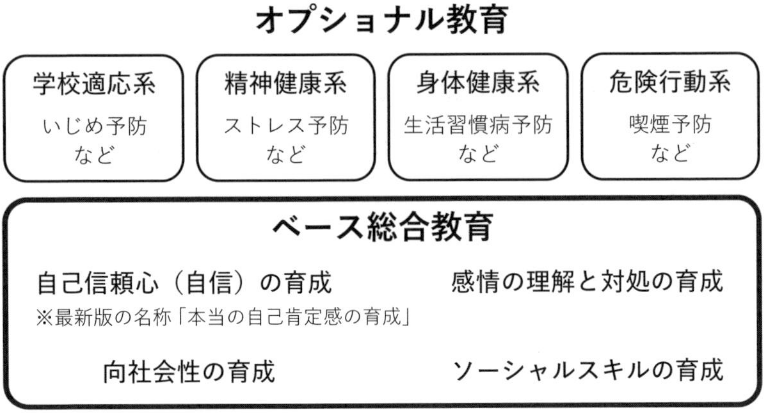

オプショナル教育

学校適応系	精神健康系	身体健康系	危険行動系
いじめ予防 など	ストレス予防 など	生活習慣病予防 など	喫煙予防 など

ベース総合教育

自己信頼心（自信）の育成　　　　　感情の理解と対処の育成
※最新版の名称「本当の自己肯定感の育成」

　　向社会性の育成　　　　　　ソーシャルスキルの育成

図1-1　トップ・セルフ教育プログラム群の一覧
（鳴門教育大学予防教育科学センター, 2013 より一部改変して作成）

　この教育は，大きくベース総合教育とオプショナル教育から構成されています。前者は，健康や適応を損なうことを総合的に予防する教育，後者はいじめや不登校，生活習慣病やうつ病など，特定の問題に焦点を当ててアプローチを行う教育です。どちらも大切な教育ですが，予防という観点から考えれば，ベース総合教育はオプショナル教育の土台となる教育だと言えます（**図1-1**）。そこで，ここではベース総合教育を中心に説明したいと思います。

　トップ・セルフでは大目標から操作目標（学習目標）まで目標が階層的に組まれ，かつ目標間にはすべて研究から得られた効果や理論的な枠組みを当てはめる，つまりエビデンスを付与することで目標間の乖離がないようにしています（**図1-2**）。ベース総合教育では自律性と対人関係性，2つの大きな育成目標を据え，これらを達成するために，大きな柱となる複数の教育プログラムが設定されています。なお，ここでの自律性とは自己信頼心，他者信頼心，内発的動機づけを備えた性格の特徴を，対人関係性とは相手を好意的にとらえ，また相手に好意的にとらえられているという安定した感覚をもち，相手との円滑な関係性を築くことができる性格の特徴を指します（山崎・内田, 2010）。

　そして，これらを育成するために設定された教育プログラムが，以下の4つです。一つ目は他者と比較することのない，真の自信の育成をめざす「自己

信頼心（自信）の育成」プログラム，二つ目は自分や相手の気もちとうまくつきあう考え方や方法の獲得をめざす「感情の理解と対処の育成」プログラム，三つ目は他者を思う気もちや行動の育成をめざす「向社会性の育成」プログラム，そして四つ目は，対人関係を円滑にする具体的な行動をめざす「ソーシャルスキルの育成」プログラムです。このうち「自己信

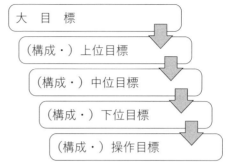

図 1-2　プログラムにおける目標構成の階層性
（鳴門教育大学予防教育科学センター，2013 をもとに作成）

頼心（自信）の育成」については「本当の自己肯定感の育成」と名前を変えて，最新の研究を考慮した最も新しいプログラム内容となっています。このプログラムの詳細は第 7 章を参照してください。

2　専門機関から学校現場へ

トップ・セルフは 2009（平成 21）年に鳴門教育大学に設立された現在の予防教育科学センターが母体となり，開発したプログラムです。当初はプログラムの開発と本学附属小・中学校での実施をして改訂を重ね，3 年目以降は徳島県内の公立小・中学校で実施をしたうえで，さらに改訂を行いました。その間，基本的に小・中学校の教壇に立ち授業を行ったのは，筆者も含めた専門機関のスタッフでした。

しかし，学校現場で恒常的に実施をしてもらうためには，私たち専門機関に籍を置くスタッフではなく，日頃から子どもたちと接する現場の先生に実施してもらう必要がありました。そこで，まずはこのプログラムの良さを伝える材料を集めるため，科学的な教育効果があるかどうかについて確認を重ねました。例えば，感情の理解と対処の育成プログラムについて各学習目標の達成率をみてみましょう。どの目標も教育前に比べて教育後のほうが，統計的に数値が向

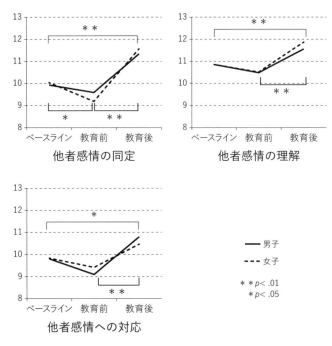

図 1-3　感情の理解と対処の育成プログラムにおける教育効果
（Uchida & Yamasaki, 2015）

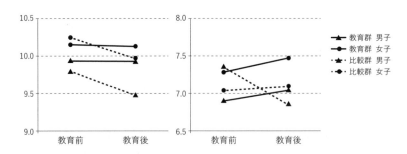

図 1-4　自己信頼心（自信）の育成プログラムにおける教育効果
（Yamasaki, Uchida, & Murakami, 2015）

上していることがわかります（**図1-3**）。また，自己信頼心（自信）の育成プログラムを小学校３年生に実施した結果もみると，学習目標について教育効果が確認されたことに加えて，学習意欲，さらには人が潜在的に感じる正感情を高める波及効果も確認されました（**図1-4**）。

3　学校現場の生の声

「よし，これで学校現場にこのプログラムを広げることができる！」。そんなことを思っていた私たちですが，その考えはとても浅はかで，すぐに崩れ去ることになります。学校現場と専門機関との間には乗り越えるべきいくつもの壁が立ちはだかっていました。

3-1　理論の難しさ

　私たちはもともと，研究者です。普段から小難しい言葉を使い，論議するのが仕事のようなものです。そんな研究者が考えた教育プログラムなので，手前味噌ですが理論的な背景はしっかりと構築されています。

　例えば，トップ・セルフは決まった流れに沿って授業を進めます（**図1-5**）。基本は教科教育と同様に，導入からまとめの形で構成されています。加えて，例えば展開部分を活動助走と活動クライマックスという形に細分化した理由は，近年の研究で指摘されている感情の重要性を考慮した授業展開にするための仕掛けをつくることにありました。

　感情は何かの判断や行動をするときに重要な働きとなる可能性が指摘さ

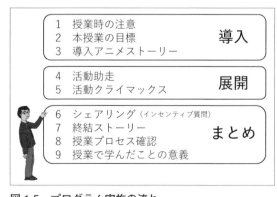

図1-5　プログラム実施の流れ
（鳴門教育大学予防教育科学センター，2013をもとに作成）

れています（e.g., Damasio, 1994）。これはオプショナル教育にも関わることですが，たばこの害についての知識の有無は関係なく，喫煙者が喫煙を開始する時期にそれほど違いはないことが確認されています（高橋, 1996）。つまり，心や身体の健康や適応を教育する場合には知識を伝えるだけでは効果が出にくい可能性がありました。

そこでトップ・セルフでは，意識することが難しい気もちや，非意識的な情動や感情に刺激を与えながら，プログラム内容を組み立てることで，学んだことがスムーズに記憶に残りやすくできないかという試みもしています（鳴門教育大学予防教育科学センター, 2013）。最近の研究では，潜在的な気もち（implicit affect）のポジティブな気もちも，ネガティブな気もちも，両方とも高いほうが，感情の理解と対処の育成プログラムの教育効果が高くなるという結果も導かれています（Uchida, Yokoshima, & Yamasaki, 2016）。

このようなことを日々追究する研究者たちには，いえ，もしかすると筆者だけかもしれませんが，根本がしっかりとわかっていないとよい効果が生み出せないという思いがあります。そのため，当時の私たちには学校現場に理論を理解してほしいという思いが生まれました。しかし，現場には時間がありません。たとえトップ・セルフが感情の機能的な効果を生み出すために，ゲームあり，アニメありの子どもたちが楽しみに待つ教育プログラムであったとしても，現場のことをわからない研究者（筆者）による小難しい説明では拒否されるのは当然でした。

3-2　固定化されたプログラム内容

教育プログラムを作成したことのある研究者であれば，首を縦に振ってくれると思うのですが，プログラムの作成は本当にたいへんです。先行研究を調べ，理論的にも問題なく，さらにできるだけ教育効果の高いものをめざさなければなりません。そのため筆者たちは，一つのプログラムにたくさんの内容や時間を盛り込もうとしていました。

実際，トップ・セルフも小学校3年生から中学校1年生まで各8時間，合計160時間分の授業が作成されています（表1-1）。また，近年では第7章のように小学校1，2年生版のプログラムも開発され始めています。しかし，現行の

表 1-1　ベース総合教育における各学年での授業時数

（鳴門教育大学予防教育科学センター，2013 を一部改変して作成）

	自己信頼心 （自信）の育成	感情の理解と 対処の育成	向社会性の 育成	ソーシャル スキルの育成	合計 （時間）
小 3	8	8	8	8	32
小 4	8	8	8	8	32
小 5	8	8	8	8	32
小 6	8	8	8	8	32
中 1	8	8	8	8	32
	40	40	40	40	160

教育課程において多くの時間をとることは難しい状況です。そのなかで，仮に 1 学年 1 プログラムのみを導入しようとしても，8 時間を確保しなければなりません。実際に学校で何かの問題が起こっているのであれば対応の時間を割くことはいとわないのでしょうが，問題を予防するために 8 時間も導入するとなると，大きな壁が立ちはだかるのは想像に難くありません。

　また，ベースとなるプログラムについて，苦労に苦労を重ねて作成すると，それで満足してしまう場合があります。最初のころ，筆者はこの状態に陥りました。しかし，子どもやクラスによって理解度や作業の速さは異なりますし，同じ子どもたちでも，日々その様子は異なります。つまり，状況に応じて教育プログラムの中に内容の調整ができる柔軟さが求められます。作成した本人たちであれば，どこを削ってよいかを理論的に判別できますが，現場の先生にそれを求めるためには，やはり理論をすべて理解してもらう必要が出てきます。これではますます壁ができるばかりでしょう。

3-3　授業の準備や練習が必要

　プログラムの開発者は，自分で作成した内容なので，もちろんその流れを覚えています。しかし，学校現場で実施してもらう場合には，実施する先生に詳細を覚えてもらう必要があります。これまで実践したことのある教科教育などの内容であれば別でしょうが，相手はまったく新規の内容です。さらにトップ・セルフの場合，確実な教育効果を生み出すために，手順も含めて細やかな

内容設定がなされています。私たちはできるだけ現場の先生の負担を減らすため，指導案や板書計画の他にイラスト入りの授業細案（台本）を作成しました。

　しかし，いくら資料がそろっていても，まったく新しいことをするときには練習が必要です。さらに言えば，普段の授業準備に加え，トップ・セルフ用の授業教材も準備しなければなりません。学校現場で起こってもいない問題のために，準備や練習がたいへんなものに時間を割く余裕はないぞ！という声が聞こえてきそうでした。

4　専門機関としての工夫

　「教育効果のあるよいものを作成すれば，自然に広まるだろう」というのは甘い考えであることを痛感した筆者たち。壁を取り除くためには新たなアプローチが必要でした。そこで，次のような工夫をしました。

4-1　理論の理解は“よい加減”にとどめる

　多忙な現場の先生に教育プログラムの理論すべてを理解してもらうことは時間的に困難です。また，研究者側（筆者）の小難しい説明により，現場の先生が自分には理解できないという思いや信念に至れば，認知的な不協和が生まれ，結果としてプログラムの批判へとつながってしまう可能性もありました。さらには，より実施から遠ざかってしまうという悪循環に陥りかねません。

　そこで，トップ・セルフでは教育内容や理論を簡単に説明する「理論編」と，実際の授業の様子を撮影した「実践編」の，それぞれ30分程度の映像（**写真1-1**）を用意し，希望があれば質問を受ける方式に変更しました。また授業教材も，心理学的な研究を反映した形で作成されたものではありますが，実際にその研究や理論をすべて理解していなくとも授業を展開できる形に改良しました。

　例えば，感情の理解と対処の育成では，6年生版のプログラムにおいて相手の感情を理解するためにRussel（1980）の円環モデルをベースとした授業教材を用いています（**図1-6**）。子どもたちは研究の理論上においても種類の違う4

写真 1-1　理論と実践の様子をまとめた DVD

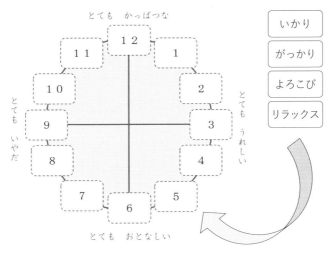

図 1-6　プログラム教材例（内田・山崎, 2022 より改変引用）

種類の感情を 12 ヵ所の枠のどこに当てはめるのか，グループで話し合いをし
ながら決めていきます。授業の中で，授業者は活性不活性次元と正負感情次元
を組み合わせた 4 感情を選別する場面が出てきます。ここで言う活性の正感情
とは「よろこび」感情，活性の負感情とは「いかり」感情，不活性の正感情と
は「リラックス」，そして不活性の負感情とは「がっかり（落胆）」感情などを

指します。しかし，活性不活性次元がどのようなものなのか，そして Russel
(1980) の円環モデルとは何かを理解する必要はなく，ほぼ自動的に各感情を
選び，授業を進めることができるようにしました。

　現場の先生に余裕が生まれ，興味をもたれたときに詳しい理論を学んでもら
えればそれで良し，と最近は感じています。もしかすると，実践者側の理論の
理解における"よい加減"を定めることが，私たち専門家側の役割なのかもし
れません。

4-2　時間数や内容を調整できるプログラム

　これまで実践されなかった教育を学校現場へ導入してもらうためには，少な
い時間でもよいから，まずは実践してもらうことが大切です。実際に学校現場
からも，8時間ではなく，もっと少ない時間数でできるものはないのかという
ニーズがありました。そこで，トップ・セルフでは短縮版（4時間版）を作成
しました。もちろん学習目標の達成には多くの時間を費やすほうがよいことは
明らかです。しかし，実践されなければ何の意味もありません。短くとも効果
の高いプログラムをめざし，改訂を行いました。実際，第7章で実践が紹介さ
れているプログラムは短縮版でしたが，その教育効果の高さを確認しています。

　また，子どもたちやクラスによって，授業の進み具合や理解度が異なること
は先にもふれたとおりです。状況に応じて内容の調整が可能で，それでも教育
効果があるプログラム内容にする必要がありました。そこで，トップ・セル
フでは授業の中盤以降にまとめ（授業の末尾）に移動できるような工夫をしま
した（図1-7）。現場目線に立ったとき，最低限実践する学習内容と，できれば
繰り返し実践したほうがよい内容を分け，どの部分で時間調整ができるのかを
明示することは実は重要であるように思います。そしてその介別ができるのは，
やはり開発した専門家でしょう。また，子どもたちの状態ばかりではなく，実
践する先生の経験値によっても授業に要する時間は大幅に変わります。どの先
生にも，どのクラスにも実践してもらうことが，ユニバーサルな実施をめざす
心理教育を組み立てるうえでは大切であるように思います。

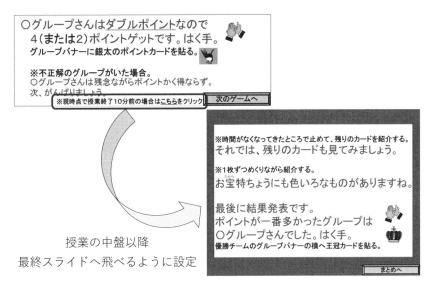

図 1-7　**授業上の工夫**（内田・山崎, 2022 より改変引用）

4-3　説明は堂々と明示，準備は専門機関でサポートを

　現場の先生が，ほとんど授業内容を覚える必要がない状態をつくることはできないのか。そのためにはどうすればよいのか。我々はそんなことまで考えるようになりました。そこでトップ・セルフでは，授業で子どもたちに説明することを堂々と表示する形に変更し，スライドに表示された文字を読めばよいように改訂をしました。また，掲示物を黒板に貼るタイミングなどもすべてスライド上に明示をしました。それでも説明が難しいものについては，アニメーション上の進行役が説明する形を取りました（**図 1-8**）。

　とはいえ，現場でも授業を実践してきた筆者は，いわゆるカンニングペーパーが堂々と子どもたちへ提示される形に違和感がないのかと心配になりました。しかし，自分でも実際に実践をしてみると，まったく違和感なく進めることができました。それどころか，ある程度の授業の流れだけを把握しておけば覚えなくてもよいというのは，これほど楽なことなのかと，自分たちで作成しておきながら感動すら覚えました。

　また，教材の作成時間をとることが難しい現場をサポートする体制を整える

ガイドスライド例　　　　　アニメーションによる説明スライド例

図 1-8　授業実施時の提示スライド（内田・山崎，2022 より改変引用）

写真 1-2　授業教材の作成補助をする学生の様子

ために，大学の授業を活用することにしました。筆者が勤務する大学は教育大
学です。演習授業の一環で教材作成の練習を行っていますが，その後，学生た
ちが現場の教材作成補助に携わるような授業内容へと再構築しました。実際，
学生たちは現場の先生が本学の施設を利用して教材作成をされる際に，補助と
して入るようにしています（**写真 1-2**）。現場の先生にとっては多くの手伝いが
あり，作成もスムーズに進みますし，学生たちにとっては授業が現場の先生と

交流できる好機となります。まさにウィンウィンです。学校における心理教育の恒常的な実施を保つためには，現場と専門機関をつなぐシステムづくりも必要となるでしょう。

5　今後に向けて

写真 1-3 は開発初期に筆者が学校現場で授業をしている様子です。ここまでの道のりは 10 年以上に及びます。これまでお伝えしてきたようなさまざまな試みをしてきましたが，それが最終的にどこまで子どもたちや学校現場のお役に立てたのか，正直わかりません。

ただ，日々の公務に追われる学校現場の現状を考えれば，私たち専門機関がなすべきことや，できることは多くあると思っています。そして，子どもたちの心の健康をはぐくむため，今後ますます学校現場と専門機関との連携が必要だと考えています。

写真 1-3　授業時の様子

　今後，私たち専門家は，学校の先生がたが実施したいと思い立ったときに，質の高い教育プログラムを提供できるように研究を進めながらも，それを柔軟に実施できる体制を整えていくことも含めたプランの構築が求められているように思います。これからも少しずつ歩みを前に進めながら，この「トップ・セルフ」を通じて，子どもたちの笑顔のための可能性を追求できればと思います。

予防的アプローチの大切さを，真に実感する

　私たちは，風邪を引いたときなど何かの問題が起きたときに対応することは疑問なくできるように思います。しかし，風邪を予防するために普段から食事に気をつける，そして運動して体力をつけるなど，何かの問題を予防するために努力をすることは，案外難しいものです。私たちが取り組む心の教育は，どちらかと言えば後者に属します。いじめや不登校など，学校において起こり得る問題を未然に防ぐことを目的に，自己肯定感を高めたり，感情のコントロールスキルを身につけたりする教育，いわゆる一次予防です。

　「この教育は○○の問題に効果があるよ。治るよ」という謳い文句であれば，誰もが魅力を感じるでしょう。しかし，「○○を予防できるよ」と言われてもなかなか人は魅力を感じません。それはなぜなのでしょうか。それは前者に比べて，即効性のある効果が見えにくいからだと思います。

　そんな教育を，日々，多くのカリキュラムの遂行を求められている学校現場で広めたいと思っているのですから，これはなかなかの障壁です。いくら研究者として関連する研究活動に邁進する形で努力しても，プログラムの内容が理論的にしっかりしていても，教育効果があると謳っても，たくさんの問題への対応に忙殺される学校現場へ「予防する」というフレーズはなかなか届きません。最初のころは，子どもたちから「予防注射の授業？」と言われていた始末です。

　そんななかでも，少しずつ取り組んでいただける学校が増えてきているのはなぜなのか，とあらためて考えてみました。大なり小なりさまざまな要因があるように思うのですが，大きな要因の一つとして「子どもたちの反応がよかった」という感想の数と，実施校の数の増加が比例しているように思いました。私たちがプログラム開発に着手してから10年以上がたちます。問題への対応に比べれば，相変わらず即効性はありません。それでも，年々増えているポジティブな感想に，子どもたちの笑顔にかなうものはないなと最近は思います。

　すべての子どもたちにアプローチできる学校の可能性は無限だと，私は常々みなさんにお伝えしてきました。子どもたちの笑顔と，先生がたの絶え間ない努力とに助けていただきながら，これからも少しずつ壁を越えていく努力をしたいと思います。

（内田 香奈子）

第2章

VUCA時代を生きる子どもたちのレジリエンスを育てるには
—— 日本の学校教育活動を活かして

小林 朋子（静岡大学）

本章へのとびら

　未来の予測が難しくなる状況を意味する「VUCA時代」を生きる子どもたちは，どんな状況においても生きる力をつけることが求められていると言えます。本章では，地域から「復活の学校」と言われ，さまざまな困難を経験した高校生が通うA高校を取りあげます。社会で生きていくために必要なレジリエンスを育てるために，A高校が困難にぶつかりながら，授業や学校教育を組み合わせてどのように支え展開していったかについて紹介します。

1　VUCA時代を生きる子どもたち

　「VUCA」という言葉を耳にされたことはあるでしょうか？　Volatility（変動性）・Uncertainty（不確実性）・Complexity（複雑性）・Ambiguity（曖昧性）の頭文字を取った造語で，社会やビジネスにとって，未来の予測が難しくなる状況のことを意味しており，この令和の時代の特性を表しているとも言えます。現代の大人が子ども時代を過ごした昭和や平成の時代は，今よりもう少し落ち着いた時代だったように思います。いろいろな出来事はありましたが，平成の

後半以降，地震や水害など大きな災害が頻発するようになり，無差別に人を襲う殺人事件の増加，そしてグローバル化により加速した感染症の拡大など，少し前の時代では想像もできませんでした。そうしたことをふまえると，今の時代の子どもたちの「安心や安全の保障」はより難しい状況になっていると考えられます。未来にどのようなことが待ち受けているのかわからない VUCA 時代を生きる子どもたちのために，私たち大人は何ができるのかの熟考を迫られていると言えます。

2019（令和元）年の『自殺対策白書』では，10 代から 40 代までの死亡別理由の第 1 位が自殺でした。これは，日本が 10 代の子どもたちだけでなく，子育て世代までもメンタルヘルスにおいて厳しい状況にあることを示しています。そしてその状況にコロナ禍が加わり，2020 年度に自殺した子どもの数はさらに増加し，不登校の児童生徒の数もさらに増えました。

VUCA 時代における子どもたちの危機的な状況をふまえると，学校教育の中で，特にメンタルヘルスに関する教育をアップデートしなくてはいけない状況にあります。欧米各国では，学校の教育課程の中に，社会性と情動の学習（Social and Emotional Learning: SEL）が位置づけられ，セルフコントロール，人間関係を築くスキルなどを学んでいます。そこで本章では，高校において生徒のレジリエンスを育成するために，授業と学校の教育活動を効果的に組み合わせ進めていった例を紹介しながら，その過程で出会った問題に筆者がどのように考え取り組んでいったかについて述べたいと思います。

2　A 高校での実践

2-1　支援ニーズの高い生徒を支える A 高校

A 高校は B 県内の中山間部にある公立の全日制高校で，男女共学の 1 学年 40 名の小規模の高校です。近隣には，夜間定時制を除くと学校への適応が困難な生徒に対して支援を行う高校は存在せず，そのため A 高校には周辺地域から不登校経験者や発達障害等，さまざまな困難を抱えていた生徒が多数入学してくるようになり，近年，その割合は増加していました（鈴木，2021）。また

教師は，中山間部によくあるように，20 〜 30 代前半の若い先生がほとんどであり，初任で着任する先生が多い学校でした。

2-2 実践の過程

▌2-2-1 ソーシャルスキルトレーニングをメインとした導入期

それまでの A 高校では，多くの生徒が中学生時代の困難から高校入学後に一時的に回復したものの，高校卒業後の社会生活で再び不適応な状態に陥ってしまうことがありました。先生がたは高校教育で改善しきれない「社会の壁」を乗り越えさせることが A 高校の課題であると感じていました（鈴木，2021）。それを打開するために，学校が文部科学省の助成を獲得し，大学と協働での取り組みがスタートしました。しかしこのころ，A 高校のある B 県では，「ソーシャルスキルって何？」といった先生がまだまだ多い状況でした。そのため，導入期では，①生徒の状況を把握するためのアセスメントを実施，②学校心理学の援助サービスやソーシャルスキルトレーニング（以下，SST）の理論についての校内研修会の実施，③プログラムによる授業（A 高校では，通称「SST 講座」と呼ばれていました）は各学年の教師が担当し，事前に大学と指導案を検討，④特別活動等を使用し，1，2 年生を対象に，年 4 回の講座を実施（大学生がアシスタントとして参加），⑤講座終了後に，生徒の様子や講座の内容について事後研修会を実施，⑥年度末に，再度アセスメントを実施する（鈴木，2021）といった内容で行いました。

▌2-2-2 学校になじむレジリエンスモデルの提案

プログラムによる学びだけでなく，レジリエンスの育成は学校教育活動の中で日常的に行われていることから，先生がたが「教育活動の中で何をどうしたらいいのか」という方向性を示すため，日本の学校文化になじむ形で，プログラムと日常の教育活動をつなげるモデルがあるとよいと考えました。多くの海外の SEL プログラムが日本の学校現場に導入され実践されていますが，日本の学校に「なじむ」形で定着している例は数多くはありません。それにはさまざまな理由が考えられますが，①海外のプログラムの枠組み（内容や時間数）が日本の学校の現状に合いにくい，②海外のプログラムの中にはプログラムを行うための資格が必要だったり，指導内容の変更などにプログラムを出してい

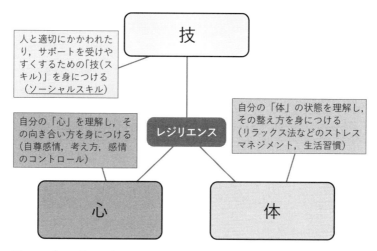

図 2-1　「心・技・体」に着目したレジリエンス包括モデル（小林，2019）

る団体の許可が必要なものもあり，学校や教師が主体的に活動しにくい，などの問題があると考えられます。そのため，日本の学校文化になじみやすく，さらに学校や教師が日常的に取り組んでいることを活かした，主体的に取り組みやすい枠組みが必要であると考えました。

　そこで筆者は，戦争や災害などの困難から何度も復興してきた日本の社会，文化，生活の中にレジリエンスにつながる要因が含まれているのではないかと考えました。そして考案したのが，学校でもよく使われる「心」「技」「体」の要素を取り入れた「レジリエンス包括モデル（通称，富士山モデル）」です（**図2-1**）。満留（2014）は，レジリエンスを WHO（世界保健機関）の「健康」の定義で示されている3つの要素「からだ」「こころ」「社会」から考えていかなければならないと述べています。そのため，レジリエンスは心理的・社会的な側面だけでなく身体も含めた枠組みで考えていくことが必要であると考えました。そのため，このモデルは，日本の学校文化になじみやすい形でレジリエンスを「心」「技」「体」の3つの側面でとらえ，かつ子どもが学習して身につけていける要因でとらえていることが特徴です。

　「心」は自分の心を理解し，自分の心と上手につきあう方法を身につけることが含まれます。例えば，「物事の考え方」「自尊感情」「感情統制」「感情理

表2-1　A高校でのプログラム内容

年度	学年	第1回	第2回	第3回	第4回	第5回
1年目	1年	話すスキル　聴くスキル	あたたかい言葉をかけるスキル	自分の感情に気づくスキル	感情を調節するスキル	自尊心を高めるスキル
2年目	1年	あいさつのスキル	仲間の誘い方	上手な聴き方	ポジティブな感情に気づこう	
	2年	あたたかい言葉かけ	顔の見えないコミュニケーション	ポジティブに考えよう	短所を乗り越える	
3年目	1年	ソーシャルスキルの考え方＋自己紹介	聴くスキル	謝るスキル	感謝するスキル	
	2年	感情の気づく	感情のコントロール	レジリエンス	レジリエンス	
4年目	1年	レジリエンスと強み	話すスキル	話すスキル	聴くスキル	
	2年	レジリエンスと強み	気もちを表す言葉	あたたかい言葉をかけるスキル	話しかけるスキル	
5年目	1年	レジリエンスとは？レジリエンスを高める方法	話すスキル・聴くスキル	断るスキル	ものごとのとらえ方	
	2年	歪んだとらえ方	謝るスキル	あたたかい言葉をかけるスキル	リフレーミング	
6年目	1年	レジリエンスとは？レジリエンスを高める方法	話すスキル	聴くスキル	ストレスとのつきあい方	
	2年		社会人マナーとは（インターンシップに向けて）	物事のとらえ方①	物事のとらえ方②（感情＋歪んだとらえ方）	
7年目	1年	レジリエンスと自己紹介	話すスキル	聴くスキル	自分の強み	
	2年		物事のとらえ方①	歪んだとらえ方	あたたかい言葉かけ	

解」などがあります。「技」は，周りの人たちと適切にかかわることができ，さらに周囲からのサポートを受けやすくするためのスキルを身につけるということで，「ソーシャルスキル」などがあげられます。そして，「体」は自分の体の状態を理解し，その整え方を身につけることとして，リラックス法などの「ストレスマネジメント」，生活の基本となる生活習慣をきちんと行えることなどがあげられます。

　1年目はA高校の生徒たちにはSSTを前面に出して行っていましたが，2年目以降は「レジリエンスモデル」を前面に出し，「レジリエンスを身につけるために『技』であるソーシャルスキルを学ぶ」という枠組みに転換しました。これからは（大人になればさらに）レジリエンスが大事であると生徒も感じ，むしろ積極的に学びたいという姿勢に変化しました（**表2-1**）。

▎2-2-3　ミドルリーダーを軸とした学校主体の取り組み

　A高校では，授業実践を継続的に行ってきましたが，導入期ではその実践

図 2-2　A 高校におけるレジリエンス包括モデルを活かした取り組み
（鈴木, 2021 より引用）

が授業だけにとどまり，なかなか日常生活への般化が進まないことが課題として見えてきました。そこで，筆者も含めた職員研修で課題を共有した後，ミドルリーダーの教務主任が学校の教育活動の中にプログラムを位置づけ，授業内容と学校教育活動を組み合わせて年間計画を立てました（鈴木, 2021）。まず教務主任の先生は，校訓（A 高校は「不撓不屈」）と学校教育目標（A 高校は「自律と共生の心を育成する」）をふまえて，これらの達成をレジリエンスの育成ととらえています（**図 2-2**）。そして，それまで各担当で個別に計画していた教育活動を「心」「技」「体」に分類し，「総合的な学習（探究）の時間・特別活動年間計画」が作成しました（**図 2-3**）。こうすることで教育活動全体が一つの柱として整理されました。

　着目すべき点は，「レジリエンスモデル」に基づき，先生がたが各教育活動に取り組むうえで，レジリエンスの何をはぐくむかという観点で各活動の目的や位置づけが明確となり，活動の視点に変化が生まれたことです。例えば，

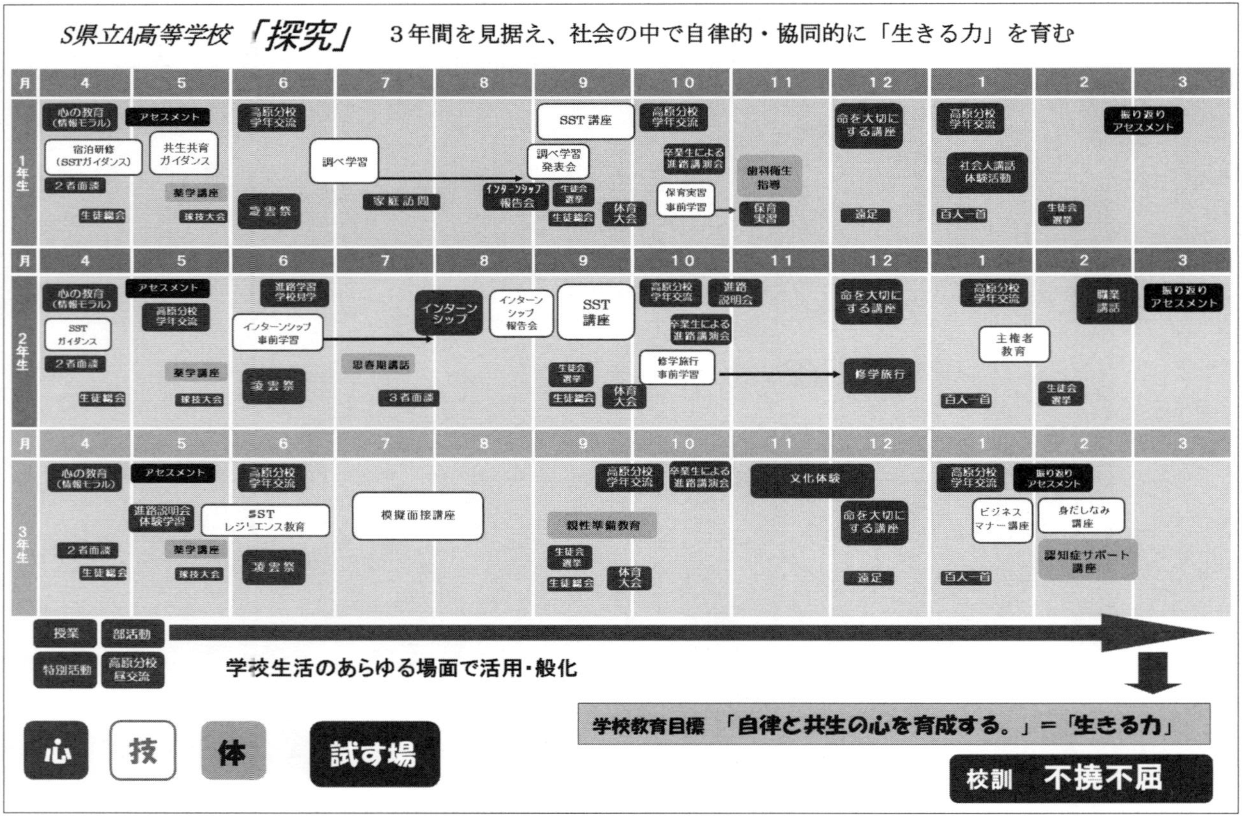

図 2-3 A高校における 3 年間にわたる年間計画の実際（鈴木，2021 より引用）

「体」に分類される歯科衛生講話は，それまでブラッシング指導等を行っていましたが，レジリエンス育成の観点から，歯の健康を保つことが心身の健康につながるという講話に内容が変更されました。各活動の冒頭には，その活動がレジリエンスモデルの「心・技・体」のどの部分を重視しているのかを，モデル図を用いて説明するようにしていました（鈴木, 2021）。

　さらに，プログラムで学んだスキルを「試す場」としての学校行事が位置づけられました。各学校行事で必要だと考えられるスキルを事前に練習し，それを実際の場面で試し，振り返るという流れです。例えば，遠足前には「話しかけるスキル」を学習し，遠足当日，誰かに話しかけ，写真を撮影してもらう課題が与えられました。それまではただ出かけるだけであった学校行事が，事前に練習した「対人スキル」を「試す場」として活用されるようになり，学校行事を通して維持・般化を促進させていくようにしました（鈴木, 2021）。このようにA高校では，校訓や学校教育目標を達成するために「レジリエンスを育む」と位置づけて，SST 講座とさまざまな学校教育活動がモデルに基づいて意識して実施されるようになりました。

　その後，ミドルリーダーの交代，そして新型コロナウイルスの感染拡大により，学校内外の状況が大きく変化しましたが，それでも大学との教師研修や授業などを，多少の変化はありますが継続して行うことができています。

2-3　生徒や学校の変化

　A高校の学校体制について研究した鈴木（2021）によると，さまざまな支援ニーズがある生徒が多数入学してくるものの，このプログラムを導入して以降，生徒の中退者数は減少しており，全体的な欠席や遅刻の数も減っていったことが明らかになっています。なぜさまざまな困難を抱えていた生徒が学校生活へ適応していくのか，行政からの指定を受けているわけでもないA校でこうした生徒の回復が進むのかについて，鈴木（2021）はA高校の卒業生やかかわった教師を対象としたインタビュー調査から，以下の点を明らかにしています。

▍2-3-1　生徒への影響

　生徒の多くが，高校生活を通してそのコミュニケーション力が身についたと述べており，その要因の一つとして「SST 講座」をあげた生徒が多数いまし

た（鈴木，2021）。また卒業後の社会生活においても円滑に過ごすために講座が活かされていることもわかりました。ある卒業生が「嫌なことを言われることもあるけど，受け流すことができるようになった」や「社会人になり，怒られたらやっぱりへこむんですけど，そういうことがあってもレジリエンスのことを覚えています」と語っており，生徒の卒業後の社会生活にもポジティブな影響を与えていました。

2-3-2 教師の変化

プログラムの導入により，教師が具体的な方法論を学び，生徒にどのような力を身につけさせるかという共通の指針が生まれました。そして，職員研修や実践が積み重ねられていくことで，教師の授業技術の向上や生徒とのかかわり方に意識の変化が生まれていきました。例えば，SST 講座でどのような授業内容にすべきかを主体的に考えるようになり，その結果，講座の内容が生徒の状況に応じたものに進化していきました。また，教師間で共有されるレジリエンスや SST という視点が，日常的に話題に挙がることで，「教科を超えた教師間の学び合い」が生まれ，教科を超えた授業の土台となり，教科指導にもこれらの視点が活用されるようになりました。

このようにレジリエンス向上をめざしたプログラムを導入することにより，生徒だけでなく教師にも肯定的な変化が認められたことがわかります。コロナ前の実践では，A 高校のある C 市内の小中学校や他の県立高校の先生がたによる授業見学が年を追うごとに増え，1 日に 50 人近くが見学に訪れ，C 市内の小中高校の連携や県立高校の連携のハブとしての機能も担うようになっていきました。

3 学校での安定恒常実施を阻む，これまでに経験した（想定される）障壁とその克服方法

これまでに述べた A 高校の取り組みにより生徒や教師の変化が生まれてきました。しかしその過程は，さまざまな課題が出てきてはそれに対応していくという日々でした。その過程をどのようにクリアしていったかについて述べたいと思います。

3-1　生徒の傷つき体験に配慮する

　1年目にSSTの授業をスタートさせたときに起こったことは，生徒からの「抵抗感」でした。当時は，この授業になるとクラスで2，3人でしたが保健室に行ってしまったり，教室にいるもののワークシートをまったく記入しなかったりする生徒がいました。担任が生徒のそうした行動につながる思いを聞いていくと，その行動の背景に，中学校時代に不登校やいじめにあうなどの人間関係の苦労があり，直面化を避けたいという思いがあることがわかりました。こうした生徒たちが主体的に参加したくなるにはどうすればよいかという壁に出会いました。

　思春期・青年期に入れば，誰もが大なり小なり人間関係の困難さを体験していると考えられます。クラスワイドで授業を行う際には，生徒の傷つき体験（教師が理解していない体験も含めて）を想定して進めることが必要です。思春期を対象としたSELの報告の中には，参加した生徒の一部に効果がほとんどなかったか，逆に悪影響を与えた可能性が指摘されています。その理由として，プログラムの内容，展開の仕方，スタッフの数などの授業の構造的な問題が指摘されています。しかしこれだけでなく，こうした効果の出にくさについて，プログラムに取り組む過程で引き起こされる別の過程についても考えられます（小林，2020）。それが，これまでの生活の中での傷つき体験からくるネガティブ感情の抑圧です。

　例えば，ソーシャルスキルが低いと人間関係のトラブルを経験することが多く，そこで傷ついたりしてネガティブな感情を体験している可能性が高くなります。そのときに，何らかの理由で保護者や教師などの周りの大人がその子どものネガティブ感情を丁寧に受けとめるかかわりができなかった場合，その感情が抑圧されやすくなると考えられます。このようにクラスの子どもたちの中には，そうしたネガティブ感情が抑圧された形で（中には抑圧されたネガティブ感情がまったくないように）適応的に過ごしている可能性もあると考えられます（図2-4）。

　SELプログラムに全般的に言えることですが，プログラム中では人間関係における葛藤場面を取り扱うことが多いため，子どもの中で抑圧されていたネガティブ感情が喚起され，「ゆれ」が起こりやすくなります。そのため，子

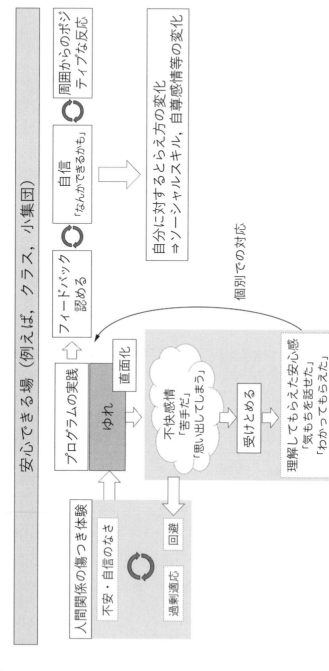

図 2-4　人間関係に傷ついている子どもへの SST の意味と支援 （小林，2020 より引用）

どもは自分の中に存在するネガティブな感情に「直面」することになります。このネガティブな感情が起こってくることによって不安を抱えきれなくなり，「授業を受けたくない」といった回避が起きたり，「なぜやらなきゃいけないんだ」という攻撃の形での怒りにつながっていったりすると考えられます。特に「感情」を扱う内容であればあるほど，そのネガティブな感情は喚起されやすくなり，授業に対する回避や攻撃といった反応は出やすくなると考えられます。

　この「ゆれ」に対応することが治療的であり，かつプログラムの取り組みや定着を促進するポイントになります。ここで重要なのが，「ゆれ」によって喚起されたその不快感情を受けとめることにあります。回避や怒りが生じた生徒に対して，担任，スクールカウンセラーや養護教諭が話を聴くなどして，その不快感情を受けとめます。抑圧されていたネガティブな感情を受けとめてもらえた体験によって，「気もちを話せた」「わかってもらえた」という「理解してもらえた安心感」につながっていきます。そのように少しずつ，ネガティブな感情を安全な形で「ゆれ」を通してゆっくりと扱っていくと，その感情があっても落ち着くことができていきます。そして学んだスキルを生活の中で使っていき，その都度ポジティブなフィードバックをもらいながら，認められた体験を重ねていくのです。そうするなかでコントロール感をつかんでいくことで，人間関係に対して自信がついてきます。その結果，「人間関係が苦手だと思っていたけど，なんだかできるようになってきた」という自分に対するとらえ方の変化が起こってくると考えられます。

　例えば，山西他（2019）が適応指導教室に通級する小中学生に SST を中心としたレジリエンスプログラムを行った際には，プログラムを行った指導員が通級生一人ひとりについている担当の個別相談員と連携を図っていました。指導員は担当の個別相談員に SST 活動時の様子を伝え，活動後に抵抗感や不快を感じた通級生がいた場合に，その生徒と個別相談員との面接相談において，相談員に生徒の感情を受けとめるようにしてもらい，次の活動へつなげるための支援を行っていました。そうした取り組みにより，適応指導教室の通級生のレジリエンスが向上したことを報告しています。

　Ａ高校でも，担任教師と心理の専門家が協働して授業を行い，個別対応は担任や養護教諭が行うようにしました。人間関係などで傷ついた体験をした子

にネガティブな感情が起こりやすいということを前提として，授業者やサポートする人たちが生徒たちの反応を丸ごと受けとめる体制で授業を行うようにすると，自然と先生がたがそれらを受けとめられるようになり，授業に対する抵抗や回避が起こらなくなっていきました。

3-2 キャリア教育と関連させた動機づけ

　授業を行う際に，「なぜ SEL を学ぶとよいのか」という必要性を生徒が理解し，動機づけを高めることは非常に大事です。教員研修などでは，CASEL (Collaborative for Academic, Social, and Emotional Learning) のフレームワークや，OECD の学習の枠組みなどが紹介されていますが，それを生徒たちに説明してもなかなか動機づけにはつながりにくいものです。生徒たちには，このプログラムでの学びをこれからの自分の人生においてどのように活かすことができるのかという，生徒たちが自分の将来の人生につなげられるイメージを提供することが必要です。A 高校は卒業後に専門学校や大学への進学だけでなく就職する生徒も多く，3 年生になると地域の企業や施設などにインターンシップに行きます。こうした学校教育活動もあることから，先生がたは生徒たちが SEL への動機づけを高めるためにキャリア教育と関連づけて解説をしています。

　授業の冒頭では，経済産業省が示している「社会人基礎力」について解説をします。社会人基礎力は，職場や地域社会で多様な人々と仕事をしていくために必要な基礎的な力であり，「前に踏み出す力」「考え抜く力」「チームで働く力」の 3 つの能力と，その下位に 12 の能力要素が示されており，プログラムで学べる内容と非常に関連しています。授業の中で社会人基礎力を取りあげキャリア教育として話をすることで，生徒たちが「コミュニケーションが苦手で今までうまくいかなかったから」という理由だけで二の足を踏むのではなく，将来，「いろんな人とうまくやっていくために必要なこと」として，未来志向でプログラムに取り組めるようになりました。

3-3 授業プログラムと教育活動の相互作用による維持・般化

　子どものレジリエンスを強化するための実践は，子どもたちが日常生活を送

る自然の文脈に最もよく溶け込んでいるとされています（Masten, 2011）。このことからも，授業プログラムだけでなく，学校のカリキュラムや普段の教師のかかわりなども，レジリエンスを促進する枠組みの中に入れていく必要があります。図2-5は，日本の学校で子どもたちのレジリエンスを促進するためのモデルです。「授業プログラム型」は，プログラムによるアプローチで，子どもたちに直接，レジリエンスに関係する知識やスキルの学びを提供していきます。そして「教育活動型」ではカリキュラム，学級経営や教師のかかわりなどがあります。重要なのは，これらはそれぞれ独立しているのではないということで，「相互作用」により，より促進されると考えられます。

　A高校では，カリキュラムの中でレジリエンスを定期的に学ぶ授業プログラムが提供され，またレジリエンスがグランドデザインの中に含まれることで，教師がレジリエンスを意識したかかわりを行い，学級経営も変化し，さらに授業で学んだことが「維持・般化」されていきました。また生徒指導場面でも，授業プログラムで学んだ内容を応用して指導することが可能となり，個々の子どもの支援においてもレジリエンスを意識したかかわりにつながりました。このように教育活動全体へ広がり，人間関係を結ぶことが苦手な生徒を支援するうえでの校内の共通のストラテジーとして定着しており（鈴木, 2021），ここま

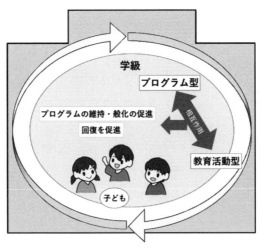

図2-5　授業プログラムと教育活動の相互作用

で来ると好循環になっていきます。

3-4　若い先生のやる気を支えるミドルリーダー・管理職の存在

　A高校では，ミドルリーダーの教務主任が旗振り役となり，管理職やベテラン教師がそれを支える体制ができていました。教務主任により年間計画表や学校でのグランドデザインが提案され，学校で維持・般化しやすい体制や環境が整えられていきました。授業づくりではミドルリーダーや経験者の先生が授業担当者に助言をしたりして，教科を超えた授業づくりの議論がなされるようになりました。こうした校内のキーパーソンの存在は重要であると言われていますが，A高校ではミドルリーダーがその役割を果たしていました。

　こうした背景もあり，若手の先生が主体的に，かつICTを活用し生徒が興味をもちやすいパワーポイント教材やワークシート作成が進み，その教材が学校の共通フォルダに蓄積されていきました。このことにより，新しくA高校に着任した先生も共通フォルダに蓄積された学校の「財産」である資料をもとに授業をつくることができるようになり，持続しやすい体制が整っていきました。

4　おわりに

　A高校は小規模校で，教師同士の意思疎通がしやすく意見をまとめやすい教師組織であったこともあり，レジリエンスを育てる学校体制が比較的整いやすかったと思います。一方で，小規模校ゆえに校務分掌が多く，先生がたは決して時間的にゆとりがあるわけではありませんでした。日々，行っている学校教育活動を大事にしながら，プログラムの内容を試行錯誤しつつ改善していくことで維持・般化を進めていました。「時間がない」「お金がない」という困難な状況下で，学校ができることから取り組んでいくことは，ある意味，学校のレジリエンスが試されていると言えるのかもしれません。

資金をどう調達するか

学校に限らず，何か新しいことを始めるときは，物品の購入や人件費，旅費など何かとお金が必要になります。特に学校でのSELの授業実践の場合，細やかに子どもたちの様子に対応しようとすると，担任教師だけでなく，大学生などが授業補助で入ることにより，グループワークで丁寧に子どもを指導することができます。

しかし，こうした授業補助を導入しようとすれば旅費などの経費がかかります。特に街中から離れた中山間部の学校であれば旅費の負担は重くなります。これまでに学校から相談を受けても，旅費の支給がなく，その金額が大きい場合には，旅費の負担を考慮して学生の参加をお断りしたこともありました。このように，学校の予算は限られていますから，こうした経費を捻出したくても現実的に難しい場合があるでしょう。大学などと連携したプロジェクトとしてスタートした取り組みでも，予算が確保できた期間はできても，終了してしまうと取り組みを継続することが実質的に難しくなります。

SELを教育課程に位置づける必要性は1980年代から叫ばれていますが，なかなか実現できないでいます。そうなると，経費を捻出できる学校とそうでない学校がでてきて，子どもたちにとってSELを学ぶ教育機会や質の格差が生じてしまいます。どの学校でもSELが実施されるためにも，教育課程に位置づけられ，費用の心配がなくなることを願っています。

（小林 朋子）

第3章

子どもマインドフルネス・プログラム
「ドットビー」
—— 指導者のはぐくみと継続的サポートシステムの構築

芦谷 道子（滋賀大学）

本章へのとびら

> マインドフルネスは，どうすれば人が満ち足りて幸せに生きることができるのか，という人間にとって根本的な問いに，深い導きを与えてくれる可能性があることが，多くの研究から示唆されています。日本でもメディア等で取りあげられることが多くなり，関心をもっている方，すでに何らかの実践をしているという方もおられるかもしれません。この章では，英国で開発された子どもを対象としたマインドフルネス・プログラムを日本に導入する一つのプロジェクトを紹介し，マインドフルネスを学校に取り入れることのもたらす可能性と課題について検討します。

1 学校にマインドフルネスを

1-1 マインドフルネスとは

マインドフルネスは，東洋思想をベースとして開発されたメンタルトレーニング技法の一つで，「意図的に，今この瞬間に，価値判断することなく，注意を向けること」（Kabat-Zinn, 2013）と定義されています。その内容は奥深く，心豊かに生きるための知恵をたっぷりと含んでいます。

　私たちの心は未来を案じて不安になったり，過去の体験を反芻してネガティブな思考や物語にとらわれたりしがちで，往々にして今という瞬間の豊かさに注意を払っていません。マインドフルネスでは，そうやって過去や未来にさまよいがちな心を，「今という瞬間」の身体感覚に戻すことを繰り返しプラクティスします。そして今この瞬間に感じる体験をあるがままに意識し，出来事に反射的に反応したり評価をしたりするのではなく，対応を選択することのできる力をはぐくみます。

　マインドフルネスには，ハートフルネス（温かな心）という意味も含まれ，そこにはコンパッション（慈しみ）が伴うとされます（Kabat-Zinn，2013）。カバットジンは，マインドフルネスについて，「"やっかいごとだらけの人生"を丸ごと抱きしめてしまうという方法」と説明しています。つまり，どんなにネガティブな体験であっても優しさや思いやりをもった眼差し，自分のみならず他者や世界に対するコンパッションの態度を自らの内に涵養していくのです。

　マインドフルネスは，東洋思想から宗教的要素を取り除いたものをベースにしていますので，茶道や華道，書道，武道といった日本文化や，仏教や禅にも通じる要素があり，実は日本人にはなじみのあるものではないかと思います。実際，これから紹介する子ども向けマインドフルネス・プログラム，ドットビーの教材には，映画『ラスト サムライ』の映像が使用されており，日本の武道がマインドフルネスの手本として示されています。またマインドフルネスを示す文字として，「念（心が今ここにあること）」という漢字が紹介されています。私たち日本人は，マインドフルネスという扉を通して，新たに東洋的・日本的な思想や文化に出会い直しているのかもしれません。

1-2　世界での取り組みとエビデンス

　マインドフルネスは現在，西欧諸国を中心に一大ムーブメントを巻き起こしています。グーグルやアップルなどの大手企業が企業内研修に取り入れたり，一流のスポーツ選手やアーティストがパフォーマンス向上をめざして実践したりしているのです。バスケットボール選手のマイケル・ジョーダンや，テニス選手のノバク・ジョコビッチが，マインドフルネスを行っていることはよく知られています。

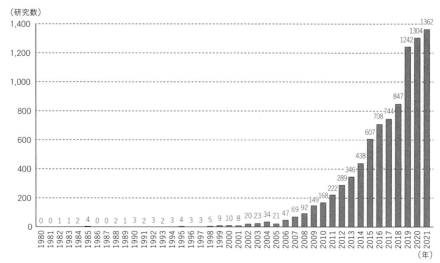

図 3-1　マインドフルネスに関する研究数の推移（1980 ～ 2021 年）
（American Mindfulness Research Association, 2022 より改変）

　マインドフルネスでは科学的なエビデンスが重視されています。**図 3-1** の研究数の推移を見ていただくと，いかに急速に研究が増加してきているかを理解していただけると思います。これまでに，注意制御・感情抑制・自己感変容といった脳機能が改善されること（Gotink, Meijboom, Vernooij, Smits, & Hunink, 2016），免疫機能や抵抗力が上昇すること（Davidson et al., 2003），不安・落ち込み・イライラが改善すること（Bear, Smith, Hopkins, Krietemeyer, & Toney, 2006）等が示唆されています。また心理的健康性との関連に関するレビューやメタアナリシスにおいて，マインドフルネスが，主観的幸福感の向上，心理的症状や感情反応性の低下，行動調節の改善などのさまざまな心理的効果をもたらしたり（Keng, Smoski, & Robins, 2011），ストレス軽減と精神性の向上の両方において効果を示し，反芻的思考や特性不安を軽減し，共感と自分に対する思いやりを高めたりすること（Chiesa & Serretti, 2009）が示されています。

1-3　子どもたちにもマインドフルネスを

　子どもたちにマインドフルネスを導入することの意味はどのようなところに

あるでしょうか。外的な事象に応じてその都度変動する幸福感ではなく，その存在の根底を支える持続的な幸福感のことをウェルビーイングと言います。WHO（世界保健機関）は憲章の中で健康について次のように定義しています。「健康とは，病気でないとか，弱っていないということではなく，肉体的にも，精神的にも，そして社会的にも，すべてが満たされた状態（ウェルビーイング）にあることです」。

　先が見通せず加速化する社会の中で，子どもたちは常に評価や競争にさらされ，社会や大人によって望ましい形に切り取られた自己を生きることを強いられがちです。思春期には自己肯定感は最も低くなり，自分に対しても他者に対しても，厳しい見方をする傾向が高まります。特に諸外国に比べ，日本の子どもたちの自己肯定感や幸福感の低さ，子どもの自殺の多さも指摘されています。成長途上で弱い立場にある子どもたちがマインドフルネスに出会うことができれば，ウェルビーイングの感覚を自身のうちにはぐくむことができるのではないかと考えます。

　マインドフルネスは自分自身のさまざまな感覚や感情を優しくあるがままに受け入れ，ゆるすことをめざします。そして，日常に体験する困難な感情，手放したい感情をそっと手放したり，そうした感情にとらわれずにそのまま浮かべて眺めたりする方法を身につけます。身体感覚をアンカーとして，未来や過去へとさまよいがちな心を今この瞬間の体験につなぎとめ，奇跡と驚きに満ちた今この瞬間の体験を静かに豊かに味わうことへと導くのです。その結果，子どもたちの心に，自分自身や他者に対する慈愛や，思いやりの心が涵養されることが期待されます。学校環境が安心で安全で，マインドフルな空気に満ちていれば，子どもたちは自己の護りにエネルギーを使う必要がなくなり，自然に伸びやかに成長や自己実現に向かっていくのではないでしょうか。

1-4　子どもたちへの導入とエビデンス

　欧米を中心にさまざまな子ども向けのマインドフルネス・プログラムが開発され（例えば Mindful Schools, Mind Up for Life など），学校にマインドフルネスを導入した効果評価研究も，多く蓄積されてきています（Kimberly, Schonert-Reich, & Roeser, 2017）。4,102 論文をレビューした研究（Sapthiang, Van Gordon, &

Shonin, 2019）では，マインドフルネスには，①感情や認知を調整するための注意プロセスの利用，②ストレスの軽減，③対処法や社会的スキルの向上，④心を落ち着かせる・リラックスといった４つの効果があるとされ，マインドフルネスは，予防と治療両方の観点から，生徒の心の健康にさまざまなメリットをもたらすと結論づけられています。先述のように，マインドフルネスはスポーツやアーティスト，企業においても取り入れられ，パフォーマンス向上への期待が高まっていますが，子どもの学業成績向上に貢献することも報告されています（Caballero et al., 2019）。

　また，教員への効果も検証されており，1,001人の教育者を対象とした18本の論文のメタアナリシスでは，マインドフルネスの介入によって，教師のストレスや不安，抑うつ，燃え尽き感情が低減し，マインドフルネス感情が向上することが明らかにされています（Zarate, Maggin, & Passmore, 2019）。教員のうつ病などの精神疾患での休職者が過去最多を更新したことが報告されていますが（文部科学省, 2020），教師や子どもの心のケアに携わる心理士は，弱い立場にある子どもたちに共感的に寄り添う姿勢をもつため，コンパッション疲労に陥りがちになります。コンパッションとは，誰かと苦しみを共にすることであり，思いやりや理解，対象の苦しみを和らげたいとの願いが伴います。子どもたちに寄り添う大人が瑞々しく自分を保ち，子どもたちにケアを続けるためには，自分で自分をケアするセルフ・コンパッションが重要になるでしょう。マインドフルネスは，子どものみならず，子どもを取り巻く大人や学校全体のウェルビーイングを涵養する可能性があることが示唆されています。

2　英国MiSPの取り組みとドットビー（.b）・プログラム

2-1　MiSPの取り組み

　英国の団体MiSP（Mindfulness in Schools Project）が，マインドフルネスを学校に導入することをめざしたプログラムを開発し，継続した指導者養成，育成システムを構築して普及に努め，オックスフォード大学マインドフルネスセンター等と連携しながらエビデンスを蓄積しています（https://mindfulnessinschools.org/）。

　年齢ごとに異なる3種類のマインドフルネス・プログラムが開発されており，11〜18歳（中高生）を対象としたドットビー，7〜11歳（小学生）を対象としたポウズビー（Paws b），3〜6歳（幼児）を対象としたドッツ（Dots）がメインレッスンです。それ以外にも，ポウズビーとドットビーのつなぎになることを意識して作成された，9〜14歳対象の4回短縮版レッスン，ドットブリーズ（.Breath）や，メインレッスン終了後のアフターフォローレッスン等も用意されています。

　レッスンを教えるためには，それぞれ3〜5日の研修（Teach .b，Teach Paws b，Teach dots）を受ける必要があり，指導資格を得ると，ハブ（Hub）というプラットフォームに参加して，さまざまな充実した教材や資料にアクセスすることができます。教材は欧米を中心に13ヵ国語に訳されており，MiSPと連携協定を結び，指導者養成が行われている国もあります。アフターフォローも充実しており，マインドフルネスのプラクティスやディスカッションを行うことのできるハブ・プラクティスグループや，教師のためのリトリート（仕事や日常から離れた非日常の空間でマインドフルネスを行うこと），MiSP主催カンファレンス，ワークショップなどにも参加することができ，ハブメンバーが継続して学びを深める機会が与えられています。さらにハブでは，プログラムを受講した子どもたちによるアンケート結果や関連文献なども紹介されており，最新の情報にふれることもできます。

2-2　ドットビー・プログラム

　ドットビー・プログラムは，上述したとおり11〜18歳（中高生）の子どもたちを対象にしたプログラムです。「ドットビー（.b）」とは，「ストップし呼吸し，ただある（Stop, Breathe and Be）」というマインドフルネスの基本的なプラクティスを名称としたもので，プログラムの中では，子どもたちをマインドフルな状態へと誘う合図のような役目ももちます（私がこのプログラムを実践した高校でも，レッスンが進むにつれ，子どもたちが日常生活の困難な状況で，「こんなときこそドットビーやろ」「ドットビー，ドットビー！」と声をかけ合う様子が見られたそうです）。プログラムでは，このドットビーをはじめ，さまざまなプラクティスを体験し，実践的に学ぶことで，注意や思考をコントロールし，今この瞬間の

図 3-2　ドットビー・プログラム 9 回のテーマ
各レッスンのテーマ：①注意を向ける，②マインドワンダリングへの対応，③心配や
不安への対応，④今ここの体験，⑤マインドフルに動く，⑥メタ認知，⑦ストレスへ
の対応，⑧よいことに意識を向ける，⑨レッスンのまとめ

身体感覚にとどまる力を涵養していきます。

　1 レッスン 40 〜 60 分，全 10 回のレッスンで構成されており，それぞれの
レッスンに子どもの興味を引く美しいパワーポイントスライド，ビデオクリッ
プ，教師用テキスト，配布用プリント，ホームワーク・ビデオといった良質
で充実した教材が準備されています（http://www.dotbe.org/）。カバットジンが
開発した 8 週間のマインドフルネス・ストレス低減法（Mindfulness-based Stress
Reduction: MBSR）を方法論の基盤に据え，子ども向けに易しい表現でありな
がら，マインドフルネスの基本を余すことなく学べるように工夫されています
（プログラムの詳細な内容は，芦谷・伊藤・村田・中川，2018 参照）。各レッスンには
明確なテーマがあり，講話と豊富なプラクティスから構成されており，実践的
な学びが重視されています（図3-2）。

　2016 〜 2020（平成 28 〜令和 2）年に行われた MiSP によるアンケート調査に
おいて，このレッスンを受けた生徒 5,747 人のうち，約 80％がこのプログラム
を楽しく，役に立ち，友だちに紹介したいと評価していることが示されました。
本プログラムを用いた大規模なパイロット試験では，子どもたちのうつ症状，

写真 3-1　日本の高校生に対するドットビー実践の様子

ストレス，健康感の改善などが示されており（Kuyken et al., 2013），他にもポジティブなエビデンスが豊富に蓄積されています（https://mindfulnessinschools.org/the-evidence-base/）。現在 12 ～ 14 歳の生徒 5,700 例を対象とした大規模な介入試験が英国で進行中です（Kuyken et al., 2017）。筆者が実施した日本の高校生に対する実践（**写真 3-1**）でも，プログラム実施前後の効果評価で，抑うつの低下やウェルビーイングの向上，抗ストレスホルモンとされる DHEA の上昇などが確認されています（芦谷，2021）。

2-3　子どもたちにとどまらない効果

先述したとおり，学校でのマインドフルネスは，子どもだけではなく，教師をはじめとする彼らをケアする大人にも大きな影響を与えるとされており，子どもにとどまらない大人や学校全体へのポジティブな影響が，MiSP のビジョンの中心となっています（MiSP 資料より）。先ほどと同様，2016 ～ 2020 年に行われたこのプログラムに参加した教師 210 人に対するアンケートでは，ほぼ100％の教師が楽しく，役立ち，他の教師に紹介したいと評価していることが示されています。

3　日本における子どもマインドフルネス・プロジェクト

3-1　ドットビー・ティーチャーの養成プロジェクト

マインドフルネスを指導するためには，まず指導者がマインドフルネスを深く体現していることが重要であるとされています。この点をふまえ，ドットビー・ティーチャーの指導者資格を取得するには，8週間のMBSR（マインドフルネス・ストレス低減法）・MBCT（マインドフルネス認知療法）受講後2〜3ヵ月経過しているなどといった前提条件が定められており，その後4日間のティーチ・ドットビー（Teach .b）と呼ばれる研修を受ける必要があります。

ティーチ・ドットビーは英国を中心とした海外でしか開催されておらず，英語でのディスカッションを多く含む研修は，日本人の多くにとって高いハードルです。そこで，英国にて資格を取得してきた先生がたと一緒にドットビー・プロジェクトを開始し，MiSPと連携協定を結び，2019（令和元）年から日本において指導者養成と国際比較効果検証を行うことを計画しました（芦谷・伊藤・山本・中川, 2019）。

まず日本版教材の作成に取り組み，日本でドットビー・ティーチャーを育成する計画を立てました。コロナ禍で英国から講師を招聘できず計画は難航しましたが，2021年夏に日本各地から応募してくださった教育関係者に対して，日本版ティーチ・ドットビー研修を実施し，38名のドットビー・ティーチャーを養成することができました。

今後も継続してティーチ・ドットビー研修を行い，またより年齢層の低い小学生児童を対象としたポウズビー・プログラムや，幼児を対象としたドッツ・プログラムも随時日本に紹介し，日本で指導者を養成していく予定です。

3-2　ドットビー・ティーチャー継続サポートシステムの構築

私たちはドットビー・ティーチャーのつながりを保ち，体験や知見を共有するために継続サポートシステムを構築しています。ドットビー・ティーチャー会員が集うウェブ上のプラットフォームを作成し，そこで疑問点を講師陣に相談したり，会員同士が自由にやりとりしたり，情報共有したりできるようにし

ています。疑問や質問が起これば，必要に応じて MiSP の意見もうかがいつつ，講師陣を交えて検討しています。また日本版教材の改善案なども出し合い，子どもたちによりよい学びを提供できるよう，皆で知恵を寄せ合っています。自主的な定期グループレッスンも行っており，各グループでドットビーのロールプレイを順番に行ってディスカッションを重ね，各自の課題発見と資質向上に努めています。ティーチ・ドットビーのアフターフォローとして，2日間の集中ワークショップも実施し，グループロールプレイとディスカッション，講師陣による講評の時間を設けました。さらに月に一度，自由参加形式のウェブ質問会を実施し，現状報告や情報共有を行ったりもしています。

4　今後の課題と展開

4-1　新しいプログラム導入の枠組み的・心理的な困難さ

新しい教育を学校に導入するには，多くのハードルがあります。まず一つ目の壁は，枠組みにかかわる問題です。学校では，学習指導要領に沿ったカリキュラムで時間割がぎっしりと埋まっており，多忙を極める学校教育の枠組みに，新しいものを組み込む物理的困難は大きいと感じます。

このことは，カリキュラムにはない SEL などの心理教育を導入しようとされている先生がたは皆さん感じておられることでしょう。心理教育である SEL などの活動も，心理教育に対する意識の高い先生がたが，特活や朝活，学活などの時間をなんとかやりくりして時間を捻出されているのが現状です。しかもドットビーは，週に一度 10 回，1 回 40 〜 60 分というまとまった時間で実施する必要があるため，かなりハードルが高いのです。現在は，正規の時間ではなく部活や放課後活動として取り入れていただいています。子どもたちにマインドフルネスをしっかりと理解してもらうには，ある程度のまとまった時間が必要ですが，日本の教育の実情に合わせ，短縮 4 日バージョンのコンパクトなドットブリーズなどの導入も，今後検討する必要がありそうです。

次に心理的困難さですが，学校には子どもたちの育ちを守るという大きな役目と使命があるため，ある意味，学校が新しいものに慎重になるのは当然のこ

とだと思います。この困難さは世界に共通することのようで，MiSP としてもいくつか提案をしています。欧米を中心に地域や学校でマインドフルネスの導入が広がっていることは事実であり，例えばこれまでの実績やエビデンス，実際にプログラムを受けた子どもたちや先生がたの声を紹介するリーフレットが用意されています。特にマインドフルネスは，宗教と結びついているとの誤解があることがあり，その誤解がハードルとなってしまうこともあって残念に思います。ドットビーは「注意と意識のトレーニング」であり，宗教とは関係がないことを，まずはしっかり理解していただく必要があると感じています。導入に際してはエビデンスが重要となるので，私たちのプロジェクトも効果評価の研究を重視しています。

4-2　子どもたちへの動機づけ

　マインドフルネスは強制されるものではなく，あくまで提案（invitation）を重視したセルフケアであるとされます（Kabatt-Zinn, 2013）。そこで，自ら選んで参加してくる大人向けプログラムと異なり，子どもに対してユニバーサルにプログラムを導入する難しさが生じてきます。受身的に参加する子どもたちに，どのようにモチベーションをもってもらうかという難しさです。私たちは部活動という目的意識のはっきりした集団に導入しており，今のところこの問題は特に大きくなっていません。むしろ子どもたちはこちらの想定以上に非常に楽しんで積極的にプログラムに参加してくれており，その瑞々しい反応にはこちらが感動するほどです。柔らかな心をもつ子どもたちにこのプログラムを導入することの意義をあらためて感じています。

　しかし今後，クラス全体，学校全体へとプログラム導入が展開してゆくと，おそらくモチベーションの問題が浮上してくると思われます。思春期特有の反抗といった問題も影響してくるかもしれません。このあたりは，ユニバーサルな他の心理教育に共通する課題かと思われます。

　また，マインドフルネスは決して万能的なツールではなく，すべての子どもにマインドフルネスが恩恵をもたらすとは限りません。私たちの研究では，どちらかというと適応的で抑制的な子どものほうが，マインドフルネスになじみやすく，恩恵を受けやすいことが示唆されました（芦谷他，2018）。MiSP に

おいても，プログラムの基本的な目標は「全員（all students）がその知識を得，大多数（most）が楽しみ，多くが（many）時には使い，何人か（some）は毎日練習し，可能な限り多くが（as many as possible）記憶に留める」こととされており，マインドフルネスの体得をめざすより，将来の資源を提供することを志向しています（MiSP, 2016）。

マインドフルネスの他にも，本書で紹介されているような魅力的な心理教育プログラムが次々に開発されています。子どもたちがさまざまな心理教育を豊かに体験するなかで，自分に合ったものを主体的に選んでいけることが大事であると考えます。学校で学んだ文学や歴史，音楽が生涯の友となり，支えとなる子どもたちがいるように，マインドフルネスが生涯の友となり，支えとなる子どもたちもいるかもしれません。このような心の整え方もあるのだという知識が伝わり，必要な子どもたちに必要なときに活用してもらえることを願います。

4-3　深い内面に触れる危険性とマインドフルネスの限界

さらに，最近マインドフルネスで注目されているトラウマへの対応について述べたいと思います。マインドフルネスは表面的な浅い部分にとどまらず，心の深い内面に触れる可能性があり，それゆえに危険性もあることが指摘されています。特にトラウマ体験がある場合はこの危険性が高まり，過覚醒や低覚醒に陥らず，「耐性の窓」にとどまり続ける安全で変容的な癒やしを模索するトラウマ・センシティブ・マインドフルネスが注目を集めています（Treleaven, 2018）。思春期という繊細な時期にある子どもたちを対象にしているため，プログラムの影響を注意深く見守る必要があります。

ドットビー・プログラムの場合は，いつも通う学校というなじみある空間で，なじみある仲間や大人，機関のサポートのもとで実施されることが守りとなると考えられており，これまで大きな問題は報告されていません。しかし，子どもたちの安全を守るために，ティーチ・ドットビーの学びの中でもさまざまな配慮や注意点があげられています。例として，配慮する子どもを事前に把握しておくこと，またレッスンは楽しくライトタッチに行い，深く個人の体験を追及したり，さらしたりするような作業は行わないようにすることなどが，注意

喚起されています。プログラム実施に際しては，子どもたちのことをよく知っている教育者が同席することが必須であり，フィールドのサポートシステムを確認しておくことも必要とされています。ユニバーサルなプログラムであるので，プログラムを実施するうえで守りを意識することは重要でしょう。

4-4　熟達した指導者養成

　このプログラムを指導するために，2種の資質が必要であると考えています。一つはマインドフルネスを深く理解し，体現しているというマインドフルネスの資質，もう一つは，子どもの心理や発達段階を理解し，目の前の子ども集団の特徴に合わせて適切に教え導く教育者としての資質です。ドットビー・ティーチャーをめざされる方には，教員やスクールカウンセラー，医師や心理士，ヨガ講師などさまざまな立場の方がおられます。マインドフルネスにふれるのがはじめてだという方，子どもや集団にかかわる経験の少ない方もおられ，それぞれのこれまでの経験に応じて，マインドフルネスの資質と，子ども集団への教育者としての資質とを合わせて涵養していただくことが課題となりますが，やはり即席では難しく，ある程度の醸成期間が必要になります。ティーチ・ドットビーの学びの中で，皆さんが両方の資質をご自身の中で柔らかくじっくりとはぐくみ，魅力的な指導者になっていく過程そのものが，日本のこれからの教育にとって豊かな実りをもたらすと感じています。

5　おわりに

　教育現場に新しいものを導入しようとする先駆者は，現場で困難や壁を感じることも多いでしょう。マインドフルネスでは，指導者も共に心を耕し続ける横並びの存在としてとらえられており，互いに「先生」ではなく「さん」付けで呼びます。最初の一歩を踏み出すファーストペンギンの役目を担う日本各地のドットビー・ティーチャーたちが，つながりの場をもち，主体的に継続的にサポートし合うシステムを構築することで，集団全体の力が涵養され，それぞれが互いの力を引き出し合って資質を磨き続けられると感じています。今はま

だ小さな土壌ですが，子どもマインドフルネスの種が日本のあちこちに運ばれて芽吹き，子どもたちや学校に豊かな実りをもたらしてくれるのではないか，そのような未来を夢見ています。

学校への導入の難しさと文化的な問題

　マインドフルネス・プログラム「ドットビー」のプロジェクトはまだ始まったばかりで，また「越えがたい障壁」に出会うまでに至っていないというのが実情です。ただ，第3章の第4節「今後の課題と展開」であげた多くの課題があり，これから実際に学校に本プログラムを導入するにあたり，さまざまな困難が予想されます。

　学校に新しいものを取り入れようと試みておられる皆様が共通しておっしゃるのは「学校に味方を作ることの大事さ」です。それが管理職であれば力強く新しいエネルギーが起こりますが，小さな灯でも少しずつ大事に温め続けていれば，そこによいものが生まれ，灯が手渡され，徐々にその灯が広がっていくことを感じています。

　本プロジェクトの場合は，学校現場にフィールドをもつドットビー・ティーチャーの存在が宝だとあらためて思っています。ドットビー・ティーチャーたちがマインドフルネスを体現したマインドフルな存在に育ち，それぞれのフィールドで活動を広げてくださると，その灯が，先生や子どもたちに少しずつ受け継がれて広がってゆくように思います。一度に大きく広げるのは危険性もあり，温もりのこもった灯を，焦らず大事に一つずつ手渡してゆくことを地道に続けられればと思っています。

　また，本プロジェクトで導入しているプログラムは，英国で開発されたものであり，その内容は普遍性をもつとしても，文化的な違いによって日本の子どもたちには理解が難しいだろうと思う部分も見られます。近年，マインドフルネスが比較的裕福な層を対象に広まってきたことへの批判も出てきています。今後，日本的なマインドフルネスの模索，展開があってもよいかもしれません。本プログラムは，版権の問題があって，簡単に内容の変更ができませんので，将来的には，日本の文化に沿った，日本の子どもたちに適したプログラムの開発ができれば望ましいと感じています。

（芦谷 道子）

第4章

学校規模で行うポジティブ行動支援
── システムチェンジで学校を変える

大対 香奈子（近畿大学）

本章へのとびら

　「叱らずにほめたほうがいい」そのような話は教育の場だけではなく子育てや人材育成の場でも最近よく聞かれます。では，なぜ叱ることがいけないのでしょうか？　なぜほめたほうがいいのでしょうか？　実はその点については，正しく理解されていないことも多いのです。

　本章で紹介するポジティブ行動支援は，子どもたちの望ましいポジティブな行動に着目し，その行動を称賛・承認というポジティブなアプローチで増やすことで問題行動を予防する，まさに「叱らずにほめて育てる」実践です。「叱らずにほめて育てる」ことで，何を実現しようとしているのか，その本質を読者の皆さんも一緒に考えてみてください。

1　学校での問題行動とその対応の実態

1-1　教師が苦悩する子どもの問題行動

　学校での問題行動と聞いたときに，何をイメージするでしょうか？　文部科学省が毎年行っている「児童生徒の問題行動・不登校等生徒指導上の諸問題に関する調査」で取りあげられているのは暴力行為，いじめ，出席停止，不登校，自殺といった内容ですが，実際に学校現場ではより軽微な問題行動も多数起

こっています。例えば，馬場・松見（2011）による報告では，「立ち歩き」や「私語・大声」のように目立つ問題行動以外にも，「指示・課題非従事」「手遊び」「行動の遅れ」「よそ見」などといった目立たない行動についても通常，学級で支援を要するものであることが示されています。また，これはオーストラリアでの研究ですが，教師に子どもたちの問題となる行動について「最も頻繁に起こるもの」と「最も厄介なもの」を回答してもらったところ，回答数が圧倒的に多かったのは「勝手な発言」で，その後に「他の子どもを邪魔する」「行動が遅い」「指示に従わない」と続きます（Clunies-Ross, Little, & Kienhuis, 2008）。これらの研究報告から見えてくる学校現場での子どもの問題行動の実態は，教師の毎日の教育活動や学級運営を脅かし得るものであり，一つずつの行動は軽微であったとしても，それが重なり多発することで学級崩壊にもつながりかねない，教師を疲弊させる問題と言えます。

1-2　問題行動は現場で起こっているのです！

　筆者が臨床実践として行っている学校コンサルテーションでは，このような教育活動がままならない要因となっている児童生徒の問題行動をよく扱います。それが特定の子どもの問題として挙がる場合もあれば，特に小学校の低学年では集団として「指示が通らない」「話が聞けない」ことが問題とされる場合もあります。このような問題行動が起こる理由として，「発達障害ではないか」「家庭に問題があり，愛情が不足しているから構ってほしいのだ」「全体的に今の子たちは幼い」などといった話が頻繁に出てきます。はたして本当にそうなのでしょうか？

　確かに，学校において集団活動への参加やルールを守って行動することが難しい子どもの中に，発達的な特性が見られる場合や，家庭環境の問題があるケースは存在します。しかし，そのような個人に関わる要因だけで問題行動が起こるわけではありません。ドラマのセリフでも似たような言い回しがありましたが，「問題行動は現場で起きている」のです。個人の抱えている要因が問題行動の出やすさに影響を及ぼすとしても，直接的に問題行動が起こる引き金となり，またその起こった問題行動を維持してしまっている要因は学校環境の中にあると考えるべきです。

　例えば，発達的な特性からじっと座っているのが難しいひろしくんについて考えてみましょう。じっと座っていられず頻繁に立ち歩くという行動が起こりやすい要因として発達特性があるのは確かなことですが，ひろしくんの立ち歩きをよく観察してみると，その頻度が高い授業と低い授業があることがわかります。立ち歩きの多い授業は国語や算数のように「先生の説明を聞く」時間が比較的長い授業であり，一方で立ち歩きが少ない授業は図工や音楽といった，手を動かして従事できる活動が多く含まれる授業であることが見えてきます。つまり，ひろしくんの立ち歩きの頻度は授業で設定される活動内容によって左右されていることがわかります。また，立ち歩きが起きた後の展開に注目すると，立ち歩きをするたびに担任教師は「今は授業中でしょ！」と注意したり，時には手を引いたりしてひろしくんを自分の席まで戻します。このように，たとえそれが問題行動をやめさせようとする対応であったとしても，立ち歩くたびに教師が声をかけかかわることで，立ち歩きが維持されてしまうことがあります。

　このときに注意すべきは，「家庭で愛情不足だからこういう構って行動が問題として起こるんだ」と考えると，正すべきは家庭でのひろしくんへのかかわり方になってしまうということです。もし仮に，ひろしくんの家庭環境に問題があり愛情不足であったとしても，それは「大人が構う」ことの価値を高めている要因であり，直接ひろしくんの立ち歩きを維持している要因は，教師が立ち歩くたびにかかわるという対応のほうであることを理解する必要があります。つまり，授業の設定や教師の対応といった学校環境のあり方が，問題行動の直接的な要因になっているということです。

1-3　注意や叱責には限界がある

　問題行動に対してよくある教師の対応は，「それはいけないことだ」と注意するというものです。しかし，教師は注意することでその行動をさせないように指導しているつもりでも，ひろしくんのようにそれが「構ってもらえている」という結果になる場合は，こちらの意図とは反対に問題行動が増えてしまうこともあります。また，注意や叱責は即座にその行動を抑制するものの，その効果は一時的かつ場面限定的でしかなく，根本的な問題行動の改善にはつな

がりにくい教育的効果の低いものです。さらに，注意や叱責による対応がエス
カレートすることで体罰という問題が起こる危険性があることや，子どもに不
安や怒りといった情動反応を誘発し，嘘やごまかしなどの望ましくない行動を
助長する副次的作用があることは科学的にも示されています（島宗他，2015）。

　このようなエビデンスがあるにもかかわらず，学校現場では問題行動に対し
て注意や叱責が多くなる傾向があります。その背景には，注意や叱責には即効
力があるために，実行する教師にとっては「効果があった」と誤って感じやす
いことや，なかには「厳しくしないと子どもになめられる」という信念にとら
われている場合もあります。ただ，注意や叱責のような問題行動が起こってか
ら行う事後対応をする教師ほどストレスを感じやすいことがわかっています
（Clunies-Ross et al., 2008）。学校で起きる子どもの問題行動は学校で解決しなけ
ればならないわけですが，ただその責任をすべて教師に押しつけるだけではこ
の注意叱責による悪循環に陥るだけなので，教師のストレスも緩和され，子ど
もたちの問題行動も解決されるような方法がいま必要なのです。

2　学校規模ポジティブ行動支援とは

2-1　ポジティブ行動支援とは

　問題行動を注意叱責やペナルティーを科すような方法で減らそうとするので
はなく，より適応的な行動が増えるように支援することで問題行動の発生を予
防する，ポジティブ行動支援（Positive Behavior Support：以下，PBS）という実
践があります。ひろしくんの例で考えると，立ち歩きに着目してそれに対して
注意や叱責をするのではなく，この場面でより望ましい行動，例えば「自分の
席に座って授業に参加する」行動のほうを増やすように支援するという発想で
す。

　具体的には，授業中の説明の時間をできるだけ短くする工夫や，授業内で能
動的に従事できる活動の量を増やすという工夫をすることで，座って授業に参
加する行動が起こりやすい環境を設定できます。また，「構ってほしい」とい
うひろしくんの欲求については，自分の席に座って授業に関連した活動に従事

する行動に対して，教師がかかわりを増やすことで満たしてあげることもできます。その結果，ひろしくんの自席での授業参加は増え，立ち歩きが減ることになります。さらに，立ち歩きが減ることで，教師はそこに注意をすることやそれによって授業を中断されることもなくなるため，教師にとってもストレスが軽減されることにつながるでしょう。PBS ではこのように，問題行動を示す人だけではなく，かかわるすべての人のライフスタイルを変化させて QOL の向上をめざします（Carr et al., 2002）。

2-2　PBS を学校規模で実践する

　この PBS を学校規模で実践する取り組みが，いま日本の各地で広がりを見せています。これは学校規模ポジティブ行動支援（School-Wide PBS：以下，SWPBS）と呼ばれ，アメリカでは現在 2 万 7,000 校以上で実践されています。SWPBS 導入の前に，アメリカではゼロ・トレランス方式という問題行動への対応方針が適用された歴史があります。ゼロ・トレランスとは，いかなる状況下でも問題行動は許されることはなく厳しく対応するというもので，日本においても「毅然とした生徒指導」という形で紹介されました。しかし，その後の調査でゼロ・トレランス方式には暴力行動の抑止にほとんど効果がないことや，停学処分により子どもの学習機会を奪うことが問題視されるようになりました。また，障害のある個人教育法（Individuals with Disabilities Education Act: IDEA）の改定により，問題行動に対してポジティブな行動的介入や支援を行うことが方針として示されたことや，SWPBS を普及するためのセンター（National Technical Assistance Center on Positive Behavioral Intervention and Supports）が設置されたことも後押しとなり（平澤，2015），SWPBS が加速度的に広がりました。

　「学校規模」というのは，小学校であれば 1 年生から 6 年生までの全児童を対象に，また全教職員もかかわって進めていくという意味です。SWPBS では，まずは全児童生徒を対象としたユニバーサルな支援である第 1 層支援を実施し，それでも行動の改善が見られない児童生徒にはより手厚い支援を小グループで実施する第 2 層支援，それでも改善が見られなければ個別に計画を立て支援する第 3 層支援へと段階的に児童生徒のニーズに合わせて支援を手厚くしていく，

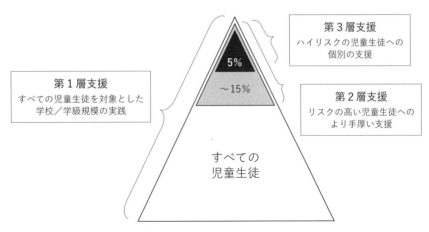

図4-1　SWPBS の3層支援モデル（Sugai & Horner, 2002 より改変）

3層支援モデル（**図4-1**）に基づいて行われます（庭山, 2020；Sugai & Horner, 2002）。

2-3　SWPBS 第1層支援の具体的な進め方

　SWPBS の実践で最初に行うのは第1層支援です。導入前には SWPBS がどのような実践なのかを丁寧に教職員に向けて研修し，「これはぜひうちの学校でやってみたい」という教職員の80％以上の賛同を得て開始することが重要だとされています。

　導入が開始され，まず行うことは「学校で期待される姿（大切）」を決めることです。これはその学校において「どのような子どもに育ってほしいか」という教師の願いや思い，さらには子ども自身の「どんな自分になりたいか」という願いや思いを込めた，学校全体で共有されるビジョンや目標のようなものです。それぞれ教師には付箋に自分の思いや願いを書いてもらい，それをまとめて，最終的には3つから5つの「学校で期待される姿（大切）」を決定します。次に，学校で子どもたちに「期待される姿」を発揮してほしい場面をあげ，それが交差するセルには具体的な目標行動を示し，ポジティブ行動マトリクス（以下，マトリクス）を作成します（**図4-2**）。完成したマトリクスは，教室や廊

① 「3つの大切」を決定

② 指導の場面を決定		きまりを守ろう	自分も友だちも大切にしよう	すてきなことばをかけよう
	授業中(教室)	□授業が終わったら次の授業の準備をしよう □授業が始まるときにえんぴつ2本・赤えんぴつ1本・けしごむ1こを机の上に用意しよう	□話をしている人の方へおへそを向けよう □「同じです」「そうだね」「わかりました」「うなずく」など発表している人に反応しよう	□「です・ます」のような丁寧な言葉を使おう □指名されたら「はい!」と返事をしよう
	体育(体育館)	□すばやく集合・整列しよう □使った道具は元の場所にもどそう	□授業の準備や片付けを友だちと協力してやろう □相手チームのすごいところをほめる言葉で伝えよう	□自分のチームが負けても「がんばろう」「ドンマイ」と声をかけよう
	そうじ	□そうじ場所にある決められたマニュアルのとおりそうじをしよう □自分の分担場所をそうじ時間内にきれいにしよう	□そうじ分担をみんなで協力してやろう □自分のそうじ分担が終わったら、まだ終わっていない人を手伝おう	□そうじの始めと終わりに同じ分担の人とあいさつをしよう
	業間休み・昼休み	□トイレをすませてから遊ぼう □予鈴を聞いたらすぐに教室にもどろう	□友だちと話をするときは「あったか言葉」を使おう □友だちの名前をよぶときは「○○さん」とよぼう	□友だちに「ありがとう」「ごめんね」と言おう
	ろうか	□ろうかや階段、ベランダでは右側を歩こう □くつ箱のくつやトイレのスリッパをそろえよう	□前から人が来てすれちがうときには「どうぞ」とゆずりあおう □人にゆずってもらったら「ありがとう」と言おう	□先生やお客さんとすれちがうときには軽く頭を下げよう □学年がちがっても朝や帰りのあいさつを大きな声で言おう

③ 指導可能な目標に具体化　　※□は具体的目標

図4-2　ポジティブ行動マトリクスの例（徳島県教育センターパンフレットより）

下など目立つところに掲示し，またお手紙などで保護者に周知します。

　次に，マトリクスに示された目標行動を子どもたちに教えていきます。学校によってさまざまなやり方がありますが，アメリカの学校では典型的に，年度のはじめに各場所をウォークラリーのようにして回り，その場所に控えていた教師からその場面の目標行動を教えてもらいます。このように，マトリクス全体を年度当初に一気に児童生徒に教え，その後は目標行動が見られたら，教師がその都度それを言葉でほめたり，チケットやカードを渡したりします。一方，日本で多いのはマトリクスから特定の目標行動を選定して取り組む「キャンペーン活動」を実施するやり方です。

　従来，日本の多くの学校では「あいさつ運動」や「忘れ物ゼロキャンペーン」といった形で，委員会が主導となって行われてきた取り組みがあります。

写真 4-1　実践の成果をグラフで視覚的にフィードバックする

　これを SWPBS の枠組みに置き換える形で実施することで，学校で取り組む活動の量を増やさずに，SWPBS の実践が行えるという工夫から，日本独自のこのキャンペーン方式が生まれました。キャンペーン方式では，委員会のメンバーである児童生徒や教師が中心となり計画をします。例えば，「あいさつキャンペーン」では生活委員会が中心となり，よいあいさつの仕方のお手本を集会の場で他の児童生徒に見せたり，またキャンペーン期間中には校門に立ち声かけを行って，あいさつができた児童生徒にシールを配ったりします。また，成果はグラフなどにして視覚的にフィードバックをします（**写真 4-1**）。チケット方式とキャンペーン方式に共通しているのは，「学校で期待される姿」に沿った望ましい行動を具体的に教え，それを引き出す場面を設定し，その行動が見られたら承認・称賛をするということです。

2-4　SWPBS は学校のシステムチェンジの取り組み

　SWPBS とその他の教育実践との大きな違いは，教える内容が固定されていないということです。例えば，アンガーマネジメントのプログラムであれば，感情をコントロールするために必要とされるスキルを具体的に教えます。一

方，SWPBSではそのようにあらかじめ決められたスキルを教えるというよりも，「学校で期待される姿」を共有し，それに向けて増やすべき目標行動を決め，目標行動を増やすための工夫を環境に設定して実践します。そして，その実践がうまく進んでいるかを点検して改善をしていくという一連のサイクルを，自分たちで回す「システム」を学校につくり上げるものがSWPBSです。

　SWPBSにおいて重要とされる4つの要素に成果，実践，データ，システムがあります（Sugai & Horner, 2002）。成果は学校が何をめざしてSWPBSに取り組むのかという社会的価値あるいはビジョンを意味します。その成果を達成するために必要とされる目標行動が選ばれ，それを増やす実践が行われるわけですが，その実践に効果が見られているかどうか，またPBSの実践として沿うべき手順に従ってできているかについて，データを定期的に収集し，そのデータをもとに意思決定をしていきます。校内には管理職を含む数名の教師からなるSWPBSの推進チームが組織され，定期的に開くミーティングでデータを見ながら，今どのような実践が必要か，どの児童生徒により手厚い支援が必要か，実践が効果的に進められているかなどについて検討し，次に必要な実践の計画を立てるという形でサイクルを回していきます。つまり，SWPBSでめざしていることは，皆が安心して生き生きと過ごせる学校をつくるために，子どもと教師が自分たちで何ができるかを考えて行動する，そのためのシステムをつくり上げることだと言えます。

3　SWPBSの実践と効果

3-1　SWPBSの実践で扱われるデータ

　SWPBSの実践ではデータに基づき意思決定を行っていくことから，少なくとも校内のSWPBS推進チームの教師メンバーはデータを扱える必要があります。扱うデータには，実践の効果や成果を示す児童生徒の変化をとらえるための「成果データ」と，SWPBSがあるべき手続きに沿って忠実に実施されているかを評価するための「実行度データ」の2種類があります（庭山, 2020）。

　アメリカでは，成果データとしてよくODR（Office Discipline Referral）とい

う指標が使われます。これは生徒指導に関する記録で，誰が，どこで，どんな問題行動を，どの時間帯に起こし，それに対してどの教職員がどのような対応をしたのか，といった情報が含まれます。ODR は実践が効果的に進んでいるかという進捗の確認や，より手厚い支援を必要とする児童生徒のスクリーニング，またどの場面でどのような問題行動が多いかというデータから今必要な実践を知るアセスメントといった，さまざまな意思決定に用いることができるため，SWPBS の実践では中心的に参照されるデータです（田中, 2020）。

　SWPBS の実践が必要な手続きに沿って実施されているかを評価する実行度データは，SWPBS の実践の質の向上と維持のために重要な指標です。教育の世界でもエビデンスベーストの実践が求められるようになってきた現代では，その成果が行った実践によって生み出されたものかを正確に評価する必要があります。そのためにも，今行われている実践が SWPBS と呼べる要素を満たすものになっているかを点検し，改善していく必要があります。SWPBS では導入初年度には 3 ～ 4 ヵ月ごとに実行度を評価し，その結果から判断された必要な改善を加えながら進めていきます。一度十分な実行度の水準に到達したら，それ以降は年に一度の頻度で実行度を評価して，質が維持されているかを確認します（大対, 2020）。実行度評価に使われる指標は複数ありますが，日本語として使えるものに日本語版 TFI（Tiered Fidelity Inventory）があります（日本ポジティブ行動支援ネットワーク, 2022）。

3-2　海外での SWPBS の実践と効果

　特にアメリカでは SWPBS を実施している学校数が多いため，大規模なデータによる効果検証が行われています。これまでに明らかにされている効果としては，SWPBS を実施している学校で，なおかつ実行度の水準が高い場合に，ODR に示される生徒指導件数や停学の件数が大幅に減少し，結果的に学力の向上にもつながることが示されています（Bradshaw, Mitchell, & Leaf, 2010）。また，このような問題行動の改善はハイリスクや要支援の子どもにおいて最も大きく見られることや（Bradshaw, Waasdorp, & Leaf, 2015），いじめの報告件数が減少したという結果もあります（Waasdorp, Bradshaw, & Leaf, 2012）。また，子どもたちへの効果だけではなく，教師の効力感の向上やバーンアウトの低減も

確認されていることから（Ross, Romer, & Horner, 2012），SWPBS により子ども
たちの問題行動が落ち着くことで，教師にもよい影響が見られることがわかっ
ています。

3-3　日本国内での SWPBS の実施状況

　日本において SWPBS が本格的に広がり始めたのは 2017（平成 29）年ごろで，
PBS の国際学会である The Association for Positive Behavior Support（以下，
APBS）の承認を受けた日本ポジティブ行動支援ネットワーク（APBS Network
Japan：以下，APBS-J）の立ち上げが一つの大きな契機になったと思われます。
APBS-J では，理事メンバーが中心となり全国各地での SWPBS の実践普及を
行っています。現在，日本国内で最も力を入れて SWPBS に取り組んでいる徳
島県では，2018（平成 30）年度から 5 年間の教育振興計画の中で，PBS に取り
組んでいくことが明記されています（徳島県，2018）。2022（令和 4）年 3 月時点
では，徳島県下の幼稚園，こども園，小中学校を含む全 343 校園のうち 76.4％
にあたる 262 校園が SWPBS を実施しています。

　徳島県以外では，埼玉県，神奈川県，東京都，岐阜県，大阪府，兵庫県，岡
山県，宮崎県，沖縄県の一部地域において導入が進められています。興味深い
のは，地域により SWPBS を導入する枠組みが異なることで，徳島県では特別
支援教育の枠組みですが，岡山県では人権教育，大阪府では生徒指導の枠組み
で取り入れられています。また，県や市町村レベルでの事業として進められ
ているトップダウンの形もあれば，個別の学校の教師や管理職から「導入した
い」という声があがり導入するボトムアップの形もあります。実践の進め方に
ついても，チケット方式やキャンペーン方式が学校に合わせて選ばれ，また教
師主導で進める学校もあれば，児童生徒による実行委員がつくられ子ども主導
で進められている学校もあります。このように実践の形に多様性が生まれるの
も，SWPBS が内容の固定されたプログラムではなく「システム」の導入であ
るということから実現していることだと言えます。

3-4　日本での SWPBS から見えてきた効果

　日本ではまだ SWPBS を実践している学校の数が限られていることから，効

果検証についても十分には行えていないのが現状です。国内で最初に報告された SWPBS の実践は石黒（2010）による中学校での実践で，結果として軽微な問題行動や修繕費が減少したことが報告されています。同様に，問題行動への効果に着目したものに松山・三田地（2020）による高校での実践があり，懲戒件数の減少が確認されました。その他，小学校での実践では望ましい目標行動の増加や「学校が好きだ」という学校肯定感の向上が示されたことと（大久保他，2020），中学校にて生徒主導で実践を行った事例では生徒の自己肯定感が向上することがわかっています（大対，2022）。また，教師への効果としては海外と同様に，教師の効力感の向上とバーンアウトの減少が示されています（大対・庭山・田中・松山，2021）。

　このように，日本の SWPBS の効果についてもさまざまな指標から検証が進められており，日本の学校文化においてもその効果が認められつつあります。しかし，アメリカでの ODR のように統一された指標が複数の学校で測定されているわけではないために学校間の比較が難しいことや，SWPBS を実施していない対照校と比較したうえでの効果検証については，十分にできていないのが現状です。今後，実践校が増えていくことで，より実証性の高い効果検証の実現へとつながることが期待されます。

4　SWPBS 実践上の課題

4-1　「一時的ブーム」や「形だけ」の取り組みにしないために

　これまでにも，ある実践が教育現場にブームのようにして一斉に取り入れられることはありました。ただ，これはすべての教育実践に共通して言えることですが，そのようなブームとして広がった実践の多くは悲しいことに長続きしません。また，継続的に取り組まれたとしても，時間を重ねていくなかで，形骸化したり，元の実践から形を変えてしまうこともよくあります。特に日本の公立学校の制度では人事異動があり，一定数の教師や管理職が毎年入れ替わります。その中で，新しくその学校に来た教師に十分な形で引き継いでいくためには，それ相応の時間と労力をかけなければいけません。また，そうでなくて

も多忙を極める教育現場です。実施していくなかで，教師のやりやすい形にアレンジされることは，ごく自然なことと言えます。

　他の教育実践と同様に，SWPBS においても形骸化や継続しないというリスクは十分に考えられるわけですが，その対応策としてもデータに基づく意思決定という手続きが非常に重要です。データは校内で定期的に参照され意思決定に活用されるため，教師は常に SWPBS の取り組みがどのような成果につながっているかを確認することができます。この「成果の見える化」によって，めざすべき方向が常に教師間でも共有され，そこに自分たちが近づけているかを確認することができます。また，「成果の見える化」は，現場で実践を行う教師にとってはその意義が感じられ，実践を継続するうえでの大きな励みとなります。さらに，実行度を定期的に評価する手続きがあることで，必要とされる重要な要素を崩すことなく，学校の実態や文化に合わせたアレンジが可能となり，効果的な実践としての質が保たれます。

4-2　データを扱うことはハードルが高い

　データを扱うことで，これまでの教育実践に見られた課題はある程度解決できそうではありますが，ただ実際にはこのデータを扱うということが学校現場では容易ではありません。実は学校ではさまざまなデータがすでに通常業務の中で取られており，例えば遅刻や欠席，テストの成績，保健室の利用状況，生徒指導の記録，自治体等から依頼されるアンケートなど，多岐にわたります。しかし，それを何かの意思決定に活用するという習慣はほとんどありません。

　データを取ってその集計をし，定期的なミーティングにおいてそれを共有したり，校内の全教職員に見えるようにフィードバックするということをSWPBS では行いますが，このような作業は教師がこれまでにやっていないことゆえに，負担感が強く感じられる手続きになることも確かです。また，データは取れば終わりではなく，数字だけが並んでいても意思決定には使いにくいため，集計やグラフ化をしてまとめる作業が必要になります。そうしてはじめて「データが意思決定に役に立つ，有益だ」という結果につながり習慣化されるわけですが，そこには当然手間暇がかかります。それでなくても多忙な教師がそのような作業をすることは困難であるため，現在，アプリの開発にも取り

組んでいます。集計やグラフ化の作業を自動化するアプリによって，データを扱うことへの負担をできるだけ小さくすることを試みているところです。

4-3 障壁はそれだけではない

SWPBS の実践を進めるうえでのその他の障壁としては，人的リソースの確保と人材育成の問題があります。SWPBS では校内に推進チームを結成しますが，その中でもリーダー的役割を担い他の教師に具体的な手続きなどを教えていく内部コーチと呼ばれる存在がいます。推進チームメンバーも内部コーチも，校務分掌としてその役割が定められているわけではなく，例えば生徒指導担当の教師が内部コーチの役割をするなどの形式が多く見られます。その場合，特定の教師への負担が大きくなることが問題になるため，SWPBS 専属でその役割を担える人材を校内に配置できることが理想です。

また，校内の推進チームをコーディネートする外部コーチという役割があります。外部コーチは現状では筆者のような大学教員あるいは研究者がその役割を担っているケースが多いのですが，実施校が今後増えてくるとその体制では対応ができません。徳島県では，特別支援学校等の教師が小中学校に巡回相談で訪問する制度があることを活用して，巡回相談を行う教師が外部コーチとしての機能を果たせるように育成していくことも検討されています。外部コーチとなるためには，SWPBS の基礎となる理論から具体的な手続きに至るまでを理解し，各学校での実践に助言や指導ができるスキルや経験が必要です。外部コーチとなる教師を確保できたとしても，すぐにその教師がその役割を担えるわけではなく，まずは必要な知識やスキルを育成していかなければいけません。そのための研修システムを構築することや，研修時間の確保，また当然そこに資金も必要になることを考えると，整えるべきことは行政にも及ぶ範囲で多岐にわたります。

5 SWPBS の挑戦

SWPBS がめざしているのは，子どもたちの多様なニーズに応じながら，そ

れぞれの学びを最大限に引き出し，子どもたちが安全に安心して過ごせる学校
環境をつくること，また子どもを取り巻く教師や保護者の QOL も高めること
です。第 1 層支援の実践内容を聞くと，全体で一斉に同じことに取り組ませる
ような印象を持たれることがありますが，実はそうではありません。同じ目標
となる水準をめがけて子どもたちを育てていくのではなく，個々の子どもが示
すそれぞれの水準での望ましい行動を，いかにたくさん見つけ，そこを承認・
称賛していくかが重要なのです。子どもが承認される機会を増やすこと，また
それを実現させるための環境を自分たち自身でつくることができる，そういう
効力感や自信をつけてもらうことが目的です。

　時に大人たちは「自分たちが管理監督しないと子どもはとんでもないことを
する」と思い込んでいることがあります。実は必要なのは管理監督ではないの
です。大人が子どもたちのよい行動に目を向け，それを丁寧に承認することで，
子どもたちには自信がつきます。自信がつくと，子どもは自分たちで自身の環
境をよくしようと考え行動し始めます。その時に大人がバトンを子どもに託し，
応援することが大事なのです。SWPBS は「叱る必要がなく，ほめて育てられ
る」教育のあり方を実現するための挑戦です。

やりたい教育を実現するために現状を変えることの難しさ

　SWPBS の実践が日本に導入され始めてまだ日は浅いのですが，その中でも継続的に取り組んでいる学校や，また SWPBS を実施していた学校から別の学校へ異動となった先生が，そこで新たに SWPBS に取り組みたいと声をあげ広がっていくケースを見てきました。その中で共通して感じるのは「実践をしている先生がた自身が，楽しく有意義に取り組めること」が恒常的な実践にとっては何よりも重要であるということです。いくら子どもの発達成長にとって効果的な教育実践であったとしても，それを実施することが教師にとって多大な負担となる場合には，続けることが難しくなります。また，教師にとって「やりたい教育が実現する」という充実感が得られることが，その実践を続けていくうえで非常に大切です。

　SWPBS に 5 年間取り組んだある中学校は，かつては非常に荒れた状態でした。しかし SWPBS を実施していくなかで，生徒の問題行動は落ち着き，先生がたも生徒のよい行動を積極的に見つけてほめるように変わっていきました。SWPBS 導入から 5 年目を迎えた 2021（令和 3）年度の体育祭で，下級生が退場するときに上級生が拍手をして温かく送り出している姿がうれしかったと，校長先生は涙ながらに語られていました。「こんな子どもたちに育ってほしい」それが実現したことを実感した，その結果の涙なのだと思います。

　SWPBS の実践で「学校で期待される姿」を決めるワークをしていると，先生がたそれぞれに「こんな教育を実現したい」という思いがたくさんあることがわかります。ただ，学習指導要領に基づいて教えなければいけないことや，「ほめると子どもになめられる」「厳しく指導しなければ」という思い込みがあったり，毎日の業務が忙しすぎて余裕がなかったりという現状から，思い描いたような教育を実現することが難しくなっているように思います。最近では校則をなくす学校なども話題になっていますが，「そんなことできない」と思っていることの中にも，実はできることはたくさんあるのかもしれません。SWPBS では，「毎年やっている」という理由だけで行っている校内の取り組みは，「学校で期待される姿」に沿ったものか，自分たちがめざした学校の成果に結びつくものかという観点から見直しをかけていきます。今までの「当たり前」に立ち止まって「これでいいのか」と疑問をもち，現状を変えていくのは教育現場では非常に難しいことです。ただ，それができると，一歩ずつ先生がたが思い描く「自分がやりたかった教育」に近づいていけるのだと思います。　　　　　　　　　　（大対 香奈子）

第5章

社会性と情動の学習「SEL-8S」プログラム

―― 学校での導入と定着のポイント

小泉 令三 （福岡教育大学）

本章へのとびら

　アメリカやヨーロッパの諸国，そしてその他の国々でも，学校関係者の間で「社会性と情動の学習」という言葉をよく耳にします。これは，多くの学習グループの総称を意味していますが，この章では，その中の一つに位置づけられる「SEL-8S」プログラムを紹介します。そして，実際に学校に導入してさらに定着させるときのポイントについて説明します。どの学校にも共通することが多いと思いますので，他の学習プログラムの実践を考えている関係者にも参考になるでしょう。

1　「社会性と情動の学習」とは？

　「社会性と情動の学習」（social and emotional learning）は，短く SEL（エス・イー・エル，あるいはセル）と呼ばれています。アメリカやヨーロッパを中心に，たくさんある学習プログラムの総称となっています。少し長いのですが，SEL は正式には次のように説明されています。「すべての子どもや大人が，健康なアイデンティティを発達させること，情動（感情）をコントロールして個人や集団の目標を達成すること，他者への思いやりをもちそれを表すこと，支持的な関係をつくりそれを維持すること，そして責任と思いやりのある決定

ができるように，知識とスキルと態度を身につけて使えるようになる過程」
(Collaborative for Academic, Social, and Emotional Learning, 2020)。これをもう少し
簡単に，「自己の捉え方と他者との関わり方を基礎とした，社会性（対人関係）
に関するスキル，態度，価値観を育てる学習」（小泉，2011）という説明もされ
ています。

2　SEL-8S プログラムとは？

　この章で紹介する SEL-8S プログラムは SEL に該当するもので，「学校にお
ける 8 つの社会的能力育成のための社会性と情動の学習」と呼ばれ，**表 5-1** に
あるような 8 つの社会的能力を育てることを目的としています（小泉，2011）。

表 5-1　SEL-8S プログラムで育成を図る社会的能力（小泉，2011）

	能　力	説　明
基礎的社会的能力	自己への気づき	自分の感情に気づき，また自己の能力について現実的で根拠のある評価をする力
	他者への気づき	他者の感情を理解し，他者の立場に立つことができるとともに，多様な人がいることを認め，良好な関係をもつことができる力
	自己のコントロール	物事を適切に処理できるように情動をコントロールし，挫折や失敗を乗り越え，また妥協による一時的な満足にとどまることなく，目標を達成できるように一生懸命取り組む力
	対人関係	周囲の人との関係において情動を効果的に処理し，協力的で，必要ならば援助を得られるような健全で価値のある関係を築き，維持する力。ただし，悪い誘いは断り，意見が衝突しても解決策を探ることができるようにする力
	責任ある意思決定	関連するすべての要因と，いろいろな選択肢を選んだ場合に予想される結果を十分に考慮し，意思決定を行う。その際に，他者を尊重し，自己の決定については責任をもつ力
応用的社会的能力	生活上の問題防止のスキル	アルコール・タバコ・薬物乱用防止，病気とけがの予防，性教育の成果を含めた健全な家庭生活，身体活動プログラムを取り入れた運動の習慣化，暴力やけんかの回避，精神衛生の促進などに必要なスキル
	人生の重要事態に対処する能力	中学校・高校進学への対処，緊張緩和や葛藤解消の方法，支援の求め方（サポート源の知識，アクセス方法），家族内の大きな問題（例：両親の離婚や別居）や死別への対処などに関するスキル
	積極的・貢献的な奉仕活動	ボランティア精神の保持と育成，ボランティア活動（学級内，異学年間，地域社会での活動）への意欲と実践力

　これらの能力を育てるために，小学生では低学年（1・2年生），中学年（3・4年生），高学年（5・6年生）対象にそれぞれ 18 回の授業案（ユニットと呼びます）が用意されています。また，中学生は 1 年生から 3 年生まで，それぞれ 12 回のユニットが用意されています。これらの学習を，特別活動や各種行事の事前・事後指導，あるいは教科の学習の一部として，各学校の教育課程に組み込んで実施します。

　次に，A 小学校と B 中学校での実践例をご紹介します。

3　A 小学校での実践例 ── 社会的能力と学力向上をめざして

　この実践は，学校全体（通常学級は 13）で SEL-8S プログラムを実践して，児童の社会的能力の向上とともに，学習への取り組みや学習内容の定着をめざしたものです。学力向上は，全国のどの学校でも重要な教育課題になっていますから，参考になる点も多いと思います。

3-1　A 小学校の取り組みの概要

　ここで紹介するのは取り組み初年度の約 3 ヵ月間の実践ですが，その準備は前年度の 1 月から始まりました。実践の中心となる人をコーディネーター的教員と呼びます。この実践では A 小学校に在籍する C 教諭がこの役目を果たしました。C 教諭は，総合的な学習の時間担当でもありました。

　C 教諭はまず，学校長と話し合い，実践の進め方について承諾を得た後，教務主任と相談しながら，学年ごとにユニットの配置案を考えました。実はこれと並行して，学校内の生徒指導部会や人権教育部会，そして学力向上部会の年度末評価の話し合いに参加して，それぞれの課題を把握するという作業を行いました。これらの機会を通して，各部会での意見を聞きながら，一方で今回の取り組みの必要性や意義などを伝える機会にしました。

　ユニットは，1・2年生では 8 回ずつ，そして 3 ～ 6 年生は 9 回ずつの実践としました。その際注意したのは，この学習だけを単独で実施するのではなく，学校行事や道徳，そして学級活動などと関連づけた点です。例として，6 年生

	学年行事　　道徳　　学級活動	総合的な学習の時間（SEL-8Sプログラム）	総合的な学習の時間	評価計画
9月** あいさつ	実態把握：社会的能力（教師評定），重点取組の決定など 研修：2学期の計画作成，活動案見直し，強化する取り組みの決定，掲示物作成など ○こころの劇場（校外学習）	○「廊下歩行」（安全　F）* ①「○○のあいさつ」（あいさつ　A） ②「わたしはしない」（意思伝達　C） ③「相手はどんな気もち」（他者の感情理解　B）		○授業態度観察 ○生活リズムチャレンジ週間 ○チャイム席
10月 そうじ	修学旅行を成功させよう 修学旅行の夜 ○修学旅行	④「それはしない」（万引き防止　F） ⑤「ちょっと落ち着いて」（自己制御　D）	「○○歴史発見」	○おそうじ週間 ○修学旅行の様子
11月 そうじ	はじめてのアンカー ○学芸会	⑥「わたしの対処法」（ストレス対処　E） ⑦「ありがとうプロジェクト」（ボランティア　H） ⑧「ぜったいダメ」（薬物乱用防止　F）		○学芸会に向けての取り組みの様子 ○人権学習 ○授業態度観察
12月 感謝	実態把握：社会的能力（教師評定）2回目 取り組みの振り返り，掲示物作成，3学期の取り組みについて　など	⑨「家庭学習ランニング」（生活リズム，家庭学習　A）	「絆プロジェクト」	○生活リズムチャレンジ（簡易版）

図 5-1　ユニット配置の例（6 年生）（香川・小泉，2015）

* カッコ内のアルファベットは，SEL-8S の 8 つの学習領域を表す（A ＝基本的生活習慣，B ＝自己・他者への気づき，聞く，C ＝伝える，D ＝関係づくり，E ＝ストレスマネジメント，F ＝問題防止，G ＝環境変化への対処，H ＝ボランティア）。
** 実践校の月ごとの生徒指導上のめあてを示す。

のユニット配置計画を**図 5-1** に示します。

　これらの準備をしたうえで，2 月の職員会議で SEL-8S プログラムの説明と導入の提案を行いました。関係する部会の調整を経て，次の年度の教育計画に組み入れて実施する運びとなりました。

　新年度になり，人事異動で教職員の入れ替わりがありました。実は，前年度段階で 4 月に一定数の人事異動があると予想されましたので，新採用や異動し

てくる教員の負担等を考え，最初からユニットの実施は2学期に開始するという計画を立てていたのです。4月当初の教員会議で説明し，5月に事前のアンケート（児童の自己評定，教師による評定）を実施しました。さらに，C教諭が6年生で授業を公開して，そのあとの校内研究会でSEL-8Sプログラムの指導の進め方の説明を行い，それをもとに意見交換や留意点を確認しました。そして，夏休み中の8月の校内研修会では，事前アンケートの結果の見方を説明して，検討結果について話し合いました。さらに，前年度に集約しておいた学級活動の計画に関する資料をもとに，**図5-1**に示したような学校行事や他教科等との関連づけの再確認や，学習した内容の定着のための工夫（チャレンジ週間，掲示物など）についてのアイデアの交流も行いました。

3-2　A小学校の結果の概要

　こうして約3ヵ月間の実践に移りました。プログラムを実施していない他の小学校と比較をしたところ，児童の自己評定ではあまり顕著な結果は見られなかったのですが，教師による評定では実践の効果がかなり認められました。例えば，**図5-2**は3年生の「自己への気づき」，そして**図5-3**は6年生の「生活上の問題防止スキル」の得点を示したものですが，未実践校では得点が横ばい傾向ですが，実践校（A小学校）は得点が上昇していました。

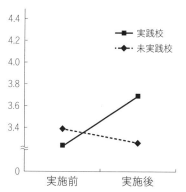

図5-2　3年生の「自己への気づき」の教師評価（香川・小泉, 2015）

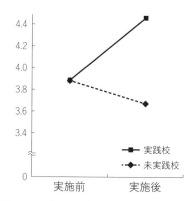

図5-3　6年生の「生活上の問題防止スキル」の教師評価（香川・小泉, 2015）

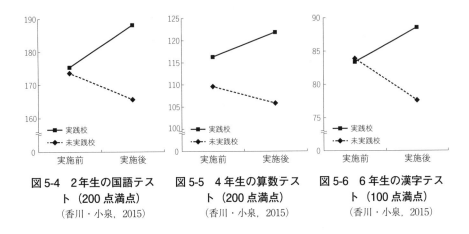

図 5-4　2 年生の国語テスト（200 点満点）
（香川・小泉，2015）

図 5-5　4 年生の算数テスト（200 点満点）
（香川・小泉，2015）

図 5-6　6 年生の漢字テスト（100 点満点）
（香川・小泉，2015）

　この実践では，学習への取り組みや学習内容の定着の向上も目的でした。学習への取り組み（朝の登校，家庭学習など）の児童の自己評定では，未実践校とあまり差は見られませんでした。けれども，学習の定着度については 2 つの学校で，学期末に行った同じ国語テスト，算数テスト，漢字の書きテストを比較してみると，テストを実施した 2 年生以上のすべての学年でかなりはっきりした効果が見られました。**図 5-4 ～図 5-6** は，その一部を示したものです。1 学期末の段階では，2 つの学校にあまり差はなかったのですが，この取り組みを行った実践校（A 小学校）では，調べたすべての学年で，2 学期末に国語，算数，漢字書きの少なくとも 1 つで得点が上昇していました。

　これらの結果は，この取り組みを行った教師の振り返りにも影響していたようです。実践校（A 小学校）の教師全員が，このプログラムが子どもの社会的能力や生徒指導を行うのに有効だと感じており，また 9 割以上が学力向上にも効果がありそうだという思いを回答してくれました。

3-3　A 小学校の実践で見えてきたこと

　社会的能力を育てる学習プログラムを行うと，教師は子どもの社会的能力が身についたと感じることが多く，国語や算数などの成績が伸びたというのがこの実践の概要です。社会的能力と学習成果にはどんな関係があるのでしょうか。

　おそらく，社会的能力を高める学習によって子ども同士や子どもと教師の関

係がよくなり，その結果として学級の雰囲気が落ち着いていき，それが日々の学習をより効果的なものにしたのではないでしょうか。そうした学級では，教師の指導が行きわたり，支持的な風土ができて，子どもも落ち着いて学習に取り組むことができると予想されます。

　それから，この実践では SEL-8S プログラム実践についての校長の理解と，コーディネーター的教員の重要性が重要な要素になっています。その点については，第5節でもう少し詳しく説明します。

4　B中学校での実践例 —— 問題行動の改善をめざして

　ここでは，学校全体（初年度の普通学級数は15）で，SEL-8S プログラムを4年間にわたって実践した結果，生徒の社会的能力が高まり，生徒指導上の問題行動が改善した実践を紹介します。実は，学業成績も向上していました。

4-1　B中学校の取り組みの概要
　B中学校では，生徒指導上の諸問題を減らすことを目的として，SEL-8S プログラムを導入することになりました。校長のリーダーシップのもと，「人間関係づくりトレーニング」という名称で，学校経営の中核にこのプログラムが位置づけられて実践が開始されました。実は，後にコーディネーター的教員となる D 教諭が，自分の学級とその学年で試行していて，これがいわば準備段階となっています。

　年間指導計画では，A 小学校と同じようにユニットを学年・学校行事や総合的な学習の時間，そして道徳の時間と関連づけて，各学年で7回ずつ実施するようにしました。この計画に基づいて実践していきましたが，毎年計画を見直して，学校の実態に合うように修正を加えていきました。

　授業の例として，2年生の学級活動の時間の指導を紹介します。題材は「冷静に伝える」で，授業の目標は「怒りを冷静に伝えるための"こころの信号機"モデルを理解し，"愛（I）メッセージ"で自分の気持ちや思いを伝えることができるようにする」でした。板書の概要を図5-7に示してあります。そし

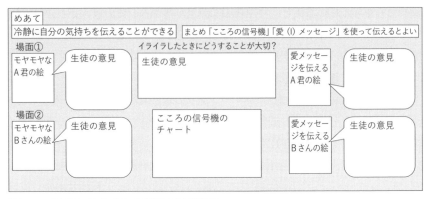

図 5-7 「冷静に伝える」の学習の板書概要

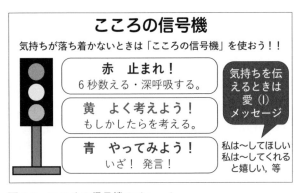

図 5-8 こころの信号機のチャート

て，その中にある「こころの信号機のチャート」というのは，**図 5-8** のことを意味しています。生徒は，自分の日頃の友だちとのかかわり方を思い出しながら学習を進め，これからの行動の改善に向けて感想や決意を語ります。

4-2 Ｂ中学校の結果の概要

この取り組みは４年間継続されたのですが，まず生徒指導面の諸課題の数が減少しました。**表 5-2** を見ればわかるように，問題行動の発生件数が４年間で約３分の１になっています。不登校も２年目あたりでかなり減少しました。暴

表 5-2　B 中学校の生徒指導上の諸課題の変化（小泉，2020）

	2015 年度 （平成 27 年度）	2016 年度 （平成 28 年度）	2017 年度 （平成 29 年度）	2018 年度 （平成 30 年度）
問題行動発生件数（件）	153	112	107	47
不登校 [a]（人，%）	34 (5.4)	22 (3.6)	21 (3.5)	18 (3.3)
暴力行為（件）	0	1	0	7 [b]
いじめ認知件数（件）	6	2	3	2

a　欠席が 30 日以上の生徒数で，病気欠席は除く。
b　対等な関係（仲が良い関係）で，小さなトラブルから単発の暴力になったケースが 6 件。特別支援学級の生徒が，感情が抑制できずに器物損壊になったケース 1 件。

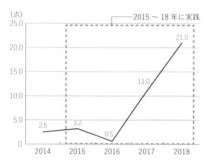

図 5-9　全国学力学習状況調査の県平均との差の合計の変化
（小泉，2020 より作成）

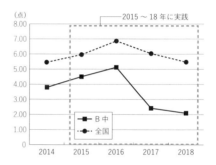

図 5-10　全国学力学習状況調査の無回答率の変化（小泉，2020 より作成）

力行為は 4 年目に突発的なものがあって少し増えましたが，4 年間で見ると落ち着いています。そしていじめ認知件数は，この時点では軽微なものは集計から除外されていて，数が減少しています。

　そして，生徒指導面だけでなく学力の向上が見られました。この B 校はもともとほぼ県平均と同じ程度の学力レベルにあったようですが，**図 5-9** でわかるようにこの実践を開始した 3 年目から上昇し始めました。この図の数字は，国語と数学の 2 科目の A 問題と B 問題の県平均との差を合計したものです。また，学力テストの問題への取り組みの粘り強さや挑戦性を示す無回答率も，3 年目と 4 年目でかなり低くなっていました（**図 5-10**）。3 年目の受験生（中学 3 年生）は，この実践を開始した年に入学した生徒たちです。学力面で成

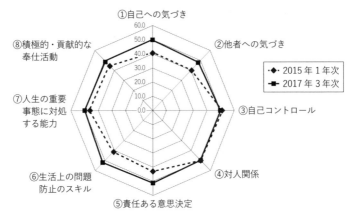

図 5-11　ある生徒の社会的能力の自己評定の 2 年間の変化（小泉，2020）

注：グラフの数字は偏差値を表す。なお，小泉（2020）では学年全体の「平均値」とあるが，ある生徒についての変容の誤りである。

果が出るまでには，2 年間程度の取り組みが必要だということでしょう。

　B 中学校で生徒指導面や学力についてこのように成果が出ましたが，丁寧に生徒の変容を確認しています。年に 2 回ずつ毎年，社会的能力を調べるアンケートを実施していて，結果を追跡していました。**図 5-11** は，ある生徒の 2 年間の変容を示したものです。回答結果が 8 つの社会的能力（**表 5-1**）ごとに偏差値で示され，こうした一人ひとりの変化を表すデータが定期的な教育相談で利用されていました。

4-3　B 中学校の実践で見えてきたこと

　まず，学校全体での生徒の変容には，取り組みを一定期間続ける必要があることがわかります。教科の学習のように，即座に成果が確認できるものではなく，実践の粘り強い継続が求められると言えます。自己理解や他者とのかかわり方といった社会性は，一朝一夕で高まるものではないということは容易に理解できますが，私たちはどうしても即効性を求めがちです。

　そして，こうした実践の継続にはいくつかの押さえどころがありますが，特に管理職とコーディネーター的教員の役割が大きいと言えます。この B 中学校の実践では，2 年目の段階で校長の異動があったのですが，どちらの校長と

も学校改善の取り組みの土台として SEL-8S プログラムを位置づけ,「B 校には,この取り組みが必須だ」との思いで手を抜くことなく実践を指導していました。

それを実践に移していく段階では,コーディネーター的教員が活躍していました。コーディネーター的教員も途中で交代しているのですが,3 年目と 4 年目は 2 人で推進を担っています。そして,主担当と副担当を次第に入れ替えるという感じで職務を移行し,5 年目にははじめの主担当が他校に異動していきました。コーディネーター的教員は,実践を進めながらカリキュラム構成や実施方法の改善を進め,また学習プリントや教材などの蓄積を行っていました。

このコーディネーター的教員は,研修会の企画と運営で特に重要な役割を果たしていました。小学校の事例でのコーディネーター的教員も同じですが,研修会をいかに効果的なものにするかという点は,実践の開始と継続のどちらにとってもとても大切なのです。

5　実践の導入と継続に必須のもの

5-1　アンカーポイント

アンカーポイントというのは,あまり聞き慣れない言葉だと思います。これは,そこを"よりどころ"として,全体の仕組みや取り組みが進んでいくときの「基点」と呼んでよいものです。人間についてはアンカーパーソンと呼ばれることがあります。一つの学校に,ある SEL プログラムを導入して,継続して実施するためには,表 5-3 にあるようなアンカーポイントが必要です。以下に,主だったアンカーポイントについて説明します。

5-2　管理職のリーダーシップ

管理職である校長は,一般には教員としての経歴があり,それまでの勤務の中で国語や算数・数学などの教科や,道徳あるいは特別活動の指導での豊富な経験をもつ方が多いでしょう。また,生徒指導や部活動などでの指導の実績や,さらには教育行政での経験をもたれた方もいるでしょう。そうした経歴をふまえたうえで,ここで紹介している SEL プログラムのような取り組みをどう考

表 5-3　学校で SEL プログラムを実践する場合のアンカーポイント（小泉，2016）

アンカーポイント	説　明
1．実施の形態	何かの指定を受けるのか（トップダウン型），学校独自に実施するのか（ボトムアップ型）という違いがある。
2．管理職のリーダーシップ	学校経営の要点に位置づけて実践を監督する。
3．コーディネーター的教員（推進役教員）	実践の実質的な推進役で，校務分掌上の役割を担う。
4．SEL プログラムの選定と構成	実践する SEL プログラムの特徴とその効果をよく吟味して選択する。
5．学級・学年単位の試行	全校での実践に先立って，小規模での試行と効果検証を行う。
6．カリキュラム構成と評価	教育課程内の位置づけと，効果検証方法を明確にしておく。
7．取り組みの体制（組織づくり）	校務分掌や組織への位置づけを行い，人事異動による影響を検討する。
8．教職員研修	一定回数の研修を，年間を通して定例化しておく。
9．環境づくり	「ひと・もの・こと」として，教師・級友・上級生，学習内容のポスター，学習内容を活かせる場を用意する。
10．家庭との連携	保護者との連携方法（通信，参観など）を工夫する。

えるかで大きく 2 通りのタイプに分けることができるように感じます。

　一つは，「実践推進型」で，こうしたコミュニケーションや対人関係に関する力を育てる学習の必要性を感じて学校経営の柱に位置づけるタイプです。はじめはそれほど積極的に取り入れようとしない人でも，子どもの現状を見て，なんとかしなければならないと危機感をもつことが原点になる場合が多いようです。そこには，「子どもが変わってしまった」「今までの指導法では効果がない」「どうしてこういう行動になるのだろう」といった気づきや思いがあり，それに対する解答を求める姿勢があります。このタイプの方は，SEL プログラムに出会った場合に，その実践に必要なコストと実践による教育効果への関心が高く，これらをよく検討されるようです。

　SEL プログラムに対するもう片方のタイプは「実践拒否型」で，管理職としてはやはり自分の得意分野を推進していきたいと考える人です。このタイプの人は，子どものコミュニケーションや対人関係に関する力は大切だと思うが，自分が得意としてきた教科や領域，あるいはその他の分野での専門性や指導の経験をぜひとも活かしていきたいという思いが強いようです。そして，それに

取り組んだこと

- 授業改善担当を教育相談担当として位置付け
  　生徒指導集中対策指定校（加配 2 名）
  　　　・生徒指導主事（専任）→ 課題対応，外部連携等
  　　　・授業改善担当（道徳 TT）→ 相談室運営等
- 個別の支援シートを作成
  　個の状況把握と情報連携
  　　　・不登校（傾向）の生徒について作成
- SST の実施
  　学活に位置付け（年間 7 回）全学年で実施
  　　　・社会性と情動の学習（SEL-8S）を実践

図 5-12　ある中学校長が自治体の新任校長研修会で示した資料（一部）

関する専門家のネットワークを使って指導者を呼び，校内研修会などをしっかりと進めたいと願っています。

　図 5-12 は，「実践推進型」の校長が SEL プログラムの実践が必要だと感じて，積極的に導入を進め，その事例を新任校長の研修会で示した資料の一部です。「生徒指導集中対策指定校」になっていたこともありますが，それまであまり親しみのなかった SEL プログラムの実践を，学校運営の柱の一つに置いたことが示してあります。この場合，実践したプログラムは SEL-8S で，学校内では「SST（ソーシャルスキルトレーニング）」という名称になっていました。この校長は自分の担当教科について，他校や教育委員会事務局内では，教師対象の研修における指導で実績のある方だったようです。けれども，赴任した学校の実態を的確に分析して，「SST」の取り組みを推進されました。こうした面での校長のリーダーシップは，プログラムの導入や実践継続に非常に重要です。

5-3　コーディネーター的教員

　実践の推進役ですから，できれば学校全体の教育活動に関わるような立場や役割のある教員がよいでしょう。例えば教務主任，研修担当，研究推進係といった役割です。地域や学校によっては，職階でいえば主幹教諭や指導教諭などのほうが，学校全体をリードするうえで都合がよいこともあります。

　具体的な役割としては，表 5-3 にある多くのアンカーポイントに関わります

から，逆にそれらがうまく機能しない場合は，実践が進まなかったり停止したりしてしまうことになります。

5-4　SELプログラムの選定と構成

　実践の始まりがトップダウン型，つまり何かの指定を受けたりあるいは自治体単位での実践推進が定められたりする場合には，すでに実践するSELプログラムは決まっています。学校としては，それがどのようなもので，どのような構成になっているのかをしっかりと確認する必要があります。

　一方，教員の中には児童生徒の日常の学校内外での生活の様子を見ていて，何かの取り組みをしなければならないと感じている場合に，自分で実践例を探したり，あるいは研修会などに自発的に参加したりして情報収集をする方がいます。そうして得られた情報から，実践校やその関係者などに連絡をとって，実践するプログラムを決めていきます。

　どちらの場合にも，実践するSELプログラムのねらいや内容，また実施方法の特徴などをよく理解して，それを学校内の他の教職員にきちんと伝えられるようにしておく必要があります。それができないと，学習プログラムについての理解がないままに実践が始まることになり，それがしっかりと定着するまでにはかなりの時間がかかってしまいます。

5-5　カリキュラム構成と評価

　SELプログラムを教育課程のどこに位置づけるのかというのは，実践の継続に必要不可欠な問題です。これまで筆者が見てきた実践では，学級活動（高校は「ロングホームルーム」），学校行事，道徳，総合的な学習（高校は「探究」）の時間などが多いようです。これらの学習にはそれぞれの目的がありますから，その目的を達成するためにSELプログラムの学習内容と関連づけて配置し，教育効果を高めるようにします。

　こうした学びの関連づけを「点から線へ」と呼んでいますが，**図5-13**はSEL-8Sプログラムのあいさつの学習と，学校開放日そして道徳の学習を組み合わせた例です。教師や友だちだけでなく学校内の来客に対しても，きちんとあいさつができるようになるための学習の流れを示したものです。カリキュラ

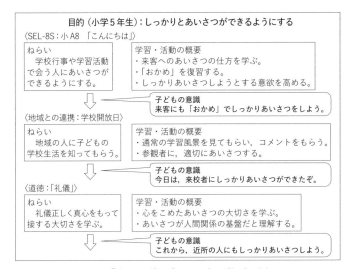

図 5-13　SEL-8S での「点から線へ」の一連の学びの例
注：「おかめ」とは，あいさつのポイントとして「おおきな声で，からだを起こして，目を見て」
　　を覚えるためのスローガンで，この例では低・中学年での既習事項として設定されている。

ムマネジメントの一部と考えてよいでしょう。

　さらに大切なのが評価の問題で，どういった指標つまり「ものさし」で効果を確認するのかを明確にしておく必要があります。評価内容と評価方法という点では，子どもの自己評価，教師による評価，また子どもの実際の行動の確認などがあります。時期でいうと，授業ごとの確認，そして学年のはじめと終わりでの検証が必要でしょう。

　以上のカリキュラム構成と評価の中で，まずカリキュラムが適切に組まれていないと，SELの学習が単発的になり，また実践そのものがおろそかになってしまいます。そして，評価が曖昧だと実践の成果と課題が明らかになりませんから，"教師の手応え"だけが頼りになり，その手応えが感じられない学級や学年では実践が軽視されて，そのうちに実践が止まってしまうことになります。

5-6　学級・学年単位の試行
　試行を実施せずに，直接，学校全体で実践に取りかかることもありますが，

たとえ短い期間であっても試行があったほうが，その後の実践が進みやすくなります。その理由は，試行による成果と課題の確認が，その後の全校での取り組みに大きく貢献するからです。成果というのは，実践した教師の手応えやまた子どもが変容する兆しなどを意味していて，教職員全体が明るい見通しをもつことができます。当然，課題も見つかるでしょうから，それについては解決したり克服したりするための手立てを探せばよいのです。

　ある小学校で，SEL-8S プログラムを年度の途中から一斉に実施することになりました。実は，2年間の予定で生徒指導に関する実践を進めて自治体内で発表することになっていたのですが，ある事情によって1年目の後半になってようやく取り組みを始めることになりました。1年目は実施しやすい学年での試行を提案したのですが，はじめから全学年で取り組みを進めることになりました。結果として，教員間の取り組みの姿勢がうまくそろわずに，2年目の発表会が終わるとそのまま実践が止まってしまいました。拙速に進めずに，丁寧に取り組む必要があります。

5-7　教職員研修

　SEL プログラムを実践するのは教師ですから，言うまでもなくそのための研修は非常に重要です。表5-4 に，SEL プログラムが継続して実施されている小学校の年間の校内研修を例示してあります。この中で必須と考えられるのは，5月のモデル授業公開，8月の夏期休業中の校内研修会，11月の校内授業研修会，そして2月の年間のまとめと次年度の計画立案の合計4回です。なお，

表5-4　SEL プログラムを継続している小学校の校内研修（小泉，2015）

時期	内　容
4月	年間指導計画の説明と確認（職員会議等）
5月	コーディネーター的教員によるモデル授業公開 （おもに新任教員，新採用教員対象）
8月	校内研修会（夏休み前の実践の振り返り，夏休み以後の実践の計画修正等）
9月	保護者参観で全学級が SEL プログラム実施
11月	校内授業研修会（授業参観と事後研修会）
2月	年間のまとめと次年度の計画

9月の保護者参観でのSEL学習の実施はこの学校独自のもので，保護者との連携促進に役立っています。また，教職員にとっては，このための全校での準備が実践継続への契機になっているようです。

　これまで，実践が継続されなかった学校では，もれなくこの校内研修が軽視されています。そこには，新たな研究テーマに取り組む必要が出てきたり，あるいは予期せぬ災害や感染症のために後回しにせざるを得ないという状況があったりするのかもしれません。けれども，SELプログラムでの学びが子どもの成長の基底部分にあることを意識するなら，あらゆる教育活動を効果的にするために必要な学びである，ということを忘れないでいただきたいと願っています。

校長の交代による実践の衰退

　ある公立小学校の校長は，子どもたちの日々の生活に落ち着きがなく，さまざまなトラブルが続いていたために，なんとかしたいと考えていました。1学期が進むにつれて，ある教員のクラスが前年度の様子とは打って変わって，非常に落ち着いた学校生活になってきているのに気がつきました。当然，他の教員もそれに気づきます。

　そこで，校長がどういった指導をしているのかをその教員に尋ねたところ，あるSELプログラムを実施しているとのことで，1学期末の職員会議で，全校での取り組みを検討することを提案しました。この校長は，実践を効果的なものにするにはトップダウン的な導入決定ではなく，教員集団による検討と決定が不可欠だと感じていたため，教師たちの判断にゆだねたわけです。その結果，全校でこのSELプログラムを実践することになりました。

　まず，研修が必要だということで，研修部の教師が中心になって，導入計画を立てました。さっそく，夏季休業中に外部講師を呼んでSELの概要を学ぶとともに，2学期からの試行をめざして準備することになりました。こうして，2・3学期と実践が進み，全校での取り組みが続いていきました。はじめは若干の抵抗感があった教師がいたのですが，相互に意見交流を行い，また若手教員の研究授業を通して全員が協議するような場をもつことによって，その後，2年間の実践が進んでいきました。実践の効果は，子どもが回答するアンケート（調査）と実際のトラブルの減少で確認できるようになりました。教師たち自身が十分な手応えを感じ，研修会も年間4回は行われました。その中には，外部講師を招いての授業研究会も含まれていて，新しく赴任してきた教師にとっても，実践への戸惑いは次第に薄れていったようです。

　ところが，4年目に校長が交代し，新しい校長が教科指導の取り組みに切り替えてしまいました。何人かの教員がSELプログラムの実践継続を望んだようですが，その方針は変わらなかったそうです。その結果，大きなトラブルはないも

のの，学校全体の活気は見られなくなったという話を聞きました。管理職の交代による実践後退は，乗り越えるべき課題の一つなのです。

（小泉 令三）

第6章

全学年で心の健康授業を実施するために

―― 学習指導要領の改訂に切り込む

冨永 良喜 （兵庫県立大学）

本章へのとびら

　災害や少年事件やいじめを苦にした自殺事件が起きるたびに，新たな教育政策が提案され，今日に至っています。いじめ防止・自殺防止のために道徳が特別の教科になりましたが，一方，いじめ防止・自殺防止を標榜する心理教育プログラムは，心理学や医学や保健学に依拠した授業案で構成されています。しかし日本の学習指導要領では，義務教育9年間で道徳の授業時間は314時間あるのに，保健分野で「心の健康」にあてられる授業時間はわずか7時間で，小学5年と中学1年にしかありません。

　本章では災害後の心のケア，自殺予防，感染症に関するプログラムを紹介しながら，なぜ全学年で心の健康授業が必要なのか，そして次の学習指導要領改訂までに何をすればよいのかをお伝えします。

1　災害・少年事件・いじめ自殺による教育政策の課題

　大きな災害・少年事件・いじめ自殺の発生後に，その都度，新たな教育政策が提案され今日に至っています。兵庫県では，1995（平成7）年の阪神・淡路大震災と1997（平成9）年の神戸児童連続殺傷事件を受けて設置された「心の教育緊急会議（座長・河合隼雄）」が，「心の教育の充実に向けて」の提言をとり

まとめました。その提言を受けて，中学2年生の1週間の社会体験学習「トライやるウィーク」が始まり，この事業は今も続いているばかりか，全国に広がりました。もう一つの県の教育政策が，兵庫県心の教育総合センターの設置でした。いじめ・不登校の相談対応だけでなく，予防的活動である「心の健康授業 —— いじめ防止授業案，暴力防止授業案，ストレスマネジメント授業案など」の作成と発信をその業務としました。

1998（平成10）年の新学習指導要領改訂にて，保健分野の中に「心の健康」の項が設けられ，ストレス対処法がはじめて掲載されました。一方，文部科学省は，2002（平成14）年4月に「心のノート」を作成し，小中学校の全児童生徒に配布しました。心のノートは道徳ノートであり，心理学や医学や保健学をベースにした「心の健康ノート」ではありませんでした（冨永・森田，2014）。

その後2011（平成23）年の大津いじめ自殺事件を契機として，2013（平成25）年2月の教育再生実行会議第一次提言「いじめ問題への対応」に「道徳の教科化」が明記されました。道徳教育の充実に関する懇談会報告を経て，2014（平成26）年10月の中央教育審議会答申により，2015（平成27）年3月，小中学校学習指導要領一部改訂が行われ，道徳の時間は「特別の教科 道徳」として位置づけられ，小学校では2018（平成30）年に，中学校では2019（令和元）年に全面実施となりました（文部科学省，2015）。

それ以後，いじめと自殺の防止教育は道徳にのみゆだねられ，心の健康の授業時数の改革は行われずに今日に至っています。特別の教科「道徳」と保健の「心の健康」，どちらも「心」を扱う授業時間なのに，何が違うのか，疑問に思う方は多いでしょう。道徳が教科になるまでは，道徳の時間に，自分のストレスを知る，友だちとの人間関係を体験的に学ぶなどの学習を行うことができていました。しかし，道徳が教科になり，教科書が作成されたことで，それらの学習は道徳の時間にはできなくなりました。

特別の教科「道徳」と保健の「心の健康」の最も異なる点は，義務教育課程9年間での授業時間数です。道徳が314時間あるのに対し，心の健康は7時間しかありません。道徳は小学1年から中学3年まで全学年にありますが，心の健康は小学5年と中学1年にしかありません。また，道徳は担任が授業を行いますが，心の健康の授業は保健体育に位置づけられていますので，中学校では

体育教師が行います。本来は，生徒の悩みや問題行動に対応するキーパーソンである担任こそが担当すべきです。

2 災害後の心のケア・自殺予防・新型コロナウイルス禍での心の健康授業

2-1 東日本大震災後の児童生徒への心のケアとしての心の健康授業

阪神・淡路大震災以降，文部科学省は災害が起こるたびに，児童生徒の心のケアとして被災地外からスクールカウンセラーを派遣する事業を行ってきました。その一環として東日本大震災後の2011年4月に，筆者らは被災地の県教育委員会に対して心のケアプログラムを提案しました。岩手県教育委員会は，その心の健康授業を「心のサポート授業」と命名し，全県下で展開していきました。この授業は，学校再開から3ヵ月までは，睡眠やイライラなど5項目の健康チェックをし，眠れないときの対処法を班で話し合い，眠りのためのリラックス法を体験する「心のサポート授業1」を，沿岸の学校を中心に行いました。そして5ヵ月後には，小学1年生から高校3年生まで約14万人の児童生徒を対象としたトラウマのストレスチェックを含む「心のサポート授業2」を行うというもので，この10年間，公立小中高特支の全学校で毎年実施してきました。

児童生徒のストレスチェックの結果は「心のファイル」として，各学校に届けられ，教育相談で活用されていきました。トラウマのストレスチェックを調査目的で実施すれば，トラウマの記憶を蘇らせ二次被害を与えます。そのため，必ずトラウマ対処の学習とリラックス法をセットにした授業で行うよう助言しました。ストレスチェックは子どもが自分のトラウマを知るためにカテゴリーごとにまとめ，望ましい対処法を伝えました（図6-1）。

「心のサポート授業」は，道徳が教科になるまでは，主に，道徳の時間に行われていました（冨永，2014）。しかし，道徳が教科になって，道徳の時間に心のサポート授業を行うことができなくなったのです。そのため，2016（平成28）年4月の熊本地震後の心のケアでも，2018年9月の北海道胆振東部地震後の心のケアでも，心のサポート授業は行われましたが，道徳の時間ではなく，

学校再開から 2〜3ヵ月	心のサポート授業1 ・5項目（睡眠・イライラ・食欲・体調）の健康チェック ・眠れないときの対処法の話し合い ・眠りのためのリラックス法 （日常ストレスへの対処法を学ぶ）
学校再開から 5ヵ月	心のサポート授業2 ・トラウマのストレスチェック（心とからだの健康観察； 　小学生19項目版・中高生31項目版） ・トラウマへの対処の学習 ・落ち着くためのリラックス法 （トラウマへの対処法を学ぶ）
メモリアルの 1〜2ヵ月前； 〜10年	心のサポート授業3 ・震災体験の表現と分かち合い （時期と方法は地域の文化，喪失の状況を考慮する）

岩手県約14万人の
小学生〜高校生

心のファイル

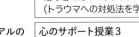

ストレスチェック
教育相談
担任やスクールカウンセラーとの面談

図 6-1　災害後の心のサポート授業（いわて子どもの心のサポートより作成）

特別活動等の時間でしか行えなくなりました。

2-2　自殺予防としての教育は

　日本の自殺者数は1998（平成10）年に一気に3万人を超えました。それはバブル崩壊の影響と推測されていますが，しばらく高止まりの後に2009（平成21）年ごろから徐々に減少していったのに対し，19歳以下の自殺は2011年ごろから徐々に悪化しており，コロナ禍でその傾向は一層深刻になっています。2020（令和2）年の子どもの自殺の要因を分析した統計資料（文部科学省，2021b）では，小中高生の自殺は415件で過去最多で，要因を多い順に並べると，不明218件，家庭不和53件，精神障害46件，進路問題44件，友人関係（いじめ除く）25件，えん世22件で，いじめは12件となっています。いじめは自殺の要因の一つではありますが，他の要因が多くを占めています。いじめ自殺事件を契機に道徳を教科にしたのですが，この自殺の要因分析結果は，「いじめ防止対策をすれば自殺を防止できる」という考えが適切でないことを示しています。岩井（2019）は，道徳の教科書には「生命の尊さ」の内容項目はあっても，「自殺」にふれたものはないと述べています。

　2017年に改訂された自殺予防総合対策大綱では子ども・若者の自殺対策をさらに推進するため，「SOSの出し方に関する教育」の推進が謳われました。

2018年には文部科学省と厚生労働省の連名で，全国の教育委員会や学校あてに，中学と高校では年1回必ず全生徒にSOSの出し方教育を行うように通知されました。この事業を詳細に記載している金子・井門・馬場・本橋（2018）は，SOSの出し方教育の3つの実践モデルを紹介しています。いずれも1回完結型で，「困難やストレスに直面した児童・生徒が信頼できる大人に助けの声をあげられる」ことを目標として，保健師などの外部講師が授業を行うとしています。太刀川（2019）は「この教育手法のもっとも心配な点は，いのちが大切と述べて周囲の大人や社会資源にサインを出すよう強く求めている点である。（中略）死にたいと思っている自分はいのちを大切にしていないのでだめな奴だ，というセルフ・スティグマをより高める恐れがある」とし，また効果測定がされていない点も批判しています。何より，相談希求を外部講師による1回の授業で高めることができるか，という疑問があります。

　欧米の自殺防止教育で効果が実証されているプログラムとして，Youth Aware of Mental Health Programme（YAM）があります。YAMプログラムは13歳から17歳を対象として，5時間のプログラムで，特別な訓練を受けたインストラクターによって行われます。悲しい気もちになったとき，困難な危機的なストレスに直面したとき，どう対処したらいいかを子ども同士で話し合うというものです。若者のメンタルヘルス，ストレスと危機，うつ病や自殺思考について，ロールプレイを活用し，セルフケアの方法を教え，自分で解決するには大きすぎる問題には，適切な助けとサポートを求める方法の情報を提供します。友人がそのような問題を抱えているとき助けるために何ができるかも教えます（Wasserman et al., 2015）。

　松本（2017）は，自殺リスクが高い子どもを救うために「学校で行うべきなのは（中略）健康教育です。つらい時にどうやって人に助けを求めたらいいのか，あるいは友達が悩んでいたら，どうやってその子に声をかけて信頼できる大人に繋いであげるのか，そういったスキルトレーニングを学校で行うべきだと思います」と述べています。わが国のSOSの出し方教育は，死にたくなったときの相談行動を高める教育ですが，友だちによるサポートと，自殺思考が浮かんだときに自分で対処する方法を学ぶことが必要です。それを学ぶには現在の心の健康授業の時間数は非常に不足しており，改革が不可欠です。

2-3　新型コロナウイルス感染症中傷差別防止特別授業

　2020 年から世界的に流行している新型コロナウイルス感染症は，自分や親・祖父母が感染して重症になり死ぬのではとの不安や恐怖を引き起こします。また，感染した人や医療従事者などへの中傷差別が社会問題となり，WHO（2020）は新型コロナウイルスがスティグマをもたらし，その結果起こる中傷差別が感染をより拡大させることになると警告しました。新型コロナウイルス感染症対策として「防疫教育と中傷差別防止教育をセットで学ぶ」ことが必要です。しかし，日本の学習指導要領では，感染症の学びは，中学 3 年の保健に位置づけられています。また，小学 6 年の保健の「病原体と病気」でもインフルエンザの予防について学びます。しかし他の学年では感染症について学ぶ時間はありません。兵庫県教育委員会（2020）のコロナ禍での心のケア調査では，小学生ほど手洗い・マスクを行っている一方，恐怖心が強いことがわかりました。そこで，小学校低学年から高校生まで活用できる中傷差別防止コロナ特別授業案を作成し，発信することにしました。

　筆者が監修したアニメ動画『コロナに負けるな』（社会応援ネットワーク，2021）を授業で用いた実践を紹介します。動画のストーリーは，女の子の「コロナにかかってなおって登校したら友だちが悪口いっているのを聞いたの」との発言に，がんばちゃん（猫）が「コロナで苦しんだのに何で悲しい思いをしなきゃならないんだ！　シャー！」と怒る場面から始まります。そこに，先生が登場。ウイルスの大きさや，新型コロナウイルスは 7 番目に発見されたコロナウイルスであること，感染経路として，飛沫感染，接触感染，エアロゾル感染があり，その対策として，マスクや手洗いをし，換気・距離をとることを紹介します。また発症前感染力があるため日頃からマスクをすること，「コロナが治った人からはもううつらない」ことも伝えます。そして，悪口・差別が感染を広げることを解説し，「コロナにかかったら友だちに何をしてもらいたい？」と尋ね，「会えないなら電話やビデオ通話で励ましてほしいにゃん」と，応援と励ましが感染症を抑えることを学びます。

　動画視聴後の授業では，教師が「感染して治って学校に行ったのに友だちが悪口いっているのを聞いた。どう思ってどう行動する？」と発問し，子どもたちに「怒り，悲しみ，落ち着き」の感情に対応する「心のつぶやき」と「行

自分がコロナ陽性になって，なおって，学校に行ったら，友だちが悪口をいっているのを聞いた。どんな気もちになるかな？　心のなかでどう思って，どう行動する？

心のつぶやき	気もち	行動（言ったり，したりすること）
・友だちもコロナに感染すればいい。 ・なりたくてなってない！ ・人の気もちも考えろ！	 怒り	・友だちの悪い噂を流す。 ・無視する。 ・なぐる。
・ずっと避けられたらどうしよう。 ・友だちなのにひどい。 ・なんでそんなこと言うの。	 悲しみ	・治っても不登校になる。 ・ちかよらないでほかの子と仲良くする。 ・お母さんに言う。
・コロナのこと知らないから当然。 ・意識がたりない。 ・そんなこといったらきらわれるのに。	 落ちつき	・コロナに関しての知識をつけてもらう。 ・落ち着くまでそっとする。 ・ふつうにすごす。

図6-2　中傷差別防止コロナ特別授業での認知のトライアングル発言例
（トライアングルについては本文を参照）

動」の記述を求めます。そして「悪口を言う友だちに対して怒りの感情がわくのは自然ですが，行動は冷静な行動を心がけましょう」というメッセージを送り，落ち着くための呼吸法を実演します。

　ある出来事から起こる「思考（心のつぶやき）」→「感情（気もち）」→「行動」（そして，思考に戻る）という認知のトライアングル（図6-2）は，うつやPTSDのカウンセリングの主要要素です。さまざまな出来事に直面したとき，自分の心のつぶやきを考え，落ち着いて合理的なつぶやきを探す習慣を身につけることは，人生を生き抜く力になります。

　次に，「誹謗中傷を受けるくらいなら，体調が悪くても隠して登校・出勤しようと考えますが，その行動は結果として，感染を広げることになります」と説明します。そして「ストレスをためない，睡眠，栄養，運動，規則正しい生活が免疫力・抵抗力を高める」と伝え，眠りのためのリラックス法を実演しました。

　小学5年生の授業の感想の主なものを列挙します。

・感染した人を悪くいったらコロナが広がるって，授業のはじめはわからなかったけど，なるほどそうか（悪口いわれるくらいなら体調悪いのに無理して

登校出勤して，結果コロナが広がる）とわかった。

- 友だちがコロナにかかったら応援したいと思った。
- コロナが1mmの1万分の1と知ってびっくりした。
- コロナのことで，もやもやしていたことがあったけど，お家の人に（もやもやを）話してみようと思った。
- リラックス法を知れてよかった。
- コロナにかかった人を応援したい。
- 接触感染，飛沫感染，空気感染の3つあって，手洗いやマスクをしっかりしようと思った。

3　道徳と保健の目標と内容と方法

3-1　道徳の目標と内容と方法

　道徳科の目標は「よりよく生きるための基盤となる道徳性を養うため，道徳的諸価値についての理解を基に，自己を見つめ，物事を（広い視野から）多面的・多角的に考え，自己（人間として）の生き方についての考えを深める学習を通して，道徳的な判断力，心情，実践意欲と態度を育てる」（文部科学省，2015；カッコ内は中学校の定義）と定義されています。

　内容は4つの視点——A：主として自分自身との関わり，B：主として人との関わり，C：主として集団や社会との関わり，D：主として生命や自然，崇高なものとの関わり——で構成されています。4つの視点に22の内容項目が設けられています。内容項目は，Aには「節度・節制」など，Bには「親切・思いやり」など，Cには「勤労・公共の精神」など，Dには「生命の尊さ」などです。

　道徳の教科書を見ると，一つの授業ごとに読み物教材が掲載されています。ここで，いじめ問題への対応として道徳で学習されている内容を見るために，いじめに関する教材を一つ紹介します。中学3年「卒業文集の最後の2行」（林・貝塚・柳沼，2019）で，内容項目は「C：公平・公正・社会正義」に位置づけられています。主人公はT子を小学校時代にいじめ，T子の卒業文集の最

後の文「私が今一番欲しいのは母でもなく，本当の友達です」を読み，30 年後の今も，深い後悔と取り返しのつかない心の傷に苦しんでいるとの物語です。この物語を通して「いじめ加害者の苦悩を知ることで差別偏見のない社会を実現していこうとする心情を育てる」としています。

　犯罪被害者支援に携わってきた筆者は，加害者の更生カウンセリングは重要だと考えています。しかし，この物語には，被害者の深い心の傷とその回復はまったく記載されていません。また，「謝罪しても謝罪し尽くせるものではない。許しを乞うても許されるものではない」と記されていますが，はたして被害者に謝罪したのか，謝罪したとすれば被害者はどう応えたのか。更生カウンセリングと被害者の回復にとって最も重要な行為が抜け落ちているのです。

3-2　保健の目標と内容と方法

　一方，保健については「小学校，中学校，高等学校を通じて，学校における保健教育の目標は，生活環境の変化に伴う新たな健康課題をふまえつつ，児童生徒が積極的に心身の健康の保持増進を図っていく資質・能力を身に付け，生涯を通じて健康・安全で活力ある生活を送るための基礎を培うことである」と定義されています（文部科学省，2019；2020；2021a）。

　小学校の保健分野は 5 つの内容――健康な生活（3 年），体の発育・発達（4 年），心の健康（5 年），けがの防止（5 年），病気の予防（6 年）――からなっています。小学 5 年での「心の健康」の単元では，「①心の発達」で感情・社会性・思考力などの心の働きが年齢とともにどう発達したかを考えます。実習では「自分のよいところみつけ」――友だちの力を借りて，得意なこと・がんばっていること・してもらったことの発見と，「3 つの言い方」――非主張・攻撃・アサーティブが例示されています。「②心と体のつながり」では心が体に影響する例，不安や悩みがとても大きいときに，腹痛・下痢，頭痛，眠れないなど体に強い影響が出るとしています。「③不安やなやみの対処」では，不安や悩みの経験を考え，そのときの対処法を出し合い，例として，不安や悩みの原因を考える，相談する，原因の解決のために努力する，運動や音楽などの気分転換，呼吸法で気もちを楽にする，体ほぐしをするなどをあげています（森，2020）。

　中学校では 1 年で，「心身の発達と心の健康」の単元を学びますが，この単

元は「①体の発育・発達」「②呼吸器・循環器の発達」「③性機能の成熟」「④性とどう向き合うか」「⑤心の発達 (1) 知的機能と情意機能」「⑥心の発達 (2) 社会性」「⑦自己形成」「⑧欲求不満やストレスへの対処」で構成されています。⑧では，欲求には飲食・睡眠・生殖・安全などの生理的欲求と所属・承認・愛情・自己実現などの社会的欲求があることを学びます。欲求が満たされないときの行動として，我慢・他人のせいにする・現実逃避・周りや自分への攻撃・気もちの切り替えなどの例をあげています。また，ストレスとは心身に負担がかかった状態であり，ストレスの原因となる刺激をストレッサーということなどを学びます。ストレス対処には心身をリラックスさせる，趣味などの気分転換，見方や考え方を変える，上手なコミュニケーションの方法を身につけるなどの方法があると紹介されています（森・佐伯, 2021）。

3-3　道徳と保健のちがい

道徳では，道徳性を養うため，生き方についての考えを深める学習を通して，判断力・心情・意欲・態度を育てるのに対し，保健では，健康や安全の理解と技能を身につけるのです。保健では，技能（スキル）を学ぶことを目標にできますが，道徳では，体験的な学習はあくまで「道徳的な行為に関する体験的な学習」であり，技能を身につけることを目標にしていないと言えます。

では，保健で技能を身につけることができるなら，それで十分ではないか，と思われるかもしれません。答えは，「そのためには圧倒的に授業時数が足りない」です。例えば，「ストレス対処としてのリラックス法」だけでも，呼吸法や筋弛緩法やイメージ法などがあります。呼吸法にしても，マインドフルネス呼吸法もあれば腹式呼吸法もあります。また，眠れないときのリラックス法もあれば，試合や試験で落ち着くためのリラックス法もあります。

「見方や考え方を変える」ことを学ぶには，思考－感情－行動の認知のトライアングルを通して，「心のつぶやきは？　気もちは？　行動は？」と考え，グループで話し合い，発表することで，自分とは異なる心のつぶやきがあることを知ることが大事です。また，発達段階に応じて，問題となる出来事はさまざまです。スポーツ大会でのミス，期末テストでの望まない成績，LINE での既読スルー，友だちからの嫌な言葉・行動などです。そうしたことで悲しみに

対応する心のつぶやきが強いときに，それとは違うつぶやきはないかを考える習慣を身につけることが，うつや自殺防止につながります。

　国語・算数などの教科は，一定数与えられた授業時間の中で繰り返し練習することで身についていきます。一方，心の健康の授業時間は小学5年と中学1年の計7時間しかなく，そのうちストレスについては2時間しかありません。このことが，保健の目標である「技能を身につける」ことを困難にしています。

3-4　暴力や災害による心身反応と回復方法の記載がない

　もう一つの問題は，現在の学習指導要領には，暴力や災害による心と体の変化や回復する方法について学ぶ授業時間がないことです。中学校の保健では，「傷害の防止」の単元に，「④犯罪被害の防止」と「⑤自然災害に備えて」はあるのですが，図6-3で示したような，犯罪や災害によりどのような心身反応が生じ，どうすれば回復できるのかについての情報の記載がまったくありません。毎年のように災害が発生し，児童虐待や家庭内暴力（DV）や子どもの自殺が

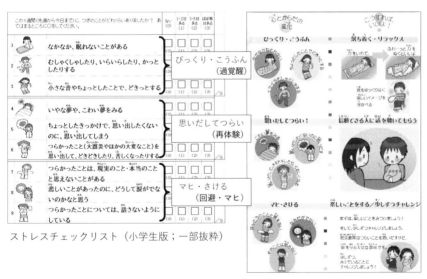

ストレスチェックリスト（小学生版；一部抜粋）

こんなときにやってみよう！
（小学生版；一部抜粋）

図6-3　トラウマストレスチェックと対処法（いわて子どもの心のサポートより作成）

年々増加している日本では，平時から災害・暴力トラウマに関する心の健康授業が必要です。

4　学習指導要領改訂に向けてやるべきこと

4-1　ストレスを学ぶ授業は総合的な学習の時間を軸に
—— 文部科学大臣答弁より

2021（令和 3）年 3 月 8 日の参議院予算委員会で，伊藤孝江議員が全学年で心の健康・ストレスを学ぶ授業時間を確保することを要望し，それに対し萩生田光一文部科学大臣（当時）は，総合的な学習の時間においてストレスを含めた心の健康の授業をすることができると答弁しました。

　まず，伊藤議員は，コロナ禍で子どもたちにも大きなストレスがあり，その対策として，小学校 5 年生のコロナ中傷差別防止授業（本章 2-3 で紹介した授業）を視察した感想を述べ，児童生徒がストレスへの対処法を学ぶ場を確保することが重要だと訴え，文部科学大臣の考えを尋ねています。

　文部科学大臣は，児童生徒の心理面への影響に対応する必要があると考えており，子どもたちの不安や悩み，ストレスへの対処については，小中高等学校の体育科，保健体育科において指導していると答弁しています。

　さらに，伊藤議員は今の学習指導要領では心の健康教育の時間がきわめて少なく，ストレスを学ぶ授業は小学校 5 年生と中学 1 年生の保健の各 1 時間しかないと訴えます。そして，小 1 から高 3 まで全児童生徒を対象に新型コロナウイルスとストレスを学ぶ授業を行うことができるように，年間 70 時間ある総合的な学習の時間を軸に特別活動も利用できるよう明確に示していただきたいと質問しています。

　それに対し，文部科学大臣は「例えば，保健体育科以外にも，今先生御指摘の総合的な学習の時間においてストレスを課題にして教科等横断的に探究的な学習を行う，特別活動の学級活動でストレスを含めた心の健康について問題として取り上げ，解決方法の話合いや意思決定を行う，また関係団体や外部の講師の先生にも来ていただいて実施される健康教室で扱うなど，学校の教育活動

全体で指導を行うことが考えられております」(国会会議録検索システムより抜粋)
と答弁しています。

　伊藤議員が「総合的な学習を軸に」と具体的に提案したのは，伊藤議員や県
議会議員が2020年7月に筆者の大学に来校し，災害後の心のケア活動と現行
の学習指導要領の課題を熱心に聴かれ，情報収集をしていたからです。筆者は
東日本大震災，熊本地震，北海道胆振東部地震後の心のケアに携わってきまし
た。道徳が教科になり，それまで道徳の時間に行っていた「心のサポート授
業」は，道徳の時間に行えなくなりました。ハイリスクの児童生徒を教師が発
見するためにストレスチェックを朝の会などの短時間で行えば，児童生徒は調
べられていると思い，自己開示が難しくなります。特にトラウマ・ストレス
チェックリストはつらいことを思い出させ二次被害のリスクを高めます。です
から，児童生徒が自分を見つめ，どう対処したらいいかを学ぶためには授業時
間が必要なのです（冨永，2014）。それまで筆者にとって国会は遠い存在でした
が，この経験から心理教育の研究者は理解ある議員に情報提供をする必要があ
ると確信しました。

4-2　全学年で心の健康授業案の作成を

　小1から高3まで，全学年で実施できる心の健康授業案・活動案の作成が必
要ですが，すでに心の健康授業案は数多く発信されています。一例として，兵
庫県心の教育総合センターが発信している授業案を紹介します。「いじめ未然
防止プログラム」(兵庫県心の教育総合センター，2015)と「自殺予防に生かせる
教育プログラム」(兵庫県心の教育総合センター，2017)から構成されています。

　いじめ未然防止プログラムでは，はぐくみたい資質・能力として，ストレス
マネジメント能力，セルフコントロール能力，自尊感情・自己効力感，思い
やり・他者理解，コミュニケーション能力，思いや考えの表現力，仲間づく
り・絆づくりに資する力，自治集団づくりに資する力，規律性・道徳性，相
談・支援を求める力をあげており，資質能力の把握に生かせるアンケート
「CoCoLo-34」を作成しています。また，小1から高3までさまざまな授業の
指導案と教材が作成されており，教師研修動画も発信されています。

　例えば，ストレスマネジメント能力に対応する小学校低学年授業案として

「こころとからだのべんきょう」があります。指導のねらいは、「体の緊張緩和を体験し、『がんばれば休む、休めばがんばれる』を知る」ことで、教育課程としては特別活動に位置づけ、ニコ・シュン・プンの表情絵や動物ごっこ遊びを活用する内容になっています。また、自尊感情に対応する中学1年授業案として「私は私が好きです、なぜなら……」があります。こちらの指導のねらいは「ジョハリの窓を用いたワークを通し、自己への気づきを促し、自尊感情と他者理解の気もちを育む」ことで、教育課程としては特別活動に位置づけ、内容は自分のよいところと友だちのよいところを発表する活動です。思いやり・他者理解に対応する高校の授業案としては「暴力について考える2」があり、この指導のねらいは「暴力には『道具的暴力』もあり、人の心を苦しめる卑劣な行為であることを知り、暴力をふるわない態度や、被害生徒を思いやる心を育む」ことです。教育課程は特別活動に位置づけられ、内容は、AさんがBさんに雑巾当番を無理に押しつける物語を読み、衝動的暴力との違いやBさんの気もちを理解するために、セリグマンの学習性無力感の実験を参考にしながら、どうすればBさんを助けることができるかを考える活動です。

　自殺予防に生かす教育プログラムは、中学校編が「STEP 1　ストレスとコーピングを知ろう」「STEP 2　こころのSOSを発信しよう」「STEP 3　こころが苦しくなった時の対応を知ろう」で、高校編が「STEP 1　知っておこう青年期のこころとからだ」「STEP 2　上手な話の聴き方を身につけよう」「STEP 3　こころの病とであったら」によって構成されています。教育課程の位置づけは、中学校編STEP 1のみが保健体育であり、他は特別活動、高校編はロングホームルームです。授業の効果測定のための評価アンケートも作成されています。

　いじめ未然防止プログラムの授業案の教育課程の位置づけは、ほとんどが特別活動（学級活動）であり、小学校と中学校の45の授業案のうち、道徳に位置づけられているのはわずか2つの授業しかありません。自殺予防に生かす教育プログラムでは、中学校編では道徳に該当する授業案はありません。

　このように、すでに心の健康授業案を発信している研究者・教育実践者が集って、スタンダード版を発信することが必要です。

4-3　教員養成課程の修正案の検討を

　道徳は特別の教科になったので，学校現場では悉皆研修が実施され，道徳主任や道徳教育推進教師が配置されました。一方，大学の教員養成課程では，教育相談論の履修が必須になっています。それを「心の健康論（心の健康授業と教育相談）」に改変し，教育相談を心の健康の授業の中でも実施できるようにする改革が必要です。そうすると教育相談が悉皆研修になります。

4-4　ストレスチェックの結果は成績評価に使わない

　特別の教科・道徳の評価では，定量評価は行わず定性評価を行います。心の健康授業では，心と体の関係や仕組みについては，テスト問題を作成でき，教育評価ができると思います。しかし，心の健康授業の中で実施するストレスチェックや行動特性などの心のアンケートは，絶対に教育評価の対象にしてはいけません。また，保護者からストレスチェックや心のアンケートの結果を見せてほしいという要望があったとき，どう対応するかは，きわめて重要な問題です。いじめについてのアンケートを教育委員会が保護者の圧力に屈して見せてしまい，虐待がエスカレートして児童が亡くなるという痛ましい事件がありました。児童生徒のストレスチェックや心のアンケートの開示・非開示の問題は法律家を交えて検討しておく必要があるでしょう。

4-5　組織として個人として議員への働きかけを

　2030（令和12）年の学習指導要領改訂に向けて，市会議員・県会議員・国会議員に，心の健康授業の制度化の必要性を心理教育の研究者が訴えていくことが必要です。個人としてだけでなく，心理学の諸学会や公認心理師の職能団体からその必要性を声明として発信する必要があるでしょう。虐待防止，DV防止，自殺防止のために，そして災害事件後の心のケアのためにも，平時の心の健康授業の充実が不可欠です。また，心の健康授業では，試験や試合のプレッシャーを乗り越えるメンタルトレーニング（冨永，2015）も実施できます。一人ひとりが自分の能力を十分に発揮できる社会の構築に，心の健康授業の全学年での実施が不可欠です。

首飾りの一つひとつの玉は輝いていても，紐がない日本

　ある中国人留学生が言いました。「首飾りを作るとき，中国はまず紐を用意します。日本は一つひとつの玉を輝くように磨きます」。2008（平成 20）年 5 月の四川大地震の 2 週間後に，筆者らは重慶市を訪問し，教師やカウンセラーや大学院学生を対象にした心のケア研修の講師を務めました。四川省教育庁や中国科学院心理研究所の専門家には「心の健康授業」の大切さを伝えました。その後，中国科学院の心理専門家は被災地の道徳教師を訓練して，心理健康教師を養成しました。四川省教育庁は 2008 年 9 月から心理健康授業を必須にし，いま中国では心理健康授業が全国に広がりつつあるそうです。

　1995（平成 7）年の阪神・淡路大震災，1997（平成 9）年の神戸児童連続殺傷事件を受けて，「心の教育の充実」が提言されました。筆者は兵庫県心の教育総合センターの主任研究員・センター長として，心の健康授業案を教員と共に作成していきました。2010（平成 22）年に，望ましい心の教育について兵庫県下の全学校に調査を実施したところ，構成的グループエンカウンターやストレス対処法が上位を占めるとともに，中学では「教育相談」が有効だとの結果も得ました。

　ところが，国が作成したのは，「心のノート」でした。それは道徳ノートだったのです。あのとき，道徳教育の動向を詳しく調べていればと，後悔の念でいっぱいです。大津でのいじめを苦にした自殺事件を受けて，道徳が特別の教科になり，道徳の時間には，ストレスを学ぶ授業はできなくなりました。

　岩手県教育委員会は全県下の学校にストレスチェックを織り込んだストレスマネジメント授業（心のサポート授業）を年に 1 コマ，10 年間実施してきました。はじめはスクールカウンセラーがリードしていましたが，今では担任教師や養護教諭が中心となって授業をしています。心のサポート授業の経験は災害や事件後の心のケア効力感を高めることもわかってきました。

　国家資格・公認心理師の第 4 の業として「心の健康」の保持増進が謳われました。優れた光輝く人材は豊富にいます。心の健康授業の指導案もあります。災害に苦しみ，虐待・家庭内暴力・自殺に苦しんでいるわが国は，小学 1 年生から高校 3 年生まで一つの紐を準備し，心の健康の首飾りを作るときです。

（冨永 良喜）

学校教員からの紹介と提言

時間と制度の制約を超えて

心理教育プログラムを安定して恒常的に実施するとなると，学校の先生に頼らなくてはなりません。日本には，研究者とタッグを組み心理教育プログラムを実施してきた学校教員が少なからずおられます。

　その先生がたが見た安定実施への障壁には，研究者とは異なる特徴も確認されることでしょう。また，その克服方法にも学校の先生独自の視線が注がれます。一般教諭と養護教諭に加え，スクールカウンセラーにも登場いただき，学校現場の臨場感満載の紹介がなされます。

第7章

心の健康と適応を守る「自律的な自尊感情」を はぐくむ教育
── 全教職員を巻き込んだ取り組みの必要性

影山 明日香（徳島県藍住町立藍住東小学校）

野口 太輔（中村学園大学）

本章へのとびら

　2000年以降，学校教育において子どもたちの自尊感情（自己肯定感）が クローズアップされるようになってきました。自尊感情は，社会生活を送 るうえで人間形成の根幹となる重要な要素であると言えます。しかし，自 尊感情は簡単に育つものではなく，子どもの様子を見ただけでは推し測る ことができません。本章では，健康や適応につながる本当の自尊感情をは ぐくむ授業実践を中心に，その内容や教育効果，継続した授業実践に必要 なことを小学校教員の目線から紹介したいと思います。

1　本当の自尊感情（自己肯定感）を育成する大切さ

1-1　本当の自尊感情（自己肯定感）とは何か

　学校における教育問題に，いじめや不登校，暴力等の問題行動があります。 学校現場では，これらの原因を自尊感情（self-esteem）の低さに求め，さまざ まな取り組みがなされてきましたが，現在も一向に解決の糸口を見いだせずに います。

　この自尊感情に，最近新たな展開が生まれています。自尊感情の低さ自体が問題なのではなく，その概念に違いがあるのではないかと，概念を再考する試みが行われるようになったのです。山崎ら（例えば，山崎他，2017）は，自尊感情を適応的な自尊感情と不適応的な自尊感情に弁別し，適応的な自尊感情として自律的な自尊感情を，不適応的な自尊感情として他律的な自尊感情の概念を提唱しました。

　自律的な自尊感情とは，自己信頼心，他者信頼心，内発的動機づけの3つが相互に関連しながら一体となって形成されるパーソナリティ（性格）を指します。ここで言う他者信頼心とは，他者を好意的に見て，他者からも好意的に見られているという安定した感覚をもとに，他者を信頼するパーソナリティです。自己信頼心とは，自分に自信があり有能であるととらえるパーソナリティで，同時に不安や攻撃性が低く，他者信頼心を伴う概念です。もっとも，自律的自尊感情の高い者は，意識上でそのような自信をもっているわけではありません。一方で，他律的な自尊感情とは，自律的な自尊感情の反対概念で，社会的な優劣や他者との比較によって規定されるために，この3つの構成要素がいずれも低くなるという特徴があります。また，高まりすぎると健康や適応に支障をきたします。

　自尊感情の概念を曖昧にしたまま教育を行ってしまうと，誤って他律的な自尊感情をはぐくんでしまう可能性があります。そのため，学校教育では適応的な自尊感情に焦点を当てた教育を行わなければなりません。つまり，「自律的な自尊感情（自己肯定感）」こそが，はぐくむべき本当の自尊感情（自己肯定感）であるというわけです。

1・2　自律的な自尊感情（自己肯定感）をどう教育するか

　では，どのようにして，他律的な自尊感情を高めることなく，自律的な自尊感情をはぐくむのでしょうか。自律的な自尊感情の形成では，養育者の態度が重要です。例えば，乳児の欲求に対して，養育者が適切なかかわりを一貫して行うことで，乳児は欲求を満たす経験を重ねることができます。このような養育者との適切な関係性の中で，自己信頼心，他者信頼心がはぐくまれていくのです。内発的動機づけについては，一般的に与えられた報酬によって損なわれ

表 7-1　「本当の自己肯定感の育成」プログラムの中位目標

Ｉ　自己と他者の自律的効力性を受け入れ，また体験的に取り入れることができる。
Ⅱ　自己の心理的欲（要）求を体験的に取り入れ，受け入れることができる。
Ⅲ　自己の心理的欲（要）求に従って行動することができる。
Ⅳ　心理的欲（要）求に基づく自己と他者の行動（その実行自体とよい側面）を体験的に取り入れ，受け入れることができる。

注：下線については本文を参照。

ることから，はぐくむというよりも，守り維持することが重要だとされています（山崎, 2013）。自律的な自尊感情の育成にあたっては，このような形成過程をふまえた方法が必要となります。

　これらをふまえたプログラムはすでに開発されています（賀屋・道下・横嶋・内田・山崎, 2020）。開発されたプログラムは，本書の第 1 章で紹介された「学校教育トップ・セルフ」という教育群の一つで，その理論や方法の特徴については第 1 章を参照してください。トップ・セルフは，第 1 章にあるように，大目標から操作目標まで目標が階層的に組まれています。本章で紹介する「本当の自己肯定感の育成」プログラムでは，大目標を自律的な自尊感情の育成とし，続く中位目標については，以下のように 4 つの中位目標が設定されています（表 7-1）。

　表中の自律的効力性とは，他者との比較は関係なく，絶対的な効力感（できるという感覚）です。また，体験的取り入れとは，心理・行動的な特徴を，実際の体験を通して意識することなく取り入れていくことです。つまり，中位目標Ⅰ，Ⅱでは，自己信頼心や他者信頼心を高め，自己の内発的な心理的欲（要）求を，実際の体験を通して意識しないままに取り入れていくことをめざすこととなります。そして，中位目標Ⅲ，Ⅳでは，自己の心理的欲（要）求に基づいて行動し，他者の行動も含めてその結果のよい面を受け入れ，意識せずとも取り入れていくことをめざしていくわけです。

　さて，このような教育を行った後には，教育効果の検証が必要です。自尊感情を測る際には，「あなたは自分に自信がありますか？」という質問をされることがあります。しかし，自律的な自尊感情が高い者は，自分に自信があるかどうかなど意識しません。そこで，この測定に適した方法として潜在連合テス

トが使えます。このテストでは，意識を介さず態度や心の特徴を測定することができます。自律的な自尊感情の測定では，「自分」「自分以外」を表す言葉と「よいイメージ」「悪いイメージ」の言葉の結びつきの強さを見ることで，その測定が可能となります（横嶋・賀屋・内田・山崎，2019）。

2　「本当の自己肯定感の育成」プログラム
—— 小学校高学年での実施

2-1　プログラムがめざすもの

第1節で述べられた中位目標を受けて，第1回から第4回までの授業の目標には下位目標が設けられています（表7-2）。

第1回の授業では，自分の好きなことや目標を探し，自分にはそれを叶えることができるという自律的効力性を体験的に受け入れることをめざします。また，自分の好きなことや目標を成し遂げてよいものかどうかを考えることもねらいとしています。第2回の授業では，自分の目標を叶えることの大切さを受け入れ，実際の行動や体験を通して取り入れることをめざします。またここでも，目標は達成してよいものかどうかを考えます。第3回の授業では，自分の目標を叶えるための現実的な方法を考えることをめざしています。第4回の授業では，自分や友だちが目標に挑戦したことを肯定的にとらえ，実際の行動

表 7-2　「本当の自己肯定感の育成」授業の教育目標（横嶋他，2020）

授業回	下位目標
第1回	● 自己の自律的効力性を受け入れ，体験的に取り入れることができる。 ● 自己の心理的欲（要）求を抽出し，その充足・達成の是非を自分で考えることができる。
第2回	● 心理的欲（要）求に従って行動することの重要性を体験的に取り入れることができる。
第3回	● 自己の心理的欲（要）求を部分的にでも充足するための行動をとることができる。
第4回	● 自己の心理的欲（要）求を充足・達成するための行動（その実行自体とよい面）を受け入れ，体験的に取り入れることができる。 ● 他者が行った心理的欲（要）求を充足・達成するための行動（その行動自体とよい面）を受け入れ，体験的に取り入れることができる。

や体験を通して取り入れることをめざします。たとえその挑戦がうまくいかなかったとしても，挑戦した意欲や行動力などよい面に目を向け，前向きに受けとめて次の挑戦へのエネルギーに変えていけるようにします。

　このように，いずれの回も友だちと比較することなく，「〜したい」という内発的な意欲を重視し，実際の行動や体験を通して教育目標を意識せずとも取り入れることができるよう工夫されています。

2-2　プログラムの方法
▌2-2-1　授業について

　全4回の授業では，子どもたちが無理なく自分の夢や目標を見つめ，それを叶えるための方法やチャレンジし続けることの大切さを考えることができるようになっています（表7-3）。第1章のトップ・セルフの特徴の紹介にあったように，授業の進行手順は決まっており，アニメストーリーに沿って授業が展開し，ゲームや集団活動など魅力満載の授業要素が盛り込まれています。音楽や音響もふんだんに使われます。

　第1回は，「自分の将来の夢とは……？」というタイトルで20年後の自分の姿を考え，その夢や目標を叶えるまでの困難や失敗を考えてワークシートに記入する活動を行います。グループ内でワークシートを交換し，友だちに応援やアドバイスのメッセージを送り合った後，プレゼンテーションの台本作りをします。第2回では，「自分たちの夢への想いを伝えよう」というタイトルで，各グループの夢をプレゼンテーションする活動を行います（写真7-1）。また，他のグループからの感想やメッセージが伝えられるメッセージタイムも設けられています。第3回は，「願いを叶えるための現実的な方法とは？」というタイトルで，近い将来にがんばって達成したい目標とそれを実現するための

表7-3　高学年5，6年生版「本当の自己肯定感の育成」授業タイトル

（第1回）自分の将来の夢とは……？
（第2回）自分たちの夢への想いを伝えよう
（第3回）願いを叶えるための現実的な方法とは？
（第4回）挑戦したことを振り返って，得られるものとは？

写真 7-1　グループ発表の様子

方法を考える活動を行います。個人シートに記入した後，グループ内で交換し，友だちの目標を叶えるためのアイデアを書いていきます。第4回は，「挑戦したことを振り返って，得られるものとは？」というタイトルで，自分や友だちの挑戦について考える活動を行います。個人シートに自分がこれまでにチャレンジしたことや今チャレンジしていることを書き，グループ内で交換してみんなの挑戦を共有します。また，あるチャレンジをした人たちの物語を視聴し，クラスのみんながどんな感想をもったのか推理ゲームをしながら考えます。

■2-2-2　子どもたちの様子

授業では，アニメストーリーが始まると，みんな画面にくぎ付けになります。5年生になると，かけ声を出すことやゲームの答えを発表することに恥ずかしさを感じ遠慮がちな子もいますが，友だちとの相談や楽しい雰囲気の中での活動によりクラス全員が楽しめる授業になっています。また，「個人→グループ→全体」へと思考をシェアできる流れがあり，無理なく取り組める構成になっています。

5年生の授業では，すでに明確な夢をもっている子や模索中の子などさまざまでしたが，「自分の夢について考えるいい機会になった」「みんなに夢を発表できて，緊張したけどうれしかった」という感想がありました。この授業は，自分や友だちのことをよく知り，お互いを認め合う場を与えてくれます。そして何より，受容的な安心感のある空間を教師と子どもたちが創り出すことに意味があると感じています。

2-3　プログラムの効果

授業の教育効果の測定には，独自に作成された「児童用のタブレット PC 版自律的ならびに他律的セルフ・エスティーム潜在連合テスト（AHSE-IAT-C）」

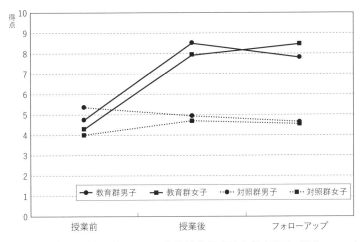

図 7-1　教育群と対照群における自律的自尊感情の得点変化（横嶋, 2022b）

（横嶋, 2022a）を用いました。このテストは，「みんな」と「悪い」や「みんな以外」と「よい」といった言葉の組み合わせを瞬時に選び，非意識レベルでの自己肯定感を測定するものです。**図 7-1** は，小学 5 年生の児童を対象に，教育群（予防教育をした児童）50 名と対照群（予防教育をしていない児童）61 名の授業前後の自律的自己肯定感の変化を調査した結果です（横嶋, 2022b）。週 1 回全 4 回の授業をした教育群の児童は，統計的に見て自律的自尊感情の得点が上昇し，授業から 2 週間後のフォローアップまで高い状態が保たれていました。一方，授業をしていない対照群の児童は，得点に変化がありませんでした。この結果から，本プログラムの授業が子どもたちに自律的自尊感情をはぐくむことが科学的に証明されたと言えます。

3　「本当の自己肯定感の育成」プログラム
── 小学校低学年での実施

3-1　プログラムがめざすもの
　低学年版のプログラムでは，中位目標Ⅰ，Ⅱにおける下位目標が設定され，それをもとに第 1 回から第 4 回までの授業が構成されています（**表 7-4**）。

表 7-4　「本当の自己肯定感の育成」授業の教育目標（野口他, 2021）

授業回	下位目標
第 1 回	● 自己の自律的効力性を受け入れ, 体験的に取り入れることができる。
第 2 回	● 他者の自律的効力性を受け入れ, 体験的に取り入れることができる。
第 3 回	● 自己の自律的効力性を受け入れ, 体験的に取り入れることができる。*
第 4 回	● 自己の心理的欲（要）求に従って行動することの重要性を体験的に取り入れることができる。

* 第 1 回目と同じ下位目標ですが, その下の操作目標が異なる。

　第 1 回の授業では, 自分が経験した楽しかったことやうれしかったことを想起し, 正感情を高めることをめざします。第 2 回の授業では, 友だちの良さを見つけ, 互いに伝え合うことで, 他者の良さを受け入れ, 体験的に取り入れることができることをめざします。第 3 回の授業では, 第 2 回の授業で伝えてもらった良さを参考にしながら, 自己の長所を探し, 自分の良さを受け入れ, 体験的に取り入れることをめざします。第 4 回の授業では, 自分や友だちの「できるようになりたいこと」を肯定的にとらえ, 実際の行動や体験を通して取り入れることをめざします。それぞれの願いを共有するなかで, 互いの願いを認め合い, その願いの実現に向けた行動へとつなげていきます。

　いずれの回も友だちとの交流活動がふんだんに取り入れられており, 子どもたちは遊んでいるような感覚の中で, 自然と教育目標が達成できるよう工夫されています。

3-2　プログラムの方法

▌3-2-1 授業について

　全 4 回の授業では, アニメストーリーやゲームを通して, 子どもたちが自然と自分や友だちの良さ, 自分のできるようになりたいことについて考えることができるようになっています（**表 7-5**）。低学年版のプログラムでは, トップ・セルフの中でも, ゲームや音響等に加え, アニメ主導型の授業がさらに際立ちます。アニメ主導型の授業では, アニメの主人公が危機に陥り, それを救うために子どもたちが友だちと協力しながら活動を進めます。

　第 1 回は,「楽しい・うれしい気持ちをあつめよう！」というタイトルで,

表 7-5　低学年 1, 2 年生版「本当の自己肯定感の育成」授業タイトル

（第 1 回）楽しい・うれしい気持ちをあつめよう！
（第 2 回）友達のよいところをみつけよう！
（第 3 回）自分のよいところをみつけよう！
（第 4 回）できるようになりたいことを考えよう！

これまでに経験した楽しかったこと，うれしかったことを想起し，ワークシートに記入する活動を行います。そして，グループ内でワークシートを交換し，楽しかった経験，うれしかった経験を共有していきます。第 2 回では，「友達のよいところをみつけよう！」というタイトルで，グループの友だちのよいところを見つけていきます。また，友だちに見つけてもらってうれしかった良さを紹介したり，他のグループの友だちの良さを見つけたりしながらクラス全体で良さを共有していきます。第 3 回は，「自分のよいところをみつけよう！」というタイトルで，自分の良さを見つける活動を行います。個人シートに記載された項目から，自分に合うと思う良さを選んでいきます。選ぶことが難しい場合は，第 2 回の授業で友だちから伝えてもらった良さを参考にしながら記入します。第 4 回は，「できるようになりたいことを考えよう！」というタイトルで，自分や友だちの願いについて考える活動を行います。個人シートに自分ができるようになりたいことを書き，グループ内でそれぞれを共有します。また，ゲームを通して自分の願いを発表し，クラス全体でも共有していきます。

3-2-2　アニメ主導型の授業と子どもの様子について

　子どもたちは，授業が始まるのを心待ちにしています。アニメ主導型の授業では，アニメストーリーの登場人物の危機を子どもたちが救う展開が繰り広げられます。アニメの登場人物が子どもたちに語りかけると，低学年の子どもたちは，登場人物を救うために，夢中になって活動に取り組みます。また，個人シートに記入したことを，ゲームを行いながら発表していくため，普段は発表に対して消極的な子どもも自然と発表するようになります。終始，楽しい雰囲気に包まれて進行していくため，子どもたちは，まるで遊んでいるような感覚の中で学習を進めていきます。

　シェアリング（振り返りとその共有）の際には，はじめのころは，「ゲームが

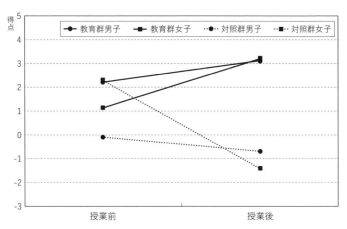

図7-2　教育群と対照群における自律的自尊感情の得点変化
（野口・横嶋・賀屋・山崎，2021）

楽しかった」「アニメストーリーがおもしろかった」など，低学年の子どもならではの感想が聞かれていました。しかし，授業の回が進むにつれて，「目標に向けてこれからがんばりたい」といった感想のように，授業のねらいに関する感想も聞かれるようになりました。また，自分のことを客観的にとらえることが難しく，自分の良さに気づいていない子どもたちが多くいましたが，良さを伝え合う活動を通して，「よいところを伝えてもらって，自分にもよいところがあると分かりました」という感想も聞かれるようになりました。一見，楽しく遊んでいるようですが，遊びの中にも学びがある授業が展開されていると感じています。

3-3　プログラムの効果

　授業の教育効果の測定に際しては，低学年児童用〈自律 − 他律〉セルフ・エスティーム潜在連合テストを使用して行いました（横嶋・野口・賀屋・山崎，2021）。このテストを用いることによって，低学年児童においても，無意識レベルでの自己肯定感を測定することができます。**図7-2**は，小学2年生の児童を対象に，教育群（予防教育をした児童）54名と対照群（予防教育をしておらず，効果評価が終わり後日実施する児童）26名の授業前後の自律的自己肯定感の変化

を調査した結果です。週2回全4回の授業をした教育群の児童は，統計的に見て自律的自尊感情の得点が上昇しました。一方，授業をしていない対照群の児童は，得点が低下していました。対照群の児童の得点が低下した理由はわかりませんでしたが，この結果から，本プログラムを実施することで，低学年児童における自律的自尊感情をはぐくむことができると実証されました。

4　恒常的安定実施を阻むもの

4-1　小学校高学年での実施時に出会った壁

4-1-1　授業時数の確保ができない

　これまで筆者はA町の小学校で，予防教育コーディネーターとして授業の準備や実施などをしてきました。それは，学年担任（1〜6年生の担任）の先生がたの負担を少しでも減らすためです。学年担任の先生には，予防教育を音楽や外国語の授業と同じ専科の授業の感覚でとらえていただきたいと思っていました。しかし，新年度を迎えようとしていたある日，管理職から「来年度は5,6年生の予防教育をしません」と告げられました。理由を尋ねると，高学年の先生から国語や算数の教科の授業時数が足りないという意見が出たそうです。

　確かに，学年が上がるにつれて教科の学習内容が増え，学期末は学習内容の消化に追われているのが現状です。プログラミング教育，ゲストティーチャーを迎えての総合的な学習，運動会などの学校行事の世話など，することは山ほどあります。つまり，学習指導要領に明記されていない予防教育の授業は，全4時間の授業であっても組み込む余地がないということでした。そこには筆者や子どもたちの意見は反映されていませんでした。

4-1-2　高学年担任の多忙さ

　以前の勤務校では，学年担任の先生がたにT1（メインティーチャー）を務めてもらっていました。学級の子どもたちのことをよく知っている担任が授業をするほうが，児童理解や学級経営に生かせるからです。そのため，筆者が簡単に模擬授業を行いながら説明をするリハーサルの時間を毎回設けていました。授業のスムーズな実施のためには，リハーサルが必要だと考えたのです。も

ちろん6時間目まで授業があるので，リハーサルは放課後17時以降ということになります。しかし，毎回4クラスある学年の担任が全員そろうことはありませんでした。5，6年生の担任には，放課後，陸上の指導や総合的な学習のゲストティーチャーたちとの打ち合わせなどさまざまな用事がありました。リハーサルに出た先生が他の先生に伝達するということでしたが，いざ授業を実施してみると困っている場面が多々見られました。

　当時は筆者も音楽専科をしながら予防教育の授業をしていましたので，学年の先生がたの時間的なタイトさもわかりますし，急なことへの対応の多さも理解していました。事実，筆者も17時前まで金管バンドの指導をして，息をきらしながらリハーサルの準備をするという日々でした。そのようななか，他の先生に対しても心のどこかで「嫌々リハーサルに来てくれているのだろうな」という申し訳なさを感じていました。こちらが授業のためにがんばればがんばるほど，学年の先生たちの心が予防教育から離れていったように思います。

4-2　小学校低学年での実施時に出会った壁

▌4-2-1　教育観の違い

　あるとき，とあるきっかけで，他校の1年生の算数科の授業研究会に参加することがありました。子どもたちは，終始静かに話を聞き，授業は滞りなく進行されていました。その後の授業研究会では，「しつけができていて素晴らしい」「よく座って，話を聞いている」といった称賛の声が多くありました。しかし，筆者はこのような授業，教師の考え方に疑問を覚えました。「子どもたちは楽しかったのだろうか？」「教師が子どもをコントロールすることに重きが置かれすぎていないだろうか？」と。教師の中には，子どもが教師によってコントロールされた授業やそうした状態をめざさなければいけないと考えている方が，少なからずいらっしゃいます。特に小学校低学年では，その傾向が顕著に表れるように感じます。

　予防教育は，このような教育観とは大きく異なります。予防教育の授業では，子どもたちは立ち歩くこともありますし，授業の多くをアニメストーリーのキャラクターの進行に沿って，ミニゲーム等の活動を行いながら学習します。一見，子どもたちは遊んでいるようにも見えます。このような姿は上で示した

子どもたちの姿とは異なるため，受け入れがたいという先生がいらっしゃいます。

▌4-2-2　考えることこそが重要なのか

「子どもは本当に学んでいるの？」。予防教育の授業を見た先生から，率直な感想をいただいたことがあります。「もっと考える時間をとらなければいけないのではないか」「考えを書かせなければ，子どもの変化がわからないのではないか」。低学年の児童を対象に，道徳の時間に予防教育を実施した際に，このような意見をいただきました。一般的な道徳の授業では，子どもたちが状況や立場を考慮しながら心情を考えたり，考えたことをもとに議論をしたりします。子どもたちの思考を働かせることを重要視するわけです。そして，子どもたちに何らかの記述を求め，その記述から評価を行っていくということが行われます。もちろんこのような方法を否定するわけではありません。

　予防教育の授業では，思考に働きかけることも行いますが，子どもたちの感情を喚起することを一つのポイントとします。そのために，アニメストーリーやミニゲームを取り入れているわけです。低学年版のプログラムではアニメストーリーに主導される形で学習が進みます。また，子どもたちがワークシートに記述する内容も最低限のものとなります。そのため，授業を見ている先生がたからすると，子どもの思考の変化を見取ることができず，冒頭に述べたような，本当に学んでいるのだろうかという疑問が生まれるのです。

5　障壁を乗り越える手立て

5-1　教育委員会や管理職から理解を得る

▌5-1-1　教育長による先導

　筆者がA町に勤務するようになって約10年，その間に教育長の異動がありました。前任の教育長は，いじめや不登校，自己肯定感の低さなどA町の子どもたちの現状をなんとかしたいと考えていたようです。そこで出会ったのが予防教育でした。教育長が町内のすべての小・中学校で予防教育を実施するよう要請し，小学3年生から中学2年生の全クラスでの実施が始まりました。当初，先生がたは手探り状態でしたが，仕事として前向きに取り組んでいたよう

に思います。授業時数の確保についても，各校で工夫をして総合や学活などから時数を捻出していました。学校におけるさまざまな制約の中での価値観の違いはありましたが，教育長を中心として各校が同じベクトルを向いて取り組んでいたと言えるでしょう。

▌5-1-2　管理職の適切な引き継ぎ

これまで予防教育の授業を継続して行うことができたのは，教育長による先導に加え本校の管理職の理解があったからです。前任の学校長からの引き継ぎを受けた学校長は，子どもの心を育てる予防教育に理解を示してくれました。どんなに予防教育をしたいと懇願しても，学校長の承認がなければ実施できません。歴代の学校長は，他教科では見られない子どもの生き生きとした様子を見て，後から声をかけてくれたこともありました。管理職の承認を得た後も，こうして笑顔で授業に参加する子どもの姿を見てもらうことが必要であると考えます。また，定期的に「予防教育だより」を作成し，写真や感想を教職員向けに発信しました。管理職も子どもたちの笑顔と幸せを願っているはずです。子どもたちの様子を見て知ってもらうことが管理職の理解を得る近道だと感じています。

5-2　予防教育コーディネーターの校内での立ち位置について

本校では，校務の一つとして予防教育コーディネーターが位置づけられています。筆者の本務は特別支援学級担任ですが，コーディネーターも担当しています。異動当初，学年担任をしながら3年生以上の予防教育を行うことは無理だという管理職の判断がありました。そこで配慮として，時間割を調整しやすい特別支援学級担任をしながら予防教育も担当することになりました。週3日，6時間目を予防教育として時間割に組み込んでいます。

複数学年にわたって実施する場合には，特別支援学級担任や専科，TT（チームティーチングの教論）など時間割を調整しやすい立場である必要があります。誤解のないように申し上げますが，特別支援学級担任や専科，TT は空き時間が多く暇であるというわけではありません。小学校は一人の学級担任が全教科を教え，他の学年のクラスと授業をトレードすることが難しい体制です。高学年は教科担任制も絡みますので，低学年以上に時間割編成が複雑です。複数学

年で学級担任の負担を最小限にとどめて実施するとなると，時間割を調整しやすい立場で予防教育コーディネーターを担当することがベストであると思います。また，コーディネーターが予防教育の授業を担当することにより，多忙な高学年の先生がたには授業準備や台本チェックなどプラスαの負担がかかりません。学年の先生がたに，より受け入れやすい体制が整うと言えます。

5-3　教育課程への位置づけをはかる

　いざ，予防教育を実施するという際に浮かぶ疑問として，どの教科の時間に実施するかということがあります。考えられる例としては，総合的な学習の時間や特別の教科・道徳の時間などでしょうか。いずれにしても，教育課程に位置づけることができれば，特別な時間設定も必要なく，学校現場で無理なく実施することができます。そこで，現行の学習指導要領と予防教育の目標や活動を照らし合わせてみます。すると，特別の教科・道徳との整合性が高いことがわかります。

　小学校学習指導要領『特別の教科　道徳』（文部科学省，2018）では，内容項目を「A. 主として自分自身に関すること」「B. 主として人との関わりに関すること」「C. 主として集団や社会との関わりに関すること」「D. 主として生命や自然，崇高なものとの関わりに関すること」の4つの視点に分けて示されています。予防教育との関連として，例えば，「A. 主として自分自身に関すること」の内容項目の一つに「友情，信頼」があり，その指導の要点は，小学校1，2年生では，「友達と仲よくし，助け合うこと」とされています。予防教育プログラム（低学年児童版）の第2回目では，「友達のよいところをみつけよう！」というタイトルで学習を行うように，予防教育で行う活動と道徳の学習目標との関連が深いことがわかります。他にも，「個性の伸長」の項目における指導の要点は，「自分の特徴に気付くこと」とされており，これは，第3回目の「自分のよいところをみつけよう！」の活動と関連していることがわかります。このように，予防教育で行う活動と特別の教科・道徳で示されている指導の要点とでは，合致する点が多く見られます。つまり，予防教育を『特別の教科・道徳』の授業の一環として活用することが可能であると言えます。

5-4　教職員の理解と協力を得る

　予防教育を実施する時間が確保でき，いよいよ授業という段階に入ると，教職員の理解と協力が不可欠です。しかし，日々，多忙を極める教師であるため，実際には，実施をお願いしても快く引き受けていただけないこともあります。確かに，時間的な余裕がないなかで，新たなことへの挑戦に抵抗があるのは理解できます。そこで，はじめに行ったのは，実施をお願いするという形ではなく，授業の様子を短時間でいいので見に来てもらうことでした。すると，生き生きとした子どもの姿から，授業に興味をもってもらうことができました。次は，他の先生がたの学級で実施させてもらいました。すると，クラスの子どもたちの様子に先生がたが喜び，実施に前向きになってくれました。

　実際に実施するにあたっては，パワーポイント教材がありますので，大きな負担なく行うことができます。筆者自身も，前日の夕方にパワーポイント教材を一通り見て，流れを確認したり，必要な教材類を確認したりという程度の準備で行っています。授業が始まるとパワーポイント教材の中にガイドが示されますので，それに従いながら進めていきます。短縮版の授業では全4回の授業構成になっており，はじめはガイドを見ることが多くても，2回目，3回目と授業の回を重ねると，ガイドに頼ることなく子どもとのやりとりを楽しみながら授業ができるようになります。こうして，少しずつ予防教育への理解の輪を広げ，学校全体へ浸透させていくことが，この教育の推進に大切であると感じています。

教員同士の価値観の違い

　私が学校予防教育と出会ったのは，ふとしたご縁からでした。当初ははじめて見聞きする授業に懐疑的で，ただ子どもたちが楽しそうだなという印象しかありませんでした。その後，現職教員として大学院で予防教育の理論と実践を学ぶなかで，研究者と現場教員の間にある溝を感じるようになりました。当時，勤務校に行くと「どこまで予防教育にどっぷり浸かったの？」などと冗談交じりで揶揄されることもありました。学習指導要領にも県の施策にも明記されていない予防教育は，理解されていなかったのだと思います。

　学校現場に戻った後，予防教育の校内研修をしましたが，興味がないというように居眠りをしたり批判的な質問をしたりする同僚もいました。この学校の子どもたちには必要なことなのに，どうして耳を傾けてくれないのかと悔しい思いでした。また，前任校でも高学年の先生がたの要望で5・6年生の予防教育が打ち切られました。コーディネーターである私の意見や子どもたちが楽しみにしている現状を考慮することもなく，突然，事後報告的に知らされました。おそらく管理職も苦渋の決断だったのだと思います。

　一方で，理解を示しプラスにとらえてくれた同僚たちもいました。「僕はプロだから仕事としてこの授業をやるよ」「3・4年生は毎年子どもも喜んでいるし，大歓迎だよ」「いつも寝ている〇〇さんが別人のように目を輝かせて授業に参加していたね！」「子どもが『楽しかった〜！』って言ってたよ」と，子どもたちの笑顔に加えて，同僚からのこうした温かい言葉に勇気づけられました。

　学校にはさまざまな価値観をもつ同僚がいます。どの先生も「子どもの幸せ」のためにがんばっています。けれど幸せをめざす方法を考えるときに，価値観の違いがぶつかることもあります。お互いを批判し合うのではなく，折り合いをつけながら協働していける関係性でありたいと思います。見えない壁を乗り越えるためには，自分にできることを真摯に実行するのみです。

（影山 明日香）

第8章

道徳科と学級活動で肯定的な自己の理解を促す

—— 心理教育プログラムを教育課程で実践する

伊住 継行（環太平洋大学）

本章へのとびら

　小学校教諭として勤務するなかで，子どもが自分を肯定的にとらえることの難しさを感じていました。そこで，心理教育の力を借りようと思いましたが，その実践は容易ではありませんでした。その理由の一つが，心理教育が教育課程に位置づけられていないこと，もう一つは，多忙な他の教師に心理教育を広める難しさです。

　筆者はこれらの問題を解決するため，子どもの肯定的な自己の理解を促すことを目的とした心理教育を開発して教育課程に位置づけ（伊住他，2021），SNS を用いて実践者の支援を行いました。本章ではこの心理教育プログラムの開発と実践について報告したいと思います。

1　肯定的な自己の理解を促すことに関する理論的背景

　肯定的な自己理解を促す教育を模索していたとき，ポジティブ心理学（positive psychology）に出会いました。ポジティブ心理学とは，それまでうつや精神疾患など，人のネガティブな側面に注目していた心理学に対して，人のポジティブ面に注目することで，ネガティブさを目立たなくして，人のウェルビーイング（well-being）を高めようとする心理学です。2000（平成 12）年以降，

表 8-1　CS の一覧表（大竹他，2005 より作成）

美徳の領域	知恵と知識	勇気	人間性	正義	節度	超越性
CS	独創性	勇敢	愛する力・愛される力	チームワーク	寛大	審美心
	好奇心・興味	勤勉	親切	平等・公平	謙遜	感謝
	判断	誠実性	社会的知能	リーダーシップ	思慮深さ・慎重	希望・楽観性
	向学心	熱意			自己コントロール	ユーモア・遊戯心
	見通し					精神性

自分の強みを自覚させてウェルビーイングを高めようとする取り組みがなされ，学校教育への援用が世界中でなされ始めています。筆者はこの知見を，肯定的な自己の理解を促す教育実践に援用しようと考えました。

　ポジティブ心理学を提唱したセリグマンは，このウェルビーイングを支えるものとして「キャラクター・ストレングス（Character Strengths：以下，CS）」を提案しました。セリグマン（Seligman, M. E. P.）らが提示した CS を**表 8-1** に示しました。このように CS とは「知恵と知識」「勇気」「人間性」「正義」「節度」「超越性」の 6 つの美徳（virtue）の領域について具体的に記述された 24 の人徳・長所で構成されています。この人徳・長所は倫理・道徳的な側面において，無文字文化を含む世界中のほとんどの文化に普遍的にみられるとされています（大竹他，2005）。人のウェルビーイングを高める CS の一覧は，Values in Action Inventory of Strengths（以下，VIA-IS）としてまとめられ，日本では，「生き方の原則調査票」（大竹他，2005）として紹介されています。

　近年，この CS の自覚と活用を促す心理教育プログラムであるキャラクター・ストレングス・プログラム（Character Strengths Program：以下，CSP）の実践報告が世界中でなされるようになりました。CSP は，子どもたちが自分や他者の CS に気づき，自分の特徴的な CS を意識的に活用することを促すことで，ウェルビーイングの向上に貢献することを目的とした心理教育プログラムです。このプログラムの成果として，抑うつ感の減少，学習効力感の向上，学級適応感の向上などが報告されています。そこで筆者は，この CS を理論基盤として，肯定的な自己の理解を促す心理教育プログラムを開発し，実践を行おうと考えました。

2　自分を肯定的に見つめることの大切さと難しさ

2-1　キャリア教育の大切さ

　ところで，肯定的な自己の理解は，未来を生きる子どもたちにとって今まで以上に必要になるように思われます。というのも，現代社会は今まで以上に将来が予測困難で変化が大きいと言われています。民間調査機関が大学と共同で調査した資料によると，AI の発達でこれから 10 〜 20 年後には，現在ある日本の仕事の 49％が AI で代替可能になるとの報告があります（野村総合研究所，2016）。つまりテクノロジーが日々発達し，オンラインで世界がつながっている現在では，未来を担う子どもたちが今ある仕事をそのまま引き継ぐという前提が立ちゆかない可能性があります。加えて新型コロナウイルス感染症で日常が大きく変化したことを私たちは身をもって感じました。こうした大きな変化の中で生きていく子どもたちの将来を考えたとき，キャリア教育が今まで以上に重要になると言えるでしょう。

　文部科学省でも，キャリア教育を「一人一人の社会的・職業的自立に向けて，必要な基盤となる能力や態度を育てることを通して，キャリア発達を促す教育」と定義して（中央教育審議会，2011），キャリア教育で育成する主要な能力として「基礎的・汎用的能力」をあげています。この「基礎的・汎用的能力」は 4 つの能力や態度で構成されていますが，その一つに「自己理解・自己管理能力」があります。

　筆者は，肯定的な自己理解がキャリア教育の中核だと考えています。なぜなら，仕事は肯定的な自分の個性や特性に応じて探すものだからです。自分は何が好きで，何が得意なのか，自分にはどんな良さがあるのかを理解していなければ，自分に合った仕事を探すのは難しいのではないでしょうか。現代が不確実な時代であるからこそ，いっそう自分の肯定的な良さを自分が理解しておくことが重要になってくるように思います。そして現在のキャリア教育では，社会に出る以前に自分が何をしたいと願うのか，社会にどういう形で貢献できるのかといった自己の理解を中核にして，キャリア発達を促そうとしています。つまり，キャリア教育で求められる自己の理解は，社会で生かすことのできる

自分の良さの自覚と社会で認められる自分の良さの活用にあると考えられます。

　しかし現在の学校教育では，必ずしもそれは簡単なことではありません。特に第二次性徴が始まる思春期前後からは，ついつい他者と自分を比較してしまいがちになります。その結果，自分の欠点や不足に目が向いてしまいます。そして必要以上に劣等感を抱いてしまいがちになるのです。加えてこれまで行われてきた自己の理解を促す教育実践は，自覚を促す自己の理解の中に社会との接続が必ずしも意図されていませんでした。その結果，自己の理解が将来設計につながっていないという課題がありました。

2-2　授業の内容

　学校教育では，教育課程に沿っていない授業は実践することができません。我が国の公立学校では学習指導要領に基づいて教育課程が編成されます。例えば，小学校の教育課程は，国語，社会，算数，理科，生活，音楽，図画工作，家庭，体育および外国語の各教科，特別の教科である道徳，外国語活動，総合的な学習の時間ならびに特別活動によって編成するものとされています（文部科学省，2018a）。また，学習指導要領には各教科などの学習指導過程も明記されているため，その点にも配慮する必要があります。そのため，肯定的な自己の理解をはぐくむことに大きな意味があるとわかっていても，それは教育課程と関連づけなければ実施することは難しいのです。

　そこで筆者は，肯定的な自己の理解を促す CSP を教育課程に位置づけることにしました。その際，一度の授業ではなく，複数回の授業を行ったほうが，より自己を肯定的にとらえられると考えました。また，一つの教科ではなく，複数の教科を組み合わせた教科横断的な学習としました。こうしてできた授業計画が**表8-2**に示すものです。

　この授業計画は7時間の授業時間数で構成しています。7時間としたのは，先行研究の結果をふまえ，また，実践の負担を考慮した結果，この時間数が妥当だと判断したからです。以下に，この教科横断的な授業計画の詳細について筆者の意図をふまえて解説します。

　まず，CSP の先行研究をもとに授業で扱う内容の順序を考えました。この授業計画では，3時間目に肯定的な自己の理解について CS を取りあげ，4時

表8-2　子どもの肯定的な自己の理解を促す授業計画表

	心理教育	キャリア教育			
時数	CSP の段階	教科等	内容	主題	ねらい
1	①CS に関する言葉や見方を発達させる	学級活動(2)*	イ　よりよい人間関係の形成	強みをみつけよう	「心の強み」を見つける活動を通して，その意味について理解し，自分の周りの「心の強み」に気づくことができる。
2	②他人の CS について認識したり考えたりする	道徳科	A　個性の伸長	互いの強みを大切に	人にはそれぞれ「心の強み」があることに気づき，それを尊重しようとする態度を養う。
3	③自分自身の CS について認識したり考えたりする	学級活動(3)	ア　現在や将来に希望や目標をもって生きる意欲や態度の形成	自分の強みって何だろう	自分の CS に気づき，CS の活用方法について考えることができる。
4	④CS を日々の生活で活用したり新たな場面で適用したりする	学級活動(3)	ア　現在や将来に希望や目標をもって生きる意欲や態度の形成	目標をもって	自分の目標を達成するために CS の活用方法について計画を立てることができる。
5		道徳科	A　希望と勇気，努力と強い意志	続けて努力する	目標に向かって努力するときには，周りの人からの助言を自分の成長につなげようとすることの大切さに気づき，あきらめずにやり遂げようとする心情を育てる。
6	⑤学級や学校のような集団の CS を特定したり養ったりする	道徳科	C　よりよい集団づくり，学校づくり	みんなのために	自分の役割を自覚することの大切さに気づき，みんなのために自分の CS を役立てようとする態度を養う。
7		学級活動(2)	イ　よりよい人間関係の形成	自分らしさを生かして	高学年として学級や学校の課題に対して，CS を活用しながら自分なりの解決策を考えることができる。

* (2)，イ，A などの出所は本文参照。

間目以降で自分のCSを活用していこうとする授業を行います。そのために，まず1時間目に子どもが長所に目を向けることをねらった授業をしました。子どもは「足が速い」「背が高い」といった外面的な良さだけではなく，「優しい」「おもしろい」といった内面的な良さも知っています。授業では，この内面的な良さを「心の強み」と呼び，子どもが意識できるようにしました。2時間目には，互いの「心の強み」を個性として認め合うことの大切さについての自覚を深め，互いの個性を認め合おうとする意欲を高めました。その後，3時間目には，「心の強み」とCSとを関連させて理解できるようにしました。例えば，「優しさ」は「親切心」，「おもしろさ」は「ユーモア」といったようなCSの言葉で理解を深めるようにしました。4時間目には，CSの活用方法について考え，CSを意識して生活することで，自分も周りの人もうれしい気もちになることに気づくことができるようにしました。その後，5時間目から7時間目で自分のCSを学級や学校といった集団のために活用することの大切さについての自覚を深め，実際の活用場面について考え，実践するようにしました。このようなねらいをもって学習内容を配列しました。

　教育課程との関連については，次のように考えました。今回開発した授業計画のねらいは，肯定的な自己の理解を促すことです。そのため，日常の生活や学習への適応と自己の成長および健康や安全に関する内容を扱う学級活動(2)や，キャリア教育の要として児童の自己実現を促すために設定された学級活動(3)（文部科学省，2018b），道徳科の授業時間が活用できると考えました。具体的には，学級活動(2)の「イ　よりよい人間関係の形成」の内容を通して，「心の強み」を見つける，道徳科の「個性の伸長」の内容を通して，自他の「心の強み」を尊重しようとする態度や「心の強み」の活用を継続しようとする態度を養う，学級活動(3)の「ア　現在や将来に希望や目標をもって生きる意欲や態度の形成」の内容を通して，自分の「心の強み」に気づき，活用方法を考えたり，集団のために自分の「心の強み」を活用しようとしたりすることが扱えると判断しました。

　最後に，各授業の流れを考えました。学習指導過程は，道徳科と特別活動の新学習指導要領解説編に記載されている定型を用いました。すなわち，道徳科の学習指導過程は，導入・展開・終末とし，学級活動(2)・(3)の学習指導過程

は，課題の把握，原因の追求，解決方法等の話し合い，個人目標の意思決定，振り返りとしつつ，授業のねらいや内容に合わせて適宜変更を加えて作成しました。また，学習が深まるよう，事前課題・事後課題を適宜課すようにしました。

3　肯定的な自己の理解を促す授業の実践と成果

3-1　実際の授業

表8-2 の授業を実践する際に，各授業の学習指導案を作成することが学校現場での心理教育の実施を促進するために効果的であると考えました。なぜなら，心理教育の普及の阻害要因の一つに，心理学的な理論の理解の難しさがあると考えたからです。これに対して，学習指導案は教師の言葉で書かれます。つまり，学習指導案を作成するということは，心理教育を学習指導案の言葉，つまり，教師の言葉に変換することになるのです。これにふれることで，教師は心理教育の内容の理解が深まり，心理教育の理論に基づいた授業実践に取り組みやすくなると考えました。加えて各授業の学習指導案には板書計画も掲載しました。こうすることで，授業イメージが一層明確になり，実践しやすくなると考えました。それでは，実際に行われた授業の中から，特に，1 時間目から 4 時間目までの授業を取りあげてその特徴を以下に説明します。

　1 時間目の授業は CS に関する言葉や見方を発達させることをめざしました。時間は学級活動 (2) の授業とし，**写真8-1** のような板書をしました。この板書は左から順番に学習指導過程に沿って進んでいます。この板書と合わせて以下の学習の流れを確認してください。

- 課題の把握：「心の強み」を知る。
- 原因の追求：人物やキャラクターなどの「心の強み」を探す。
- 解決方法等の話し合い：自分の「心の強み」について考える。
- 振り返り：本時の学習で学んだことを振り返る。
- 事後課題：家族や友だちといった他者の「心の強み」を見つける。

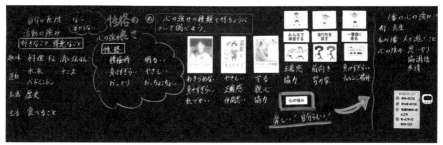

写真 8-1　1 時間目「学級活動⑵」の板書

　まず，学級活動では事前課題を課すことで，授業での課題の把握につなげます。具体的には，事前課題で自分の長所について考えてくるよう指示しました。子どもは，趣味，特技などをあげる一方で，「積極的」「明るい」などの性格の良さについてもあげていました。ただし，趣味や特技といった長所と性格の良さを明確に区別して考えたり，性格の良さの種類や特徴について理解したりすることについては課題がありました。そこで，性格の良さのことを「心の強み」と教え，「心の強み」の種類や特徴について考えるようにしました。

　授業では，有名人や童話の登場人物，動物といった身の回りのさまざまな場面で感じられる「心の強み」について考えを深めました。その後，「みんなで運動会の練習をしている場面でどのような『心の強み』が発揮されているか考えよう」と投げかけ，「みんなで練習をしているとき」「走り方を試しているとき」などの場面ごとに活用される「心の強み」を考えました。子どもたちは，協力する心，努力すること，チャレンジ精神といった「心の強み」をあげ，自分たちにも「心の強み」が備わっていることを理解していました。このとき，教師も自分らしいと思えることを例示し，そのときに生かされている「心の強み」を紹介し，子どもが「心の強み」を具体的にイメージできるように配慮しました。

　最後に，本時で学んだことを振り返り，この授業の後に事後課題として，家族や友だちなど周囲の人の「心の強み」を見つける宿題を出しました。この授業に対して子どもたちは興味をもって積極的に学習に参加し，周囲の人物に対するポジティブなとらえ方について考えを深めることができました。

　2時間目は他人のCSについて認識したり考えたりすることをめざしました。時間は道徳科の「個性の伸長」を扱った授業にし，学習指導過程は導入・展開・終末としました。まず，授業の導入では，1時間目の授業後の課題で見つけた友だちや家族といった他者の「心の強み」について発表するようにしました。こうすることで，学習内容が相互に関連をもち，子どもが学ぶ意味をより感じられると考えました。授業の展開では，教材を読み，登場人物の「心の強み」について考えました。その後，グループで互いの「心の強み」を伝え合うことにしました。子どもは前時の学習を生かしつつ，具体的に互いの良さを伝え合うことができ，喜んでいました。最後，終末では，本時の学習を振り返り，互いの個性を大切にしていこうとする実践意欲を高めることができました。

　3時間目は自分自身のCSについて認識したり考えたりすることをめざしました。時間は学級活動(3)の授業とし，**図8-1**のような学習指導案を作成しました。この授業では，事前課題として，自分の「心の強み」について考えてきました。授業の冒頭で，自分の「心の強み」を考えたときにあまり思いつかないという反応が出ました。そこで，「心の強み」を分類したCSを紹介し，全員に特徴的なCSがあることを伝え，自分のCSについて考えるようめあてを設定しました。この授業では，これまで考えていた「心の強み」とCSの概念とをつなぐことが課題として考えられました。そこで，CSについて紹介したワークシートを配布して子どものCSの自覚を支援しました。このような授業中のワークシートを準備することで，実践者の理解を得ながら，かつ負担を軽減して研究を進めることができました。

　4時間目はCSを日々の生活で活用したり新たな場面で適用したりすることをめざしました。時間は学級活動(2)を使い，教材として**図8-2**のワークシートを用いました。この授業では，まず，3時間目で自覚したCSを想起させ，それをどのように使うことができるのかと問いかけ，めあてを設定しました。いくつかのCSを提示し，その活用方法について話し合いました。具体的には，「学習意欲」など，複数のCSを提示し，それが学校や家庭でどのように活用できるかを考え，CSを活用することについてイメージを広げました。その後，自分のCSを日常生活で活用する方法について各自で考えました。その際，**図8-2**のワークシートでCSの活用方法を例示し，子どもが考えやすいよう支援

児童の活動	教師の支援	準備物など
1　課題の把握	○今まで見つけた「心の強み」について振り返ることで,内面を表す強みのイメージを共有することができるようにする。 ○「自分の『心の強み』は何だろう」と問いかけることで,自分に合う性格的な強みについて考えようとする課題意識を高めることができるようにする。	
	めあて　自分の「心の強み」について考えよう。	
2　原因の追求	○「心の強み」にはさまざまな国や文化で認められたキャラクター・ストレングス（CS）という 24 種類の道徳的な強みがあることを伝え,それぞれの CS を紹介した掲示物を提示することで,24 の CS について理解することができるようにする。 ○24 の CS のうち特にわかりづらい CS を中心的に説明することで,児童が集中して話を聞くことができるようにする。 ○1 時間目で提示した写真やキャラクターを再度掲示し,その CS について考えることで,CS への理解を深めることができるようにする。	• CS を紹介する掲示物 • 1 時間目に使用した挿絵やイラスト
3　解決方法等の話し合い	○ワークシートを配布することでキャラクターの CS を考えることができるようにする。 ○教師の「私の一番」を再度伝え,教師の CS について学級全体で考えることで,CS のとらえ方について理解を深めることができるようにする。 ○1 時間目に考えた「私の一番」と思える活動的な強みを確認することで,自分にとって最も特徴的な強みに気づくことができるようにする。 ○「私の一番」を支える CS について考えることで,自分の CS に気づくことができるようにする。	• CS の紹介ワークシート
4　個人目標の意思決定	○自分の CS を特定するための質問紙に回答することで,得点が高い CS の中から,自分にふさわしいと思う上位 5 つの CS を特定できるようにする。 ○クラス全体でどの CS を選んだかについて話し合うことで,互いの CS を意識できるようにする。 ○事後の課題として,自分の CS を友だちや家族にも尋ね,最も自分に合う CS を見つけるように促すことで,より自分に適した CS を自覚することができるようにする。	• CS 質問紙
5　振り返り	○本時の学習を振り返り,事後の課題に取り組もうとする意欲を高めることができるようにする。	
評価	○CS について考え,気づいたことを伝えることができたか。 （発言）	

図 8-1　3 時間目「学級活動（3）」の学習指導案

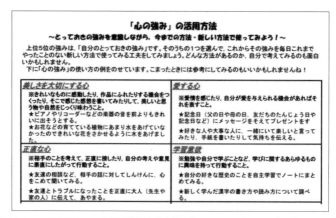

図8-2　4時間目CSの活用方法を例示するワークシート（上部分のみ）

しました。授業後，事後課題として，自分のCSを活用する宿題を出しました。例えば，「希望をもつ心」を選択した子どもは，「買い物で買いたい物がなかったときにまた買えるだろうと前向きに考えたことができた」「体育のとき，ゲームに負けたけど次は○○しようと切りかえた」と記録用紙に書き，その子なりにCSを自覚し，活用することができていました。その記録に教師がコメントをして，価値づけていきました。こうした授業を通して，子どもは自分のCSに気づき，それを活用することができるようになりました。

3-2　実践の成果

　実践の成果について，ここでは7時間目の授業終了後に書いた学習の感想の自由記述だけ紹介します。感想の具体例を**表8-3**に示しています。約100名の児童の自由記述を分析した結果，CSの自覚に関する記述が73％，活用に関する記述が57％確認されました。そのうち，自覚と活用の両方を記述した子どもは44％でした。**表8-3**の記述から，子どもが自分のCSを自覚したことで自分や友だちの長所に気づき，前向きな気もちになったこと，CSを活用することで自分の成長につながると感じていることがわかると思います。なかには，CSを自覚し，みんなのためと思いながら活動することで，意欲がわいてくることを実感した子どももいて，この授業を通して，多くの子どもが自分のCS

表8-3　学習の感想例（自由記述）

CSの自覚	今までは，自分のいいところが分からなかったけど，この勉強で自分のいいところを見つけられたし，そのいいところを伸ばすこともできた。相手のいいところも見つけられるようになった。6年生に向けても今後もさらにレベルアップをするために，自分らしさを成長させたいと思う。6年生でもあいさつ運動や朝の清掃活動にも取り組みたいと思う。（5年男子）
CSの活用	長所などよいところが楽しく使えたり，人のためにたくさん使えることがあって，とってもいいと思った。このプロジェクトがあってから，長所などCSがうまく活用できて，とっても成長できたような感じがしてうれしいと思った。これからも自分の長所をのばして，活用していきたいです。（5年男子）
CSの自覚と活用	私のいいところ（CS）はたくさんあってびっくりしました。今回は意識したから出来たので，次は当たり前のように取り組んでいきたいです。また，自分のためではなく，みんなのためにということを考えて行動すると嫌だという気持ちがなくなることに驚き，心のすごい力を感じました。これからも日々，実践をしていき明るく気持ちがいい生活をおくりたいです。また，はじめよりもCSを見つけることが得意になりました。（5年女子）

を大切にしながら生きることの意味を感じることができていました。これらのことから，筆者がめざした自己を肯定的に見つめるきっかけを与える授業ができたのではないかと思っています。

4　こうして乗り越えた！
—— 授業時間の確保と実践者の負担軽減の両立

4-1　心理教育の教育課程への位置づけ

今回紹介した筆者の実践研究は，心理教育を複数の学校現場で実践したものです。恒常的な実践とは言いませんが，多くの現場の先生と一緒に実践し，一定の成果も得ることができました。他方で，他の多くの心理教育が学校現場で恒常的な実践に至らないことが大きな課題となっています。

冒頭にも述べましたが，その背景に2つの大きな障壁があるのではないかと考えました。その一つが，心理教育が教育課程に位置づけられていないために，

それを実践するための授業時間の確保が難しいこと，もう一つは，他の教師に心理教育を普及する難しさです。以下，今回の心理教育の実践報告を通して，これらの障壁を越えるための２つの工夫について述べていきます。

　前述のように，日本では学習指導要領に記載されていない学習内容を取り入れることは容易なことではありません。そこで，「教育課程に位置づいた心理教育」が必要だと思い，今回報告したような授業計画を立てました。この授業計画は，CSP に基づいている点で「教育課程に位置づいた心理教育」であり，また，教育課程では，道徳科や学級活動の授業として位置づけられ，さらに，教育内容としてはキャリア教育となっているという３つの意味をもっています。このように，教育課程に位置づけることのできる心理教育の開発と実践によって，実践の壁を越えることができると思いました。

4-2　実践者の負担軽減策

　心理教育を現場で実践する場合，まず，少数の学級または学年で試行的実践から始めることが効果的であると言われています（小泉，2016）。しかし，開発した心理教育を少数の学級や学年で試行的に実践し，その内容を改善することができたとしても，学校現場へ浸透していくことは非常に困難です。なぜなら，効果が実証された心理教育であっても，それを実践する場合，教材の準備や学習指導案の作成などの負担が大きく，学校現場では実践されにくいからです。したがって，学校現場で心理教育を実践する場合，実践者である学級担任への支援体制の構築が必要だと考えました。

　学級担任への支援体制として，品田（2000）の「教師のセルフヘルプグループ」が参考になりました。このセルフヘルプグループでは，課題を抱えている教師がストレスや不安を語り合える場を確保すると同時に，課題解決のための具体的な方策を参加者全員で検討することで，実践力の向上を図ることができるとされます。このことから，新たな実践研究を進める際，参加する教師の負担を軽減するには，共同実践者同士で情報共有をする間接的支援と，実践に関する直接的支援とを同時に行うことが有効だと筆者は考えました。

　今回開発した授業は，3 校の公立小学校の教諭 5 名と共同で実践しました。今回，実践者が複数の学校に分かれていたため，全員が一堂に会する打ち

合わせは時間的・距離的に困難でした。そこで，間接的支援として，SNSの「LINE」を活用することにしました。子どもの個人情報に関わる内容は投稿しないなどを共通理解したうえで，実践者全員をグループに登録し，そこで実践に関する情報の共有を図りました。一方，直接的支援として，各校の実践者との対面での打ち合わせも行いました。具体的には，筆者が実践者の勤務校を訪問し，授業の開始前，直前，最中の3回，対面での打ち合わせを実施しました。このような広域支援体制を構築し，実践者をサポートしました。

　直接的支援として実施した打ち合わせでは，まず，授業ごとに教材をファイルにまとめ，実践の見通しがもてるようにしました。その後，授業の学習指導案や教材について筆者が作成した原案を基に，実践者の意見をふまえつつ修正しました。実践の途中で，実践者が自分のクラスの実態に合わせて補助教材を作成することもありました。

　以上のような取り組みを通して，筆者は今回，子どもの肯定的な自己の理解を促す心理教育を開発・実践することに成功したと感じています。その要因として，まず，筆者が実践開発者として中心となり，実践に関わる原案を作成したことがあると思います。これに関し，もし筆者がそれを一方的に実践者に与えた場合，実践者は主体性を欠くために，実践への意欲が低下すると思われます。このようなことから，実践者の主体性と意欲を高めつつ，ねらいを達成するために，筆者は実践者である教師の考えやクラスの特徴をふまえて，適宜，指導案を修正し，教材を修正しながら開発する双方向的なやりとりを行いました。実践者にとっては，こうした自分の意見が反映されるやりとりも，負担の軽減につながっているのではないかと思いました。

5　これが大切！── 心理教育を恒常的に実践するために

5-1　教師と研究者が個人レベルでできること

　心理教育を恒常的安定実施させるために最も大切なことは，学習指導要領に心理教育の実施を明記することだと思います。また，自治体の教育施策として心理教育に取り組むことを明示し，その実践に対して必要な予算を付けること

ができれば恒常的実践が可能だと思います。しかし，現時点でそれらの実現は容易ではなく，いつ実現されるのかも見通せない状況です。そこで，心理教育の恒常的安定実施に向けて今できることに焦点を絞って考えました。その際，教師や研究者といった個人レベル，学校レベル，自治体や国レベルなどの対応レベルが考えられます。今回報告した子どもの肯定的な自己の理解を促す心理教育の恒常的安定実施に向けて，これらの対応レベルごとにできることは何かについて述べたいと思います。

　まず，個人レベルでの取り組みについて教師と研究者に分けて考えました。まず，教師側としてできることは，研究者と共に心理教育を実践していこうとする協力者になることだと思います。そもそも，実践者である現場の先生がたの理解・協力なくしてこうした取り組みは実現しません。しかし，実践者の負担感を考えると，新たなことに挑戦すること自体に大きな壁があり，研究者側から依頼されて実施するとなると余計に負担に感じると思います。そのため，双方にとってメリットを生み出す研究体制の構築が必要だと思います。

　その際，実践者が少しでも主体的に心理教育に取り組めるよう実践の意義や効果を理解したり，授業内容について理解を深めたりする事前打ち合わせが重要になると思います。今回，筆者の実践研究では，LINEを活用しましたが，コロナ禍で学校現場ではGIGAスクール構想への対応が一気に進み，リモート打ち合わせなども可能になっています。こうした状況を生かし，事前打ち合わせにかかる負担を軽減しつつ，必要な情報の共有を推進することも心理教育の恒常的実践に向けて有効な手立てなのではないかと思います。

　一方，研究者としてできることですが，これは何より教材提供体制の充実だと思います。今回実施した肯定的な自己の理解を促す心理教育で使用した教材などは，著作権の関係で授業後に回収しています。今後，現場の教師が気兼ねなく使用できるよう，教材などで使用するイラストなどの著作権の問題を克服する必要があります。また，心理教育で必要な教材のセットを学校側で保管してもらうことで，いつでも授業ができるようにしておくことが必要になると思いました。

　加えて，インターネットを利用することで，教師の興味関心に合わせた共同研究が可能になると思います。多くの小学校では，学校全体で校内研究を推進

しています。そのために，自校の研究内容以外の教育実践や研究についての情報を得たり，勤務校の研究以外の内容について，協力を得たりするのが難しい傾向にあります。そこで，心理教育に興味がある実践者が主体的に共同研究者となるよう，研究者とつながる仕組みをインターネット上に構築できれば，実践者と研究者とが恒常的に連携しやすくなるのではないかと思います。研究者がそうしたシステムを構築することで心理教育の恒常的安定実施の手がかりとなるのではないでしょうか。

5-2 学校レベルと全国レベルでできること

　次に，学校レベルの取り組みとして，心理教育の内容を各教科などの年間指導計画に位置づけることがあげられます。今回の実践はあくまで試行的なものであるため，年度当初の授業計画を変更して対応してもらいました。今回の実践に効果があると判断された場合，次年度の年間指導計画を組み替える必要があります。そうした教育課程のカリキュラムマネジメントを実施し，年間指導計画にこれらの授業の流れを位置づけることで，その学校の実践として恒常的に実践させる要因となると考えます。

　さらに，学校レベルで心理教育を恒常的に実践するためには，学校長の理解はもちろん，職場の同僚の理解が重要になってきます。心理教育の実践に対して，他の同僚が興味や理解を示すか，否定的・批判的な態度をとるかは，恒常的実践に向けて大きな影響を与えると思います。その理解を得るためにも，子どもの変化・成長や実践の課題を学校内で共有し，実践の状況を同僚に開きながら，理解を得ることが大切になるでしょう。

　最後に，全国レベルの取り組みとして，心理教育に関する内容を教科書に掲載することが必要だと思います。教科書と教師用指導書がある各教科の授業は恒常的安定実施されています。教科書や教師用指導書は，初任者からベテランまで参考にしない教師はいないと思われるほど，日々の授業を支えています。その意味で，心理教育を恒常的安定実施するためには，その内容を教科書に載せ，教師用指導書に授業の手引きとなる学習指導案や板書計画などを載せる必要があると考えます。

　今回開発した肯定的な自己の理解を促す心理教育は，道徳科や学級活動にお

けるねらいと合致した授業になりました。学級活動は各学校・学級の実態に即した実践が求められるため，現在，教科書は作成されていません。しかし，道徳科は教科書が作成され，恒常的授業実施が求められています。その道徳科の授業では，体験的学習が効果的な指導法として推奨され，教科書の中には道徳的行為の学習活動に関する手引きが掲載されているものもあります。道徳科の授業でソーシャルスキルトレーニングを実施するモラルスキルトレーニングやロールプレイは，道徳科の指導法としてすでに認知されていることから，今後，こうした心理学的な理論や根拠に基づいた指導法が教科書および教師用指導書に位置づけられることで確実な実践へとつながると思います。

心理教育プログラムはどの授業時間で実践できるのか？

　私の前職は公立小学校の教諭です。私は主に高学年の学級担任を務めてきました。その経験の中で，いくら教材研究をして授業づくりを工夫しても，学級が機能していなければ，その効果が得られにくい現実と向き合ってきました。そこで，ソーシャルスキルトレーニングや構成的エンカウンターグループなどの心理教育を実践し，社会情動的スキルを育成することで，自他共に認め合える人間関係が形成できるよう努めてきました。

　自分が一学級担任であるときは個人的な裁量で心理教育を実践していたのですが，経験を重ねることで研究主任や学年主任となり，学校全体の教育実践を考えたり他の学級との足並みを調整したりする立場となったとき，自分が実践していた心理教育をどの授業で実践できるのかがわからなくなりました。また，学力調査の結果を向上させることが至上命題として与えられ，学力の向上・定着のための時間が増加しました。その結果，心理教育の効果や重要性を実感していたにもかかわらず，心理教育の実践ができなくなっていきました。

　今，認知的スキルとならび社会情動的スキルの育成が求められています。それは，各種の研究結果が示しているように，生涯にわたって身体的・経済的・社会的・心理的によりよく生きること，つまり，ウェルビーイングを高めるために重要になる資質・能力が社会情動的スキルであるとわかってきたからです。

　確かに，我が国の教育課程にも，「特別の教科　道徳」が新設されたり，特別活動をキャリア教育の要とするために「学級活動(3)」が新設されたりするなかで，よりよい生き方について考えるための教育を重視していこうとしています。しかし，実際の学校現場は，「学力調査の結果を少しでも高めるように」という大きなプレッシャーにさらされ，学力偏重にならざるを得ない状況にあると思います。

　子どもたちが生涯にわたってよりよく生きることができるよう，社会情動的スキルを育成することはとても大切です。そのために，心理教育は理論的にも実践的にも多くの知見を提供してくれると思います。その一方で，我が国の教育現場は学力を代表とする認知的スキル偏重の状態になっていると思います。そのミスマッチこそが心理教育の安定実施を阻む大きな障壁になっているのではないでしょうか。子どもたちがよりよく生きるために，現在の我が国の学校現場で心理教育を実践する方法を早急に考える必要があると思います。　　　　　（伊住 継行）

第 9 章

学校目標の共有から始める心理教育プログラム
—— スクールカウンセラーと学校の協働

原　範幸（兵庫教育大学）

本章へのとびら

　不登校やいじめへの対策として配置が始まったスクールカウンセラー（以下，SC）は，文部科学省の方針で全国配置されるようになり，多様化が進みました。

　元中学校長で，臨床心理士，公認心理師の筆者は，SC として複式学級のある A 小学校に勤務しました。SC は年 6 回の配置でした。個別相談を中心に活動を計画していた 1 年目は SC として充実感がもてませんでした。個別相談のニーズがなかったからです。そこで 2 年目は活動を工夫し，その結果 SC として充実感を持つことができました。鍵は心理教育でした。本章では，年 6 回勤務の SC が心理教育を通してチーム学校の一員となった実践を紹介します。

1　スクールカウンセラーと心理教育プログラム

1-1　日本のスクールカウンセラーの職務の多様化

　我が国では，不登校，いじめ問題等に対応するため，1995（平成7）年度から SC の配置が始まりました。当初の配置の目的は，不登校・いじめ対策ですので，個別相談，いわゆるカウンセリングを通して児童生徒を支援するとい

う形で SC の職務はスタートしました。その後，SC の配置数は順次増加して，2020（令和 2）年度には，98.0％の中学校，91.6％の小学校に配置されています（文部科学省，2021）。その標準的な回数は年間 35 回です。

　しかし，地方自治体によっては，予算や人材の不足のため年間の勤務回数が 10 回以下の学校が少なくありません（文部科学省，2021）。そのような勤務回数が少ない学校での SC の職務について，楠本（2021）は，SC が毎週安定的に配置されていない場合には，少ない配置時間に応じた支援を検討する必要があると述べています。また，山本（2021）は，小学校と中学校では SC へのニーズに違いがあることを明らかにしています。考えてみれば，SC へのニーズは，年に 35 回カウンセラーが訪問する学校と年に 10 回の学校では，同じとは言えないかもしれません。中山間地や島嶼部などの小規模な学校では不登校やいじめはないかもしれません。同じ市でも，市中心部の学校と周辺の学校では，抱える問題も違っているでしょう。このように，公立小中学校への全校配置が進むなかで SC の職務は，不登校やいじめに関わる個別相談だけでなく，多様化が求められるようになってきたと言えるでしょう。

　この SC の職務の多様化については，文部科学省（2017）の SC ガイドライン（試案）でも示されています（表 9-1）。そしてこのガイドラインの④に心理教育が職務として明記されています。研究者の側でも，黒沢・森・元永（2013）は，スクールカウンセリングの 5 本柱として，①個別相談，②コンサルテーション，③心理教育プログラム，④危機介入，⑤システム構築と，心理教育を

表 9-1　スクールカウンセラーの職務（文部科学省，2017 より改変）

①児童生徒へのカウンセリング
②保護者への助言・相談
③児童生徒集団，学級や学校集団に対するアセスメントと助言・援助
④児童生徒の困難・ストレスへの対処方法，児童生徒への心の教育に資するすべての児童生徒を対象とした心理教育プログラムの実施
⑤不登校，いじめや暴力行為等問題行動，子どもの貧困，虐待等を学校として認知した場合や，自然災害，突発的な事件・事故が発生した際の援助
⑥教職員のコンサルテーション
⑦教職員のカウンセリング能力等の向上のための校内研修の実施

含めています。つまり，SC の職務の多様化のなかで，心理教育プログラムは一つの柱となっていることがわかります。

　他方で教育現場の現状を見るとき，SC の職務の多様化は進んでいないように思います。少なくとも，筆者が校長として仕事をしていたころは，勤務していた学校だけでなく周辺の学校でも，SC は従来の個別相談中心の活動を行っており，SC の職務の多様化は進んでいませんでした。この要因は，筆者が考えるには，教育現場の中で日々生じるさまざまな課題や問題を解決するのに時間がかかりすぎることにあると思います。

　では，具体的にどのような課題や問題があるかというと，例えば筆者が中学校長をしていた 2010 年代は，学校に学力向上が強く求められ，県教育委員会などの施策も学力向上が中心でした。このため，学校は学力向上に力を注いでいました。2020 年代の現在は，道徳教育の教科化，小学校への英語教育の導入，GIGA スクール構想によるタブレット等の活用等，さまざまな新しい教育課題への取り組みが進められています。筆者が SC をしている学校では，これらの課題への対応で手一杯のように見えます。加えて，時代の流れに応じたこれらの対応の他に生徒指導上の対応があります。つまり，不登校や発達障害など，すでに不適応状態にある児童生徒への支援は，多忙な中でも時間を割いて行う必要があるのです。

　このようなさまざまな課題や問題に対処している先生がたは，SC の職務の多様化について考える時間がないままに毎日が過ぎてしまいます。そして普通に学校生活を送ることができている児童生徒を対象にした SC の職務は，ついつい後回しになり，その結果，心理教育は行われないままになってしまいます。こうして，**表 9-1** の④にある「児童生徒への心の教育に資するすべての児童生徒を対象とした心理教育プログラムの実施」を，計画的な実施に組み込むには至っていないように思われます。教育活動の多くはルーチンで動きます。だとすると，前年度と違う多様な職務を SC が行えるようにすることを，先生がただけに求めていては，心理教育プログラムを恒常的に安定して実施するのは難しいのではないでしょうか。

1-2　勤務日数が少ないA小学校での挑戦

筆者はA小学校で，SCとして心理教育を実施することができました。しかし，最初からうまくいったわけではありません。筆者はA小学校にとってははじめてのSCとして勤務しました。その勤務回数は年6回でした。

A小学校は中山間地にあり，周囲は水田に囲まれています。近年は過疎化が進み，児童数も減少しています。1学年の児童数は10人以下で，低・中・高学年それぞれが複式学級です。人間関係は幼稚園から固定的であり，先生がたは児童のソーシャルスキルが十分には育っていないと感じていました。

1年目は，筆者は個別相談中心で活動しようとしました。しかし個別相談のニーズはありませんでした。なぜなら，A小学校は上記のように極小規模の学校だったからです。その学校には，不登校もいじめもありませんでした。そこで，2年目は年度の最初の勤務日にSCの職務について管理職と話し合いをすることにしました。その際，忙しい教育現場で端的に話し合いができるように，話し合う項目をまとめたシートを作成しました。このシートには，SCの職務の多様性をまとめた表を含めました。このシートを用いて，SCの年間活動について初回打ち合わせを行ったことが，心理教育を計画的に実践することにつながりました。

以下に，心理教育を学校の年間計画に組み込むことが可能になった筆者の実践を具体的に紹介し，学校目標を共有する初回打ち合わせの意義，SCと先生がたで協働する心理教育の重要性をお伝えしたいと思います。

2　A小学校での実践

2-1　1年目

SCとして十分な活動ができなかったと感じた初年度の201X年は，初回の勤務日に筆者と教頭先生の2人で打ち合わせを行いました。打ち合わせでは，教頭先生が気になる数名の児童の話をしました。その後，個別相談の希望はありませんでしたので，勤務日を職員室で過ごしたり，授業中の児童を観察したりしていました。

　そのようななか，筆者はSCとして何か役に立つことをしたいと考え，年度途中ではありましたが心理教育の授業を行うことを教頭先生に申し出ました。そして，6月に5・6年生，1月に3・4年生に授業を行いました。このときの授業は筆者が一人で進め，学級担任はそれを参観していました。筆者は元中学校教師であるため，児童の実態がつかめず多少戸惑いながら授業を進めました。このように2回の授業は行いましたが，1年が経過した年度末になっても，自身のSC活動が学校のニーズに応えていると感じることはできませんでした。この経験から，個別相談のニーズが少ないSCは，個別相談以外の活動について学校側と打ち合わせをすることが必要だと考えました。

　調べてみると，打ち合わせの必要性は研究論文等で述べられていました。例えば河村・武蔵・粕谷（2005）は，SC活動の成果をあげるためには，SCと先生がたが話し合う時間の確保が必要で，そのために教育計画の中に打ち合わせの時間や機会を設定することを提案しています。スクールカウンセリングの発祥地，米国の資料を見ても，打ち合わせを重視していることがわかりました（Kansas State Department of Education, 2009）。

　他方で，多忙な教育現場のことを考えると，打ち合わせは短い時間で，端的に実施したいと筆者は考えました。そこで打ち合わせを確実に行うためには，打ち合わせの手順や打ち合わせる内容などを書いた簡便なシートが必要であると考えて，201X年度末に「スクールカウンセラー活用の手引き」（以下，手引き）を開発しました（図9-1）。ここには，学校目標を記載する欄，SC活動を紹介する欄，SCの1年間の活動計画についてまとめる欄などを作りました。そしてこれを用いて打ち合わせをすれば，短い時間でSCの年間活動計画を話し合うことができると考えました。

2-2　2年目

　2年目となる201X＋1年度（以下，＋1年度）は，学校側と年度はじめの最初の勤務の際に行ったSCと管理職の初回打ち合わせで，この手引きを用いました。シートに沿って記載していけば，学校目標を達成するためにSCとして何ができるかについて話し合うことができます。さらに，管理職と一緒にSCの年間活動計画を立案することが可能です。この話し合いの結果，2年目の年

```
1　手引き（試作版）の利用にあたって
　　この手引きは、スクールカウンセラー（以下「SC」と記す）が、「チーム学校」の一員として学校
　を支援するために、学校とSCが最初に打ち合わせをするときに使うことを想定して作りました。

2　打ち合わせの手順
　◎　打ち合わせ会参加者
　　校長（教頭）、教育相談コーディネーター（教育相談係）、SC
　①　手引書を双方から見えるように机の上に置く
　　　　　　　　　　　　　⇩
　②　児童生徒の伸ばしたい力や目標を説明する（学校）
　　　　　　　　　　　　　⇩　　　　学校経営計画書や研究計画書を使う
　③　生徒指導の現状を説明する（学校）　　できていることも説明する
　　　　　　　　　　　　　⇩　　　　「表1　包括的生徒指導一覧表」参照
　④　SCの仕事について話し合う（学校・SC）　学校の実態に合わせて考える
　　　　　　　　　　　　　⇩　　　　「表2　心理・社会面の活動」参照
　⑤　年間計画の作成
　　　　　　　　　　　　学校側とSCが2回目から6回目までの計画をとりあえず作る。
　　　　　　　　　　　　活動を開始して状況が変われば柔軟に変更する。
```

図9-1　スクールカウンセラー活用の手引きの一部

間活動計画の中に心理教育の授業（プログラム）を加えることができ、結果と
して計画的に実施することができたのです。

　この手引きを使った打ち合わせが、心理教育の授業の計画的実施に役に立っ
たことは、201X年度と＋1年度のSC勤務実績を比較するとわかります（**表
9-2**）。この表の活動内容「d　児童生徒を対象とした心理教育プログラム」が2
回から6回に増えています。つまり、201X年度は年度途中に飛び込みで心理
教育の授業を入れたので、年に2回しか実施されていません。他方で＋1年度
には授業は6回行われています。これが打ち合わせの成果だと考えます。この
打ち合わせでSCは、学校目標の中に「ソーシャルスキル・トレーニング（以
下、SST）の実施」があることを知ることができました。そこでSCがそれに協
力することを提案できたので、心理教育が6回に増えたのです。つまり、この
シートによる打ち合わせが大きな変化につながったと考えています。

　このときの打ち合わせは、実際には次のように行われました。まず、最初の
勤務日に初回打ち合わせを筆者と教頭先生の2人で40分程度行いました。そ
れは手引きの打ち合わせの手順（**図9-1**）に沿って進めました。具体的には、

表9-2　スクールカウンセラー勤務実績

年度		201X							201X+1						
時期		1回	2回	3回	4回	5回	6回	計	1回	2回	3回	4回	5回	6回	計
		5月	6月	9月	10月	1月	2月		4月	5月	6月	7月	9月	9月	
活動内容	a							0							0
	b	1	1		1	1	1	5	1	1	1	1	3	1	8
	c						1	1	1						1
	d		1			1		2		1	2	1	1	1	6
	e	1	1	1	1	1		5	1		1	1	1		4
	f							0	1						1
	g					1		1							0
	h							0							0

注：a 個別面接　b 情報交換・コンサルテーション，事例検討等　c 職員研修・保護者会等における講話・助言　d 児童生徒を対象とした心理教育プログラム　e 児童生徒観察　f 支援計画・広報誌作成　g 相談記録　h その他相談業務等。

　まず学校のグランドデザインを見せてもらいました（①）。筆者はその中に「SST の実施」と書かれていることに気づき（②），その授業ができることを教頭先生に提案しました。それを聞いた教頭先生は，筆者に SST の授業をすることを依頼しました（④）。筆者は SST の授業は学級担任とのチームティーチング（以下，TT）で行いたいと教頭先生に提案し，年6回の SST の授業を行う年間計画を作成することができました（④）。

　TT で実施したいと筆者が提案したのは，前年度に取り組んだ心理教育の授業で，元中学校教師の筆者の発問や指示，説明用のスライドが小学生には難しすぎたと反省した面があったからです。授業の内容も，学級のニーズに合っているのかなど，不安な側面もありました。このようなことから TT での実施を提案し，認められました。具体的な心理教育の授業の題材は，その都度 SC と学級担任で話し合って決めることにし，その場で6回分の SC の大まかな年間活動計画を作成して（**表9-3**），心理教育を実践することが決まりました。

2-3　SC 活動の変化に対する教師たちへのインタビュー

　ところで，SC である筆者は2年目の活動はうまくいったという印象をもっていたのですが，他の先生がたがどのように感じたかを知りたいと思いました。そこで2年目の SC の活動についてインタビューを行いました。お願いしたのは校長先生と TT を一緒に行った学級担任です。

表 9-3　スクールカウンセラー年間活動の概要

回	時期	対象	活動	回	時期	対象	活動
1	4月	全校	児童観察	4	7月	1, 2年生	心理教育
		教頭	年間活動計画の打ち合わせ			教頭	残りの回の打ち合わせ
2	5月	3, 4年生	心理教育	5	9月	1, 2年生	心理教育
		学級担任	授業の打ち合わせ，振り返り			学級担任	授業の打ち合わせ，振り返り
		全教員	校内研修（SSTについて）				
3	6月	3, 4年生	心理教育	6	9月	5, 6年生	心理教育
		5, 6年生	心理教育			教頭	振り返り
		学級担任	授業の打ち合わせ，振り返り				

注：この表は，打ち合わせで話し合われた内容をもとに筆者がまとめた。

　校長先生からは，「本校にも SC 配置が決まったときに，学校の実態や時間数からどのような形で入っていただくか，校長として悩んだことを覚えています。心理教育の授業をしていただいたことから，児童や保護者への個別相談に限らず心理教育の専門家として，教職員や児童，保護者への研修や講話をしていただけることがわかり職員向けや保護者向けの講演もお願いさせていただきました。今後も，児童が抱える問題の解決や児童の自己実現を助ける役割を期待しております」という回答が寄せられました。

　2年目に校長先生が作った学校のグランドデザインに「SST の実施」とあったのは，前年度の6月に，筆者が提案して実践させていただいた心理教育の授業を校長先生が参観したことによるとのことでした。回答の中で校長先生は，「心理教育の授業をしていただいたことから，児童や保護者への個別相談に限らず，心理教育の専門家として教職員や児童，保護者への研修や講話をしていただけることがわかり……」と語っておられます。これは SC が行った心理教育の授業を校長先生が参観したことにより，SC の多様な職務に気づいたということです。このことから，心理教育を学校で実践するには，学校の側から SC に提案してもらうことを待つのではなく，SC がまず実践して先生がたに見てもらうことが重要であるかもしれないと考えられます。

　2年目の心理教育の授業は，学級担任とTTで行いました。そのため，筆者の指示が児童にうまく伝わらず活動が停滞していたときに，学級担任が児童にわかりやすく指示を追加してくれました。また，筆者の質問に児童が答えたときには，学級担任が児童の発言を板書して大切な部分を赤のチョークで囲んで補助してくれました。そのため安心してスムーズに授業を進めることができました。このTTで行った授業について学級担任は次のように回答を寄せています。

　「(心理教育について) 何もしてないときはもう，(SST の授業の) やりかたもちょっとよくわからないし，間違ったことをしたらだめだし，ということで，あまりやってみようという感じはなかったんですけど，1回やってみると，こういう感じなんだとわかってきた気がします」「1回，原先生と授業をさせてもらって，(SST の授業は) こんな風にしたらいいんだな，というのがちょっとほんの少しわかってきて，もうちょっと自分でやってみたいなあとか思うようになりました」と話してくれました。また，「子どもが (原先生の話を) 専門の先生としてちゃんと聞いているなって感じて……(子どもの) 表情とか目の感じですね。真剣に見ている感じでした」など，児童理解が深まったことも語られました。

　このインタビューから，TTによる心理教育の実践で，学級担任の心理教育の実践に対する負担感が軽減されて，児童理解も深まっていたことがうかがえます。

3　恒常的安定実施を阻むもの

3-1　学校目標との関係の未構築

　以上の取り組みから，心理教育プログラムの恒常的安定実施を阻むものとして，現在の教育現場では心理教育プログラムと学校目標との関係についての検討が十分になされていないこと，先生がたからSCに心理教育の実施の依頼がないこと，心理教育を行うためのSCの専門性が不足していること，先生がたに時間的ゆとりがないこと，という要因があると考えました。

　学校目標との関係については次のように考えます。筆者が今まで接してきた
多くの先生がたは教科指導，生徒指導，校務分掌などのバランスをとりながら
精一杯の仕事を行っています。そのようななかで，新たに心理教育を導入する
ためには，教育課程のどこに位置づけるかを検討しなければなりません。その
ためには，心理教育を十分に知っておく必要があります。さらに，今まで行っ
てきた教育活動を調整することも必要です。それらを通して，心理教育の実
施と学校目標と関連づけて検討を行い，先生がたの理解を得ることが求めら
れます。

　学校目標との心理教育の関連について，A小学校では心理教育を実践する
ことができましたが，筆者が同じくSCとして勤務したB小学校では，初回の
打ち合わせで学校目標と心理教育を関連づけることができませんでした。そ
の結果，SCの年間活動に心理教育を組み入れることができず，その学校では，
心理教育の授業はできませんでした。このことからも，心理教育を学校で実施
するには，まずは学校目標に心理教育が入る工夫をすることが肝心だと筆者は
思います。

　学校目標に心理教育を入れてもらうためには，先生がたの側からの提案を
待っていても事態は改善しないでしょう。先生がたは日々精一杯，児童生徒
のために時間を使っているからです。例えばA小学校を例にあげるなら，TT
で心理教育を実施する打ち合わせでさえ，ほとんど時間が取れませんでした。
具体的には，筆者の勤務時間は12時45分から16時45分の4時間です。他方
で多くの学級担任の先生は，昼休みも学級で児童の様子を見たり，グラウンド
で児童と一緒に過ごしたりして，職員室でゆっくり過ごすことはほとんどあり
ません。放課後は児童を送り出した後，職員室に帰って先生がた同士の打ち合
わせをしたり，自分の仕事を忙しそうにこなしたりしています。これが毎日続
きますから，TTで一緒に授業を担当することが決まっていても，打ち合わせ
の時間は長くても30分，短ければ10分ぐらいしかとれません。このような状
況ですから，先生がたが心理教育について学ぶ時間はきわめて限られているの
が現状なのです。

3-2　学校からの実施依頼の欠如

　次に，SC が心理教育を実施するためには，先生がたからの依頼が欠かせません。しかし，筆者が今までに SC として勤務した7つの学校では，先生がたから SC に心理教育の実施についての依頼はありませんでした。これは先生がたに「SC は個別相談をする人だ」との根強い先入観があるためだと考えます。SC の配置が全校配置になり，学校のニーズに沿って SC の職務も多様に変化しているにもかかわらず，ほとんどの先生がたが「個別相談をする人」以外の働き方をする SC に出会ったことがないことが要因だと考えます。

　このように考えると，SC の養成段階や研修の内容にも問題があるかもしれません。例えば筆者は校長時代に4人の SC とかかわる機会をもちましたが，心理教育の授業をするようにお願いしたところ，2人の SC から「私には授業はできません」とはっきり言われました。そこで「私が授業をするので，それを参考にして心理教育をしていただけませんか」と重ねてお願いをしました。しかし，心理教育の授業に取り組もうとはされませんでした。これについては，臨床心理士の養成段階で心理教育プログラムについての学習が十分ではないために，心理教育の授業の実施を躊躇されたのかもしれないと考えます。

　また，研修に関しては SC が心理教育プログラムについて学ぶ機会が少ないと感じます。筆者が近年，SC として参加した県教委主催の SC 研修会や県公認心理師会・臨床心理士会の研修会でも，カウンセリング，教職員のメンタルヘルス，緊急対応に関係した内容が多く，心理教育プログラムについての研修はありませんでした。このことから，「心理教育は自分の専門領域」との自覚が SC に低いのは仕方がないことかもしれません。

4　障壁を乗り越える手立て

4-1　プランニング・シートとそれを用いた打ち合わせ

　個人的な経験ではありますが，筆者の成功体験から，安定的に心理教育プログラムを実施するためには，その学校の学校目標を共有し，その目標を達成するように SC の職務を関連づけて計画を立てることが大切だと考えます。こう

することで，学級担任の協力も得られますし，そうなると SC も学級担任も心
理教育を実践する負担感が軽減され，ハードルが下がります。

　2 年目に筆者が，打ち合わせのためのシートを開発したことはすでに述べま
した。その後，打ち合わせに使うこのシートを SC の職務について計画を立て
るプランニング・シートとして発展させました（図9-2）。

　このシートは二つ折りの A3 版です。つまり，A4，2 ページのシートです。
左側の I は 2 つの部分で構成されています。まず(A)の打ち合わせの手順です。
ここにどのように打ち合わせを進めたらよいのかを，準備→共有→相互提案→
共同立案の 4 ステップで示しています。それぞれのステップの備考欄に，準備
物や話し合いの内容を記しています。次に(B)には，SC の多様な職務を記載
しています。対象者が誰なのか，どのような活動ができるのかなどを，一覧表
で眺めることができるように構成しました。続いて右側の II は SC の年間活動
計画を記入するページです。このページの最初に，学校目標の欄を作りました。
SC と学校側が，常にこれを念頭に置いて活動できるように，という配慮です。
加えてその欄の下に，学校側が SC に期待すること，SC ができることを明記
する欄も作りました。そして最後に，SC が多様性に対応できるように，活動
内容を選ぶ欄を作りました。

　次に打ち合わせの方法について説明します。前述のように，打ち合わせでは
学校目標を先生がたと SC で共有することが最も重要です。そこでまずは最初
のステップ，「共有」です。SC は学校側から学校目標を聞きます。その過程の
中で，SC は学校側から学校目標達成のために SC にしてほしい活動を聞きま
す。その際に，(B) SC の活動内容一覧の表を見ながら話します。その一覧表を
参照することで，学校側は SC の活動が個別相談だけではないことがわかるの
で，先生がたも SC にそのような活動を依頼できることを理解しながら話を進
めることができます。

　学校目標の共有の次に重要なのが，ステップ 3 の「相互提案」です。そこで
は学校側の要望を受けて SC が，学校目標達成のために自分ができそうな活動
を提案していきます。教育現場では現在，ほとんどの学校で「思いやりをもっ
た児童を育てる」「児童のコミュニケーション能力を高める」など，すべての
児童生徒の心理社会的な成長についての学校目標を掲げています。これらを見

プランニング・シート

　このシートは，学校側とスクールカウンセラー（以下，SC）が協働していくためのシートです。年度初めの打ち合わせでご利用ください。SC とともに学校の目標を達成するという視点が大切です。

Ⅰ　プランニング・シート記入の説明

（A）年度初め打ち合わせの手順　参加者：管理職，SC 担当教員（どちらか 1 名でも可），SC　　　目安の時間：45 分程度

		手　　順	備　　考
1	準備	プランニング・シートを双方から見えるように机の上に置く。	1）学校経営計画書，2）年間計画，3）児童名簿等を用意する。
2	共有	学校側が学校の目標を説明し，SC と意見交換する。 学校側が児童や教職員の状況を説明し，SC と意見交換する。	SC にしてほしい活動も説明する。 スクールカウンセラーの活動内容一覧（B）を参照する。
3	相互提案	SC が学校の目標達成のためにできそうな活動を話す。	SC から積極的に提案する。 スクールカウンセラーの活動内容一覧（B）を参照する。
4	共同立案	学校側と SC が話し合いながら SC 年間活動計画表を作成する	SC 年間活動計画表（C）に書ける部分だけ記入する。 年間計画は順次作成することも可能である。

（B）スクールカウンセラーの活動内容一覧

対　象		番号	活　動　内　容
児童	個別	①	カウンセリング：児童と個別にカウンセリングを行う。
	すべて	②	教育相談：特定の学年や学級全員を対象に短時間の教育相談を行う。
		③	心理教育の授業：SC 単独かチーム・ティーチング（SC が中心，学級担任が中心）で授業を行う。ストレスマネジメント，ソーシャルスキルトレーニング，構成的グループエンカウンター等
		④	緊急援助：いじめ，子供の貧困，虐待，自然災害，突発的な事件・事故などが発生した際の援助
保護者	個別	⑤	助言・援助：児童の理解や対応の仕方について助言・援助する。
教職員	個別	⑥	見立て：学校での状況や家庭環境などから，児童について心理的に見立てる。 見立て：授業・休憩時間等の観察や各種調査を利用して，学校や学級の状況を見立てる。 助言・援助：個別の児童理解や支援方法について助言・援助する。 助言・援助：ケース会議等教育相談に関する会議で，助言・援助する。 助言・援助：学級に必要な取組や支援策を立案し，助言・援助する。
	すべて	⑦	助言・援助：学校内における教育相談体制や心の健康に関する指導内容に対して助言・援助する。 校内研修：基礎的なカウンセリング等に関する研修の講師を行う。

※　見立て：アセスメント　　　助言・援助：コンサルテーション

図 9-2　プランニング・シート（文部科学省「SC ガイドライン（試案）」（2017）を参考に筆

II　プランニング・シート記入欄

学校の目標	
SC に期待すること	
SC ができること	

年　間　活　動　計　画（順次作成することも可能です）

回	月	日	曜	活 動 内 容 （活動を予定するものを○で囲む）
1				心理教育　　個別相談　　児童観察　　見立て　　助言・援助　　教員研修　　その他（　　　　　　　　　）
2				心理教育　　個別相談　　児童観察　　見立て　　助言・援助　　教員研修　　その他（　　　　　　　　　）
3				心理教育　　個別相談　　児童観察　　見立て　　助言・援助　　教員研修　　その他（　　　　　　　　　）
4				心理教育　　個別相談　　児童観察　　見立て　　助言・援助　　教員研修　　その他（　　　　　　　　　）
5				心理教育　　個別相談　　児童観察　　見立て　　助言・援助　　教員研修　　その他（　　　　　　　　　）
6				心理教育　　個別相談　　児童観察　　見立て　　助言・援助　　教員研修　　その他（　　　　　　　　　）
7				心理教育　　個別相談　　児童観察　　見立て　　助言・援助　　教員研修　　その他（　　　　　　　　　）
8				心理教育　　個別相談　　児童観察　　見立て　　助言・援助　　教員研修　　その他（　　　　　　　　　）
9				心理教育　　個別相談　　児童観察　　見立て　　助言・援助　　教員研修　　その他（　　　　　　　　　）
10				心理教育　　個別相談　　児童観察　　見立て　　助言・援助　　教員研修　　その他（　　　　　　　　　）
11				心理教育　　個別相談　　児童観察　　見立て　　助言・援助　　教員研修　　その他（　　　　　　　　　）
12				心理教育　　個別相談　　児童観察　　見立て　　助言・援助　　教員研修　　その他（　　　　　　　　　）
13				心理教育　　個別相談　　児童観察　　見立て　　助言・援助　　教員研修　　その他（　　　　　　　　　）
14				心理教育　　個別相談　　児童観察　　見立て　　助言・援助　　教員研修　　その他（　　　　　　　　　）
15				心理教育　　個別相談　　児童観察　　見立て　　助言・援助　　教員研修　　その他（　　　　　　　　　）
16				心理教育　　個別相談　　児童観察　　見立て　　助言・援助　　教員研修　　その他（　　　　　　　　　）
17				心理教育　　個別相談　　児童観察　　見立て　　助言・援助　　教員研修　　その他（　　　　　　　　　）

※　回数は各校の勤務回数で変更する。

者が作成）

いだしたら，チャンスだと思ってすべての児童生徒を対象にした心理教育のような活動を SC から提案して，SC の職務として学校で取り組むように促すことができるのではないでしょうか。

　最後のステップは「共同立案」です。SC が学校側と話し合いながら SC 年間活動計画を作っていきます。プランニング・シート右側の記入欄を使います。こうして話し合った経過を記録に残すことができるとともに，その学校の状況に合った心理教育を恒常的に実施していくためのメモとなります。

4-2　学校側の理解を得るには

　他方で，打ち合わせをしても学校側がまったく心理教育に興味関心を示してくれない場合も考えられます。そのような場合は，理論的な説明だけでは不十分です。まずは有用性をわかっていただく必要があります。そしてそれをわかってもらう手段として，筆者の成功経験から言えることは，まず数回，心理教育の授業を担当させてもらい，児童生徒の様子を校長先生に見に来ていただくことだと思います。もし，校長先生に直接見ていただけない場合には，その授業での児童生徒の様子を学級担任の先生から校長先生に話していただくことも効果的でしょう。もし，自校で授業をさせてもらえない場合は，SC が他校で行った授業での児童生徒の様子を伝えることも一つの方法です。

　別のきっかけとしては，市の校長会での近隣の学校の校長先生との情報交換があります。校長会で「私の学校で心理教育の授業を行ったら効果があったよ」などの話を聞くと，自分の学校でもやってみようと思う校長先生も出てくると思われます。その他，教育委員会が施策として取りあげてくれると，校長先生がたが学校目標に心理教育を書き込みやすくなります。施策としてもらうには，SC が常日頃から，心理教育が学校目標の達成に貢献した実践例をわかりやすくまとめて，指導主事の方々に見ていただくように努めることです。その際，データを示すことができれば，指導主事も施策を立案する際に役に立つと思います。

　いずれにしても，先生がたは毎日精一杯子どもたちと向き合う生活をしていますし，「SC は個別面談をする人」という先入観をもっている方が多いのです。SC がただ待っていては，何も変化は生じないと筆者は考えます。

4-3　教員の負担を軽減する

　次に，安定実施するために必要なのは，教員の負担感を軽減することです。これについては，SC と先生がたの TT による協働が負担軽減に有用だと考えます。それは，前述のように学級担任は SC と TT を行うことで，SST の理解が深まり，授業を実施することへのハードルが下がったからです。

　さらに，TT による協働は，心理教育の授業の経験の少ない SC が授業を行うときも学級担任のサポートを得られます。前述のように，A 小学校の TT の授業では，学級担任は SC の発言や問いを，学級の子どもたちに理解できる言葉で伝え，板書してくださいました。このような学級担任の支援により，スムーズに授業を進めることができました。さらに学級担任が見守ってくれていたので安心して授業をすることができました。これらの相互依存関係は，担任と SC の両者にとって負担軽減にもつながると考えています。

　ところで，組織心理学では集団をチームと呼ぶための要件として，次の 4 つをあげています。それは，①達成するべき明確な目標の共有（以下，目標の共有），②メンバー間の協力と相互関係（以下，協力と相互関係），③各メンバーに果たすべき役割の割り振り（以下，役割の割り振り），④チームの構成員とそれ以外の境界が明瞭であること，です（山口，2008）。今回の取り組みを振り返ってみると，まず①と③については，手引きに従って打ち合わせを行うことにより目標の共有と役割の割り振りを行うことができました。そして，②については，SC と学級担任が TT で授業をすることを通して，協力と相互関係が築けたことになると考えます。④については，SC は非常勤とはいえ学校側のスタッフですから，それ以外とは明確な境界があると言えるでしょう。

　このように考えると，A 小学校での実践は，年に 6 回の勤務に過ぎませんでしたが，SC がチームの一員となる要件を満たしていたと言えるのではないでしょうか。つまり A 小学校での実践は，年 6 回の勤務でも SC はチーム学校の一員になれる，という例を示しているように思います。そして SC がこの学校で，個別相談にこだわっていては，このような結果にはならなかったのではないかと考えます。

　学校のニーズは多様です。全校配置された SC の職務も多様になっています。SC の多様な職務の中から，学校目標に合った SC の職務を組み込んでいけば，

勤務回数の多い少ないにかかわらず，SC はチーム学校の一員になれることを
示唆しているように思われます。

5　おわりに

「私が暇なことは学校にとっていいことです。問題がないということですか
ら」。これは前述の「私には授業はできません」と言った SC の言葉です。

　SC の全校配置が進み，SC へのニーズも多様になった現在，SC も学校目標
を達成するために SC と学校が協働することが求められます。その取り組みの
中で SC と先生がたが協働して心理教育プログラムを実施することが期待され
ます。SC の活動は多様化しています。「私が暇なことは学校にとっていいこと
です」という発言は，SC が全校配置され，ニーズが多様になった現在には通
用しなくなっていると言えるでしょう。

スクールカウンセラーの仕事の多様性の理解

　スクールカウンセラー（以下，SC）が心理教育プログラムを行うためには，校長先生をはじめとして先生がたの理解がなければなりません。しかし，私が SC として勤務した B 小学校では，心理教育の授業を提案しても，まったく興味を示していただけませんでした。つまり SC は，心理教育についてある程度まで必要性を説明できますが，それでも学校側から依頼がなければ「そこまで」なのです。

　SC は非常勤であり，その学校の状況があまりよくわかりません。ですから，心理教育の実施を強く主張すると他の教育活動とのバランスを崩してしまうのではないかと心配になります。このため，興味のない管理職に重ねて提案することを躊躇します。このことからも，心理教育を普及させるには，管理職をはじめとする学校側に，その有効性を理解するための知識がまず必要となるのです。

　このように学校側が心理教育の授業を依頼しない理由は 2 つあると思います。一つ目は，教育現場の先生がたが心理教育の必要性を学ぶ機会が少なくなってしまったことです。私が勤務していた県では，私が学級担任をしていた 20 代，30 代のころはまだ SC が配置されていませんでした。このころ，県では教員の中で教育相談ができる人材を育成しようと，教育相談の研修会がかなり開催されていました。こうして私は，県教育センター（現総合教育センター）でじっくりと教育相談を学ぶ機会を得ることができました。心理教育もそれらの研修会で学びました。しかし，校長として勤務した 50 代のころには，先生がたが総合教育センターで教育相談について学ぶ機会はとても少なくなっていました。SC 配置により，教育相談は SC が中心に行うことになったため，先生がたのための教育相談の研修の機会は減っていったようです。こうして先生がたが心理教育を学ぶ機会が少なくなってしまったことが，教育現場の理解を得られにくい一つの要因になっているのではないかと考えます。

　二つ目は，SC の職務の多様性を知らない先生がたが多いことです。私が SC として心理教育の授業を行うと，「SC は個別の面接だけをする人だと今まで思っていました」と言った校長先生がおられました。文科省がガイドラインを作成して，SC の職務には心理的教育プログラムを実施することも含まれると文書で示しても，学校現場の先生がたにはまだまだ浸透していないように感じます。

（原　範幸）

第 10 章
●

睡眠生活習慣を改善する心理健康教育

—— 校内や家庭との連携から恒常的実施への活路を見いだす

滝　あい（高松市教育委員会）

本章へのとびら

> 心理「健康」教育 —— 心理教育に「健康」をつけてみました。この「心理健康教育」という言葉は，この章特有のものかもしれません。筆者は，養護教諭として学校で子どもたちの健康を支援する立場にいます。この章では，筆者が当時勤務していた中学校で実施した心理健康教育「睡眠生活習慣改善教育プログラム」を紹介し，学校現場での心理教育の実施のあり方と実施を阻む壁，その壁を乗り越えるヒントを探ってみたいと思います。

1　学校で子どもの健康を支える

1-1　もはや大人だけの問題ではない生活習慣病

　生活習慣病は，今や日本の健康寿命を押し上げ，医療費にも大きな影響を与える社会問題として，国を挙げて対策が実施されています。生活習慣病は，その名のとおり，子どものころから習慣化した不適切な生活が主な原因です。現在生活習慣病に苦しむ大人の世代が子どもだったころの生活と，今の子どもの生活の違いを考えたとき，今の子どもが大人になったら一体どんな健康状態になるのだろうと危惧せずにはいられません。今の子どもは，昔は言われなかったような運動不足や生活習慣の乱れが大きな課題となっているからです。筆者

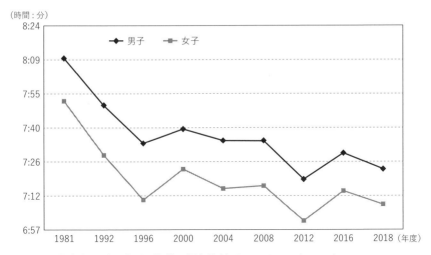

（時間：分）

図 10-1　中学生の睡眠時間平均値の経年比較（日本学校保健会，2020）

は学校現場で，小中学生のころからⅡ型糖尿病を発症する子どもを見てきました。Ⅱ型糖尿病は，子どもの発症では体質によるところもありますが，生活習慣も大きく関わります。生活習慣病は，もはや大人だけの問題ではないのです。

　生活習慣の主なものは，食事・運動・睡眠と言われますが，近年，睡眠の重要性が明らかになってきました。不適切な睡眠習慣は，肥満や高血圧，さらには問題行動やアルツハイマー型認知症のリスクを高めるというのです（Gong, Li, Li, Cui, & Xu, 2018）。米国睡眠学会によると，子どもに必要な睡眠時間は，6 〜 13 歳で 9 〜 11 時間，14 〜 17 歳で 8 〜 10 時間とされていますが（Hirshkowitz et al., 2015），現代の子どもは，すでに慢性的な睡眠不足に陥っていることがわかっています（**図 10-1**）。成長著しい時期に，成長と健康維持に必要な睡眠が確保されていないことは，生涯にわたる健康に大きな影響を与える可能性があるのです。

1-2　どうして学校で健康教育が必要なの？

　生活習慣は家庭の問題ではないのかという声があります。そのとおり，国の方針としても，生活習慣の指導は，家庭が中心になり担うものとされています。

では，学校は何もする必要はないのでしょうか。そうではありません。学校は，社会全体で家庭教育を支援するために生活習慣づくりを指導する，という立場にあるのです（内閣府，2016）。

　例えば，戦後の食糧難で栄養不良が子どもの健康課題であった時代に学校給食が推進されたことからもわかるように，子どもの健康状態は社会情勢にも大きく左右され，それに対応する教育施策がとられてきました。したがって，学校教育において，現代の健康課題である生活習慣改善教育を実施する根拠は明確に示されているのです。ましてや，家庭の教育力の低下が指摘される今日，学校が子どもの健全な生活習慣の形成に果たす役割は大きいのではないでしょうか。

2　睡眠生活習慣改善教育プログラム Part1 —— 目標と方法

2-1　プログラムが直接的にめざすもの

　前節で述べた理由から，学校で睡眠生活習慣改善をめざす健康教育を実施することにしたのですが，では，なぜ心理教育の観点から実施したのでしょうか。学校における健康教育は，「早く寝ましょう」「朝ご飯を食べましょう」と正しい知識を教えて，実践させる方法が中心です。当然，健康についての知識は大切で，行動を変える前提となります。ただ，よいことならそうしよう，と思ったとおりに誰もが行動できているのなら，現在のように生活習慣病が社会問題となることはないでしょう。よいとわかっていてもできない，悪いとわかっていてもやめられない，という現実があるわけです。

　ここで，心理健康教育の登場です。健康に関する知識を教えたうえで，それを行動に移しやすいような心理学的支援を加えるのです。この心理学的支援にはいろいろありますが，筆者は，生活習慣の変容に効果的とされる「自己効力感（self-efficacy）」と「動機づけ面接（motivational interviewing）」を選びました。どちらも健康教育の分野では有名で実効性が証明されているものです。自己効力感は，自分は必要な行動をうまく実行できるという自信のことです（Bandura, 1977）。当然ですが，自分には到底できないと思うことはやろうとは思えませ

んが，できることだったらやってみようと思えます。そこを支援することで，より行動に移しやすくするのです。動機づけ面接は，個別支援の面接で，より行動変容を促した働きかけを分析して体系化したものです（北田・磯村，2016）。具体的には，その人の中にある「わかっているけどしたくない」「わかっているけどやめられない」という“両価性”に着目し，そこから本人ならではの動機づけを一緒に探って強化することで行動変容を促す方法です。

　人が習慣化した行動を変えることはたいへんなことです。生活習慣に関する健康教育で，ただ「これをやりなさい」と言うだけでは効果が薄いことは明らかです。そこで筆者は，心理健康教育プログラムを開発して実施することにしたのです。心理学的支援には，ただ教えるだけよりも時間も労力も必要になりますが，子どもたちが生活習慣を改善することで，心身ともに健康になることが一番の目的ですので，そのためにはできるかぎり成功率と持続性の高い方法を選ぶべきです。筆者がこう考えるのは，人によって大きく違う生活習慣を，画一的な教育だけで変える難しさを，これまでの経験から痛感していたからです。

2-2　プログラムの方法

▌2-2-1　構成

　このプログラムは，授業，自己コントロール，個人面談の 3 つの枠組みで構成されます（**図 10-2**）。いずれも，先に述べた心理学的支援が含まれています。授業はグループワークが中心で，仲間と協働することで自己効力感を高めます。自己コントロールは，各自が決めた目標をチェックシートに書き込み，毎日チェックすることです。さらに，養護教諭である筆者が，動機づけ面接スタイルの個人面談を 1 人最低 1 回行います。この個人面談が，これまで実施されてきた数々のプログラムとの大きな違いで，このプログラムの肝とも言えるものです。一人ひとりの睡眠生活習慣を改善する動機を明確にし，“両価性”を解消する支援を行います。面接方法の詳細は，この面接法の開発者の著書をご参照ください（ミラー＆ロルニック，2019）。

　以上のようなプログラムに加えて，評価を行います。プログラムが本当に生徒たちの睡眠生活習慣の改善に役に立ったのかを科学的に評価するのです。学

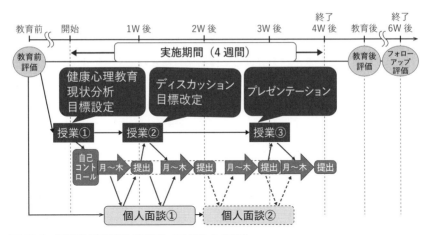

図 10-2　睡眠生活習慣改善教育プログラムの流れ

校現場では，ともすれば教員が感じた生徒の変容という主観的な評価のみで評価がなされることがあります。しかし，後ほど詳述しますが，「科学的に」評価することは，このプログラムの実施と継続を支える土台となります。

▌2-2-2　内容

　授業の様子を見てください（**写真 10-1**）。授業の中では，正しい睡眠生活習慣や自己効力感を高めることの大切さなどを知る健康心理教育，自分の睡眠生活習慣の現状分析と自己コントロールの目標設定，睡眠生活習慣の課題とその解決策を考えて発表するプレゼンテーションがありますが，すべてグループワークを中心に行い，授業者は話し合いを促進するために机間指導を行います。あくまでも，生徒同士のかかわりを重視し，周囲から刺激を受けながら，自分のペースで，自分の動機で，睡眠生活習慣を改善するよう働きかけます。プレゼンテーションでは，各グループで課題を 1 つ決め，その解決策をブレインストーミングで出し合い，まとめて発表します。事前に，グループ全員が発表にかかわることができるよう，役割分担の枠組みを示しておきます。

　自己コントロールでは，就寝時刻，起床時刻などと同時に，睡眠の量や質に関わる食生活やデジタル機器の使用についても，各自の目標を立てます。目標は，高すぎず低すぎず，ちょっとがんばったらできるものにします。「ちょっ

とがんばってできた」という達成体験を積むことは，自己効力感を高めるうえで大切なことだからです。また，各自が目標を立てるときには，グループで自由に相談し，仲間と助言し合いながら立てら

写真 10-1　楽しく意見を交わす生徒たち

れるよう促します。仲間からの励ましも，自己効力感を高める方法の一つだからです。チェックシートに各自が目標を記入し，達成できたかどうかを毎日○か×でチェックし，1週間ごとに提出します。なお，授業では，前の週の自分の達成度を振り返り，次の週の目標の改定を行います。このとき，達成度が低い場合は，目標の設定が高すぎた可能性があるため，あえて達成しやすいように低く設定し直し，達成度が高い場合は，もう少し目標を上げてチャレンジしてみるなどのコツを伝え，グループで話し合うように促します。

　最後は，動機づけ面接スタイルの個人面談です。昼休みと放課後を利用して，保健室の一角や相談室など落ち着いて話ができる場所で，1人10〜15分程度で実施します。事前に，自分の睡眠生活習慣を改善する重要性と自信について，それぞれ10段階でどの程度かをワークシートに書いて持ってくるように伝えておき，そこから話題を始めます。例えば，重要性を5とした理由について，どうして2や3ではなく5にしたのか，その内容についての本人の語りから，何を大切にしているか，何のために睡眠生活習慣を改善したほうがよいと思うのかを明らかにして，本人の価値観に沿った動機を見つけ，それを強化するのです。これは，なかなか集団指導ではできないことです。

　学校現場では，子どもが教員と一対一で，じっくりと語りに耳を傾けてもらえることはそう多くはありません。筆者が実施した面談では，ほとんどの生徒が自分の生活について，これが好きで，これが苦手で，本当はこうしたほうがいいんだけど結局できていないなどと，価値観とともに“両価性”を語ってく

れました。最初は身構えていた生徒も，こちらが「あなたの生活や思いを聞きたい」という姿勢を貫き，改善したくても難しいという思いに心から共感を示すことで，次第に建前から本音へと発言が変化していくことも少なくありません。動機づけ面接は，周囲から指導を受け続けてうんざりしている人ほど効果を示すことが明らかになっていますが，この場合，本人が本当はしたほうがよいと思う行動について，現実的な方法を共に考え，自己効力感を支援します。もちろん，興味がない，または自分には問題はないという考えの生徒もいます。その場合には，しばらくたってもう一度話を聞かせてほしいと２回目の面談の実施を提案します。焦らず，あきらめず，どんな状態の生徒とも向き合うことが，このプログラムの基本姿勢です。

3 睡眠生活習慣改善教育プログラム Part2 ── 教育効果はどうなのか

3-1 教育効果を測る４つの評価項目

　このプログラムでは，質問紙に答えてもらう形で，次の４つの項目について，教育前，教育後，そしてプログラム終了６週間後のフォローアップ（以下，FU）の３時点で変化を見ました。

①睡眠生活習慣改善に関する自己効力感（自分の睡眠生活習慣を改善できる自信）
②睡眠生活習慣に関する行動変容段階（行動変容の道のりを大きく５つの段階に分けて，現在どこに位置するか）（森谷・清水，2009）
③心理的ストレス反応：SRS-18（現在のストレス反応の大きさ）（鈴木他，1997）
④睡眠生活習慣（就寝時刻，睡眠時間，朝食の摂取，デジタル機器の使用時間，夜食やおやつ，カフェインの摂取など）

3-2 クラス全体はどうなった？

3-2-1 何が変わり，何が変わらなかったのか

前項の４項目のうち，クラス全体で変わったものは，①と②でした。①につ

いては，男子において，教育前より教育後のほうが有意に上昇しました。つまり，男子は，「自分は，自分の睡眠生活習慣を改善することができる」という自信がプログラムによって高まったということです。②については，男女の合計において，教育前より FU のほうが有意に前進しました。つまり，プログラム終了から 6 週間後には，プログラムによって行動変容の道のりが先の段階に進んだ生徒が多かったのです。③と④については，①と②のような有意な変化は見られませんでした。

▌3-2-2　クラス全体の結果から思うこと

④の実際の睡眠習慣が明らかな改善を見せなかったことは残念でした。このプログラムの一番の最終目的地だったからです。一方で，その最終目的地に至る道のりについて，この道を歩んでいけるという自信や（①の自己効力感のことです），その道を少しずつでも歩んできている（②の行動変容段階のことです）という事実は，プログラム実施への希望となりました。というのも，先述したように，長年培われてきた生活習慣の改善は一朝一夕にはいきません。言われたから今日から完璧にやろう，という急激な変化よりはむしろ，一歩一歩，自分ができる範囲でよいほうに近づいていこうという気もちが大事で，それがはぐくまれていると感じられたからです。

3-3　特に睡眠生活習慣が心配だった生徒はどうなった？

▌3-3-1　個人レベルに注目した理由

クラス全体とともに，個人レベルでも教育による変化を見ました。教育前に特に睡眠生活習慣が乱れていて心配だった生徒に，できるだけ早いうちに少しでも改善が見られたらいいなと思っていたからです。ここでは，2 つのケースについて取りあげます（表10-1）。

▌3-3-2　デジタル機器の使用時間が一番多かった生徒（ケース A）

この生徒は，教育前の調査では，学習目的での使用以外でデジタル機器を 1 日平均 180 分使用していて，主にスマホでオンラインゲームをしていました。この時間が，教育後には 100 分に減り，FU では 150 分と揺り戻しが見られましたが，教育前よりは 30 分減りました。睡眠時間も，教育前には 7 時間 10 分だったのが，教育後には 8 時間 6 分，FU では 8 時間 20 分と大きく増加しま

表 10-1　特に睡眠生活習慣が心配だった生徒の変化

	ケース A			ケース B		
	教育前	教育後	フォロー アップ(FU)	教育前	教育後	フォロー アップ(FU)
睡眠習慣改善に関する自己効力感得点	6	12	17	24	15	18
睡眠習慣改善に関する行動変容段階	関心期	関心期	維持期	無関心期	無関心期	関心期
SRS-18 全体得点	46	24	30	4	0	4
デジタル機器使用時間	180 分	100 分	150 分	107 分	110 分	53 分
デジタル機器使用終了時刻	23:10	22:30	22:40	0:50	23:44	23:57
就床時刻	23:20	22:53	23:10	1:38	23:46	23:57
起床時刻	6:30	7:00	7:30	7:00	7:00	6:43
睡眠時間	7 時間 10 分	8 時間 6 分	8 時間 20 分	5 時間 22 分	7 時間 14 分	6 時間 46 分

した。いつでもスマホを使える環境があり，一緒にゲームを楽しむ仲間もいるなかで，自分の意志でゲームの時間を減らして睡眠時間を増やすことはたいへんだっただろうと想像します。個人面談でも，理想と現実の葛藤が多く語られましたので，本人を取り巻く状況を受けとめ，それでもなんとかしたいと思う気もちに共感し，自己効力感を支援しました。全体に対する指導だけでなく，個々の事情や考えにじっくりと耳を傾けることは，個別性のある生活習慣を指導するときに特に重要になると，この生徒との面談を通じて感じたものです。

3-3-3　睡眠時間が一番短かった生徒 (ケース B)

　この生徒は，教育前の調査では，睡眠時間が1日平均5時間22分でしたが，教育後には7時間14分，FU では6時間46分と揺り戻しましたが，教育前よりは1時間以上増えました。この生徒の睡眠時間が少ない原因は，成績を気にして遅くまで勉強していることでした。ただ，授業中にたまらなく眠くなることがあるので，本人も睡眠不足は自覚していました。個人面談では，この生徒が学習面を大切にしていることから，その価値観を尊重して話を聞きました。睡眠生活習慣を改善することには学習面にとってどんな意味があるのかを生徒

と一緒に考えると，生徒からは，睡眠時間を増やすことで記憶力もよくなり，授業にも集中できて効率的に学習が進むのではという考えが語られました。結局，睡眠生活習慣を改善することは，自分の価値観に沿った行動なんだと納得し，自分から早く寝るようになっていったのです。

3-4　プログラムの課題

このように，プログラムによって生徒たちの睡眠生活習慣がよい方向に舵を切ったことは間違いなさそうです。とりわけ，教育前に特に睡眠生活習慣が心配だった生徒には，よい影響を与えたと言えます。ただ，課題もあります。

一つ目は，授業，自己コントロール，個人面談と 3 つのメニューを同時に実施したので，本当に効果があったメニューは何なのかがわからないことです。例えば，個人面談だけでも，あるいは，授業と自己コントロールのセットだけでも効果があったのかもしれないし，なかったのかもしれません。このあたりはさらなる検証が必要だと思います。

二つ目は，前にも述べましたが，個人面談には時間と手間がかかりますし，面談を実施する教員のスキルも必要です。また，1 人 10 〜 15 分程度とはいえ，限られた学校教育活動の時間内から捻出するのはたいへんなことですし，教員の研修にも時間と労力が必要です。学校でこのような心理教育を導入しようとするとき，現場の人間としては，これらが大きなポイントとなるように思います。

4　壁は何なのだろう

4-1　時間

ここからは，筆者が先述の睡眠生活習慣改善教育プログラムを実施した経験から，学校で心理学的教育の恒常的安定実施を阻む壁は何なのか，筆者の考えを述べます。

一つ目は，時間です。近年，教員の長時間労働が報じられ，教員の働き方改革がさまざまな形で実施されるようになりましたが，実際，教員は忙しいのです。

部活，生徒指導，授業準備，評価の作成，行事の準備，その他諸々の校務に加え，新型コロナウイルス感染症への対応や放課後の校舎の消毒作業など，子どもが学校にいる時間もいない時間も，教員がやることは山のようにあります。

　忙しいのは，子どもも同じです。宿題，習い事，塾，部活などで日々の予定は詰まっており，学校から帰って荷物を置いて友だちと遊びに出るなどという昔あった光景はほとんど見られなくなりました。面談で，ある生徒は言いました。「先生，勉強がやばくてこんなことやってる場合じゃないんです」と。

　大人も子どもも，自分の生活や健康について，ゆっくり話したりあらためて振り返ったりする時間も心のゆとりもなく，生涯にわたる心身の健康より目下の業務や成績で手一杯，という現状があるのです。

4-2　枠組み

　二つ目は，枠組みです。周知のとおり，学校では，学習指導要領に基づいた教育課程により学習活動が行われます。その中には，国語，算数などの教科と，学級活動などの教科外の時間がありますが，例えば，健康教育は，教科である体育科保健領域を中心に，教科外の時間など学校教育活動全体を通じて行うとされています（文部科学省，2019）。ところが，中心とされる体育科保健領域の時間数はとても少ないのです。例えば，小学校では 3 ～ 6 年生の 4 年間で，合計 24 単位時間程度です。この時間数で，健康を支える環境，けがの手当て，生活習慣，心の健康などを取り扱うのですから，基本知識を一度教える程度の学習となります。教科外の時間も，健康教育以外に，情報教育，人権教育，国際理解教育，安全教育，環境教育，キャリア教育……と教育の大渋滞なのです。

　では，どうして筆者は先の教育プログラムを実施できたのでしょうか。それは，ある枠組みの中にいたことが大きかったと思っています。筆者は当時，教員でありながら，大学院で研究をしていました。自校の教員が仕事として研究をするために，学校がその実践の場と時間を提供するという枠組みがあったのです。もし，筆者がその立場になかったら，実施できたという確信はありません。実践終了後は，職員会議で研究発表の時間までいただいたほどでした。平たく言うと，特別枠だったのです。

　ここから言えることは，学校で心理教育プログラムを確実に実施するために

は，一番には学習指導要領という枠組みに明記することですが，一教員で今すぐできることではありません。現場で感じることですが，学習指導要領に明記されても現場でなかなか実装されないものもあります。例えば，中学校体育の男女共修です。長年，中学校では体育は男女が分かれて実施されてきましたから，いきなり明記されても現実的に現場が追いついてこないのです。このように，仮に，心理教育が学習指導要領に明記されたとしても，それまでの現場の教員の理解と地道な取り組みがなければ，実装されない可能性もあることは注意しておく必要があります。したがって，筆者たち教員ができることは，まずは今の枠組みの中で，少しずつでも確実に，心理教育を行っていくことなのです。

4-3　人

　三つ目は，人です。これは，筆者が考える恒常的安定実施の最大の壁であり，最大の促進要因でもあります。

　筆者の実践を振り返ったとき，人に助けられ，人に支えられました。実践について校長先生に相談に行ったときには，研修として必要というだけでなく，生徒の健康増進のための取り組みであることを理解していただき，学習指導要領を開き，一緒に枠組みを考え，目標を共有してくださいました。学年主任の先生には，授業中に寝ている生徒がいるという課題意識から，必要性を理解していただきました。また，担任の先生には，基本的に学級担任が実施する学級活動において，養護教諭が実施することで生徒に刺激を与えたいという思いから，快く協力していただきました。

　実施を阻む壁としてあげた時間や枠組みは，決められた事柄として一見絶対的に思えますが，人の考えや取り組みと双方向に影響します。同じ時間でも，教員や子どもの状態によって余裕があるものにもないものにも感じますし，枠組みで決められても十分に実装される場合とそうでない場合があります。筆者は，鍵を握るのはいずれも教員，子ども，保護者など，学校にかかわる人ではないかと思うのです。

　筆者が教育プログラムを実施した教科外の学習活動は，学校の教育目標やそれを受けた学年団などの裁量が大きく，さらに，地域や保護者，その時々のト

ピックに大きく影響されます。例えば，学校やPTAの実態調査で，インターネット利用の問題が子どもの健康課題としてあがったときには，子どもの健全育成と健康増進のために，ネットの使い方やルールづくりなどに時間が充てられます。

　また，管理職の異動によって教育目標や重点目標が変わったり，取り組みの中核となる教員の異動によって，取り組みがなくなったり新たに実施されたりすることもあります。筆者は，先述の教育プログラムを実施した翌年に別の部署に異動になり，翌年も実施を計画していたのですが，継続はかないませんでした。子どもの睡眠生活習慣改善のために，引き継いで実施してもらえる人や体制をつくれなかったことは，今でも悔やまれます。

　現場の筆者たち教員が，心理健康教育の恒常的安定実施のために今日からやれることは，教員が必要性を理解し，現場で教員同士や家庭と連携しながら，日々地道な取り組みを続けていくことではないでしょうか。

5　恒常的安定実施のために

5-1　準備，まずは時間を確保しよう

　ここまで，心理健康教育の恒常的安定実施を阻む壁と，それを乗り越えるために教員の地道な取り組みと周囲との連携が大切であることを述べてきましたが，ここからは，具体的にどのように心理教育の取り組みを実施するのか，とりわけ，一度きりのものではなく，継続性のある取り組みのために筆者が大切だと考えることについてお伝えします。

　まず，時間の確保です。このためには，学校の計画に位置づけることが大切です。例えば，健康教育なら保健主事，養護教諭，管理職などと相談し，学校保健計画に位置づけることで，行事計画に反映できるようにします。このときに大切なのは，計画段階から学年団や学級担任と連携して実施可能な時数を確保しておくことです。可能であれば，行事予定のどこに入れたいのかを，運動会や定期テストなどの重要な行事との兼ね合いを考えて検討し，さらに子どもや教員の心理状態も考慮できればなおよいと思います。このように，計画段階

から，可能な限り具体的な構想を関係職員に，できれば学校全体に周知しておくことは，スムーズに実施するための準備として重要となります。

5-2　現場が実施に前向きになれる教育であるために

▌5-2-1　心理健康教育自体の信頼性

　筆者の実践を紹介するなかで，教育効果を測る評価を行ったことを述べました。これはただ単に，効果があったかどうかを測るだけのものではありません。その後があります。効果があるものであれば，子どもたちのために実施を継続する理由となるのです。そのためには，可能な限り客観的な，説得力のあるものである必要があります。具体的には，科学的であること，つまり信頼性のある数値で表すことが肝要です。例えば，「A さんの表情が明るくなった」と説明すると，ともすれば主観的で曖昧な評価とも受け取れますが，「A さんの得点が何点上がった」などと説明されると，どの程度どうなったかが，たとえA さんのことをまったく知らない人が聞いてもわかりやすいからです。この教育によって子どもがよい方向に向かうという信頼性は，学校現場が実施に前向きになれる一つのポイントだと思います。

▌5-2-2　教員や家庭が必要性を感じるものに

　効果評価が大切とはいっても，子どもも大人も忙しいなか，どうしても時間がとれなかったり，さまざまな事情でそこまでは難しいという場合もあるかと思います。誤解を恐れずに言うと，要は，周囲が納得し，必要性を感じるものであればよいのです。例えば，他の教員や管理職に授業を見てもらったり，学級担任に自己コントロールシートのチェックを依頼して子どもの変化を感じてもらったり，睡眠生活習慣改善教育を実践していることを周知しておいて，例えば，授業中寝ている生徒の変化を観察してもらったりすることで，「この教育は子どものためになる」と必要性を感じてもらうことです。もし，子どもが生き生きと睡眠習慣改善教育に参加していたり，自己コントロールシートで徐々に生活習慣が改善されたり，他の教員の授業で寝る生徒が減少したりする様子を周囲が感じてくれたなら，継続の強力な追い風となります。

　とりわけ，家庭の理解と協力は重要です。ワークシートなどを家庭に持ち帰らせ，家族に授業の内容を知ってもらい，コメントをもらうことは有効で

す。家族も忙しく，いろいろな関係性があるなかですべての家庭に協力を求めることは難しいのですが（親にワークシートを見せるなんて嫌だと隠す子どももいるでしょう），多くの家庭は，子どもが心身ともに元気でいるための取り組みには協力的です。家庭，学校，友人，地域の人……，その中の誰が促して共に取り組めば子どもが行動変容をしやすいかは，発達段階や個別性もありますし，その時々の状況やどんな目標かにもよります。このことは，とりわけ思春期の子どもを持つ家庭は痛感しているところでしょう。この教育は誰が担う，という役割分担は大切ですが，誰かに任せきりというのではなく，共に支援していくという姿勢は重要です。何より，最終的に効果が示され，子どものためになるという点からも，筆者たち教員が柔軟に考えるべきことだと思うのです。

▮5-2-3　フィードバックが継続を支える

　教員が何か取り組みをしたとき，とりわけ新しい取り組みをしたときには，その報告を求められることがあります。これは，その取り組みを一度で終わらせるのではなく，何らかの形で現場の教育に活用していくための大きなチャンスです。そのとき，先に述べた科学的な効果評価は，一目で効果をわかってもらう一番の手立てとなります。例えば，報告書や学級通信，「ほけんだより」などの発行物の中で，グラフや図で効果を示せば，目を引くと同時に数値で効果を理解してもらえます。また，生徒の承諾を得たうえで，アンケートの記述を掲載すれば，教育を直接受けた生の声としてインパクトのある実践報告となります。その中で，「またやってほしい」「これからも続けてほしい」という意見をもらえたなら，これ以上に恒常的安定実施を後押ししてくれるものはありません。現場の肌感覚ではありますが，子どもや家庭のニーズは教育活動の大きな支えだからです。

　筆者の反省は，これをしっかりやることができなかったことです。報告書や論文執筆，そして突然現れた新たな感染症対策などに手一杯で，現場と家庭に丁寧に説明できなかったことは，今でも悔やまれます。この苦い経験からも，フィードバックの重要性を皆さんにお伝えしておきたいと思ったのです。

5-3　おわりに

筆者は，養護教諭として子どもの心身の健康を願い，支援する立場にありま

す。健康以外にも大切なことはたくさんありますし，人によって価値観は違う
ものですが，心身ともに健康でいられることは，長い人生における大きな財産
です。これからも，子どもが生涯にわたって健康でいられるための心理健康
教育を，学校と家庭とで連携しながら，安定的に，恒常的に実施できるために，
日々取り組んでいきたいと考えています。この思いを，一人でも多くの方に共
有していただけることを願っています。

人事異動と関係性の変化

　公立学校では，毎年人事異動があります。私も，その一員として，職場や立場が変わる年もあれば，変わらない年もあります。ただ，確実に言えることは，人間関係は毎年変わるということです。子どももそうです。進学や進級があり，場所が変わらないにしても，毎年，人間関係や役割に変化があります。大人も子どもも関係性に変化があり，もちろん，大人と子どもの間にも，関係性の変化があります。このように，毎年，人間関係の変化が繰り返されるなかで感じることは，人間関係は，一朝一夕に築けるものではなく，関係性の変化などに適応しながら，地道に築き上げる必要があるということです。

　変化への適応や関係性の構築がたいへんなときもありますが，こうした人事異動によって，人間関係の広がりやさまざまな経験が得られますので，基本的に私は前向きにとらえています。これまでも，たくさんの人に出会い，助けられながら，一緒に授業を考えたり，指導のあり方を相談したりしてきましたし，子どもたちや保護者の方々からも，多くのことを教えられてきました。

　一方で，心理教育を実施する教員の立場としては，この変化へ適応しながら，教育の実施をめざすことになります。これが，なかなかたいへんなのです。前年度に計画に入れていることであっても，人が変わると一から説明をしなければいけません。とりわけ，説明する相手にとってはじめてのものとなる場合には，丁寧な説明が必要になります。年度はじめの一年で一番忙しい時期に，自分も周りも時間と心の余裕がないなかで，こうした説明を行うことはなかなか至難の業です。とりわけ，自分の職場が変わり，人間関係がリセットに近い形になった場合にはなおさらです。

　第10章でも述べましたが，心理教育プログラムの恒常的安定実施をめざすうえで，人は大きなポイントです。私は，何かをしようとするときには，時間はかかっても関係者に丁寧に説明して，理解を得ることを心がけてきました。良好な

人間関係の中で，同じ目標を共有し，理解を得られたときには，教育の実施はとてもスムーズにいきますし，この上ない大きな支えとなります。一方で，理解を得るまでの道のりにおいては，時に障壁とも感じられるものです。　　　　　（滝　あい）

今後の発展を模索する
本物の心理教育プログラムの恒常的安定実施へ

最後に，異なった視点，もっと広い視点から，心理教育プログラムの恒常的安定実施について考える必要があります。ここでは，アメリカではどうなのか，認知心理学や学習心理学の研究者はどう見るのかを，思う存分語っていただきます。

　その後，大きな観点で総まとめをする章を経て，最終章では，心理教育プログラムに長年携わってきたベテランの研究者が一堂に会して本音の討議を行います。

第11章

アメリカにおける心理教育プログラム推進にかかわる専門職の養成システム

——ヒューマンサービスのコーディネーターの重要性

西山 久子 （福岡教育大学）

本章へのとびら

　「本物の心理教育」が定着するために，実践者が行うことは何でしょうか。心理教育における重要な知識を届けることでしょうか。適切な心理や感情に関する情報を提供することでしょうか。適切なスキルを伝達することでしょうか。よい実践も，安定して実施されることは容易ではありません。自分の学校で機能する心理教育が何であるかを適切に判断し，実践することも専門的力量の一つと言えます。

　心理教育が先進的に行われてきたアメリカでは，各州で多様に展開されていますが，本章では，その推進を担う専門性を持つ人材の養成や実践の具体的内容について，いくつかの地域の事情を例にあげながら論じます。

1　アメリカの児童生徒の学校生活の充実を支える人材

1-1　学校における専門職の構成

　図11-1は施策「チームとしての学校」構想の資料として，アメリカの教職員の構成に関する割合を示したものです。これを見ると，日本では教員以外の専門スタッフの割合が2割未満であるのに対し，アメリカでは，4割を超えて

初等中等教育学校の教職員総数に占める教員以外の専門スタッフの割合

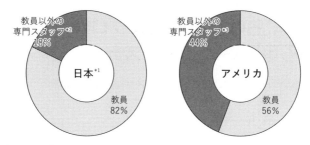

図 11-1　米国と日本の教員と専門職の割合（文部科学省，2015 から抜粋）
注：1　日本は小・中学校に関するデータ。
　　2　日本における専門スタッフとは，養護教諭，養護助教諭，栄養教諭，事務職員，学校栄養職員，
　　　　学校図書館事務員，養護職員，学校給食調理従事員，用務員，警備員等を指す。
　　3　アメリカにおける専門スタッフとは，ソーシャルワーカー，医療言語聴覚士，就職支援員等を
　　　　指す。

いMS。この 4 割に事務職は含まれず，スクールカウンセラー（以下，SC）を
はじめとする多くの専門職によって児童生徒の支援が行われています。学級担
任に負担が偏りかねない日本と異なり，アメリカの場合，さまざまな専門職が
「パッチワーク」のように児童生徒支援の役割を分担しており，SC はその中で，
「すべての児童生徒」の成長に向けた支援を担う役割を担っているのです（**表
11-1**）。

1-2　学級担任制に代わる役割分担

　日本では，初等・中等教育で学級担任の担う役割が大きく，児童生徒の指導
を全体的な視点で見守ります。アメリカでも小学校ではそうした指導形態をと
りますが，中学校以上になると，教科担任制になるだけでなく，個々の学習の
進捗や人間関係について，学級担任のような立場で見守る役割は，正式には教
科を指導する教員の手を離れます。それを担うのが，主に SC です。言い換え
ると，アメリカの SC は日本的な役割分担で言えば，「教科指導のない学級担
任」のような役割を担っていると言えます。

　小学校を卒業した子どもは地域の中学校に進み，そしてほとんどが，地域の
総合高校（comprehensive high school）に進学します。日本のように選抜が行わ

表 11-1　アメリカの学校での勤務スタッフのタイトル例と主な役割

		役割	仕事内容（F：学校に常勤，D：学校区から巡回，P：非常勤）
School Leaders	Board of Education	P	教育委員会：各州で定める基準に沿った5名程度の地域関係者で構成。学校の教育活動全般における意思決定や学校への指導等を行う
	Superintendent	F	教育長：日常的な学校区の教育活動全般の監督。住民投票で選出
	Assistant Superintendent	F	副教育長：教育長の補佐として学校区の教育活動全般の監督
	Principal	F	校長：児童生徒の教育活動の監督と教職員の人事管理，地域連携
	Assistant Principal	F	副校長：（小規模校は設置なし）特定の校務における校長の補佐。大規模校では教務・ICT・ヒューマンサービス等の領域を分担
	Athletic Director	F	体育局長：体育に関する学校施設内・教科の統括，関連予算・行事の運営
School Faculty	Teacher	F	教師：授業・評価など教科を中心とした教育活動を行う
	School Counselor	F	カウンセラー：全児童生徒を分担。受け持ちの児童生徒の家庭・困難状況や学習の相談，進路支援，標準テスト管理および予防開発的支援の実施
	Special Education Teacher	F	特別支援教育教師：障害のある児童生徒の直接支援および規定されている個別の教育計画（IEP）の作成と定期的見直しの確実な遂行
	School Psychologist	D	サイコロジスト：教員等の依頼により保護者の同意した児童生徒の心理教育的査定・IEP作成の資料と対応に関する教師へのコンサルテーション
	Speech Therapist	D	言語療法士：児童生徒の発話などの課題に対する指導援助
	Occupational Therapist	P	作業療法士：日常生活の諸活動の機能向上に向けた指導援助
	Physical Therapist	P	理学療法士：日常生活の基本動作の獲得のため身体機能回復の指導援助
	Alternative Education Teacher	F	オルタナティブ教育担当教師：通常サイズの学級では適切な学習効果が得られない生徒
	Library/Media Specialist	F	図書・メディア専門員：図書・メディア関連の管理，備品購入，教師との協働，児童生徒が生涯を通じ図書と親しむことができる取り組みの企画推進
	Reading Specialist	D	読字専門員：読み障害のある児童生徒のアセスメント
	Intervention Specialist	D	学習支援専門員
	Coach	P	学校を単位に行われている課外スポーツの専属コーチ
	Assistant Coach	P	学校単位の課外スポーツ専属コーチの補佐
Support Staff（抜粋）	Paraprofessional	F	専門職助手：教員の教育活動などの補助を行う
	Attendance Officer	F	出席管理事務官：欠席連絡窓口として家庭と連絡し，SCに報告する
	Nurse	D	看護士：学区で配属され，区域を巡回し医療ケア（注射等）を行う
	School Resource Officer	D	警官としての立場で学校での非行生徒への介入などを中心に行う。他に「Juvenile Delinquent Officer」など肩書は多様
	Computer Technician	F	コンピュータ技術員：ICT関連機器に関する設備の維持管理を行う

注：上記勤務内容・形態は，各学校区などにより異なる。児童生徒数により1.5名配置など部分的な非常勤配置もある。アメリカ教育省ウェブサイト（https://www.ed.gov/）およびカリフォルニア州での実務経験およびミズーリ州等での訪問調査において得られた情報をまとめ作成した。

	合同授業	SCの進路計画立案等の個別指導		全体への支援例：全校アッセンブリー制度
難関大学進学を目指すAさん	English (10年生)	難関大学進学用超高校級科目	個の興味に基づく選択科目	学年・進路等にかかわらず，各教員の部屋に15名程度が週1回集まり，朝のホームルームを実施（SCは実施のモデル運営案を作成）
4先制大学進学を目指すBさん	English (10年生)	4年生大学進学基準に沿う科目	個の興味に基づく選択科目	
地元短大進学を目指すCさん	English (10年生)	短大以降の進学もふまえた科目	個の興味に基づく選択科目	
職業専門学校を目指すDさん	English (10年生)	進学後の必須科目の計画的選択	個の興味に基づく選択科目	
卒業後に就職を予定するEさん	English (10年生)	進路に合う選択例：Consumer Math	個の興味に基づく選択科目	

図 11-2　アメリカの中等教育における日本的担任業務の分担（高校 1 年生の例）

れるのは，私立学校など特殊なケースに限られます。高校では，履修する科目等に学習の進捗状況が反映されます。英語を母語としない生徒など一部の例外を除き，「英語」や「体育」は学年ごとで共通に行われる必修科目です。それ以外は，学力により選択科目が異なります（**図 11-2**）。例えば，4 年制大学に直接進学するなら，数学では代数や幾何の履修が必須ですが，卒業後に就職や職業訓練に進むなら，同じ数学の必履修単位は「Consumer Math（消費者数学）」などの履修で満たすこともできます。理科や社会科など他教科でも，大学進学の場合は履修科目が限定されます。ケース C（**図 11-2**）のように，4 年制大学に直接進学するには学力定着が十分でない場合も，短期大学に設けられている4 年制大学編入カリキュラムを経ることで，最終的に 4 年制大学への進学が可能になる場合があります。本人の意思があれば，SC と家庭とが協働することで，生徒の進路実現を複線的に示すことが可能な仕組みになっているのです。

　アメリカでは日本と異なり，各州が権限をもって教育に関する施策を進めます。学校区や学校にも予算や人事に関する権限が委譲されており，校長が地域の学校評議員の声なども参考にしながら，自身のめざす学校体制に賛同を得られる教育職員を採用するなど，独自性のある教育プログラムを創ります。そこでどのような心理教育を含めるかは，SC の提案力にかかっているのです。

2　専任スクールカウンセラー

2-1　その役割

　アメリカの学校で雇用されている SC らをはじめとする援助系専門職は，ヒューマンサービスの専門家とされ，SC の他に，スクールソーシャルワーカー（以下，SSW）およびスクールサイコロジスト（以下，SP）等のスタッフがいます。その中で SC は最も多数を占めており，多くの場合，児童生徒約 250 ～ 400 名に 1 名の割合で専任として配属されています。

　アメリカでは SC の職務は以下のとおりとされています（ASCA, 2022 を試訳）。

　①個々の児童生徒の学習計画および目標設定
　②児童生徒を成功へ誘う基準に基づく学校カウンセリングのガイダンス授業
　③児童生徒への短期カウンセリング
　④長期的な個別支援が必要な児童生徒のための専門機関等への紹介
　⑤児童生徒の成功のための家族／教師／管理職／地域社会（資源）との連携
　⑥個別教育計画会議やその他の児童生徒を対象とした会議での生徒の擁護
　⑦生徒の問題，ニーズ，課題を特定するためのデータ分析

　これら，SC の支援サービスは，大きく次の 4 つに分けられています。
　［個別プランニング］（前述①）　児童生徒が自身のキャリア発達の促進において，学びやその先の職業選択および生き方を選び取るための，個別の計画立案です。例えば，学力の進捗が困難な折に進路計画と合わせた補習計画の更新をしたり，時期に応じた自己理解の促進と自身の進路計画を進めたりといったことです。
　［ガイダンスカリキュラム］（前述②）　予防的な取り組みや児童生徒すべてに有益な心理教育をグループやクラス，学年・学校全体での取り組みとして伝えます。各学年で，学習面・社会情動面・キャリア面の達成課題をルーブリック等の評価基準表で整理し，学年ごとに学習テーマをもって取り組むことで，体系的な習得をめざします。

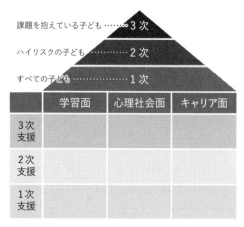

課題を抱えている子ども……∞3次

ハイリスクの子ども…………2次

すべての子ども………………1次

	学習面	心理社会面	キャリア面
3次 支援			
2次 支援			
1次 支援			

**図11-3　スクールカウンセリング「3×3」の
とらえ方**（ASCA, 2005 より改変）

［応答的なかかわり］（前述③④）　児童生徒が困難を抱えたとき，それに応じ支援を行います。例えば，学校を休みがちになった子どもの母親からの相談を受け，必要な支援を行う場合や，学習の進捗に課題があり学習意欲がない様子が見られたときに声をかけ，問題解決に向けた方針を共に立てることがそれにあたります。

［システム立案］（前述⑤⑥⑦）

自校の状況（規模・環境・スタッフ構成など）に合わせたスクールカウンセリング・プログラムの構築および更新，プログラム評価・地域との連携などで，主に SC がリーダーシップをとり，推進します。

これらが，SC が中心となり推進するスクールカウンセリング・プログラムの要素です。彼らは，多様な個別のプランニングを生徒やその家族と共に組み立て，進捗のモニターを行っています。3つの領域と，3段階の深刻さによる整理で，すべての子ども・ハイリスクの子ども・課題を抱えている子どものそれぞれに見合う支援を行います（**図11-3**）。多くの場合，彼らは各学校に専任で採用され，担当生徒の履修科目を進路計画に沿って管理し，学校適応上の課題に対応しつつ，児童生徒の学校生活の充実に資する多様な教育援助を行います。つまり，SC は子どもの人間的成長を支える役割の一翼を担っているのです。

また，個の進路支援については各家庭と生徒個人が主体的に備える必要があるとされている反面，アメリカで問題となっているドロップアウト率を背景に，生徒のニーズに応えるための対応を付加する必要にも迫られてもいます（Wang, Rathbun, & Musu, 2019）。SC は自身が行う直接的な支援とともに，教職員組織を活用した，複数のアドバイザリー制度などを工夫することで，インフォーマ

ルにきめ細やかな支援の目が届く仕組みを入れる取り組みがなされました（例えば，黒水他，2017；西山，2018）。この中で，SC はグループ支援を教科担任の教師に協力してもらいやすいよう，ガイダンス授業案を作ることもあります。SC はこれらの活動が適切に行えるよう，研鑽を積むことも期待されています。

2-2　プログラムの柱となる枠組み――ASCA モデル

スクールカウンセリングの校内での円滑な推進には，その柱となる枠組みが必要です。アメリカで用いられている SC による職能団体である SC 協会のモデル（ASCA モデル）を示します。スクールカウンセリングで教師をはじめとする関係者によって行われる活動は，学業面，個人・社会面，キャリア面の3 本の柱があります。この 3 分類は，American School Counselor Association（ASCA）で領域整理（キャンベル＆ダヒア，2000）に用いられています。

ASCA School Counselor Competencies（2012）で，SC は課題を抱える児童生徒のみならず，すべての児童生徒の学校生活の「成功」に向け，スクールカウンセリングを推進する力量（知識／能力・スキル／態度）を持つべきとされています。ASCA では，児童生徒の成功のために SC に求める考え方と行動を 4 つの構成要素に分け，全国モデルとしました。それに基づき，SC がすべての児童生徒の高等教育や社会参加を促進させるために示されているのが，ASCA 全国モデルの枠組み（図 11-4）です。全体像を示すプログラムは，①理念，②実施，③成果検討，④運営管理の 4 つで構成されています。インターンを終えた SC は，こうした枠組みをひな型に，自身の学校での体制づくりを推進することが推奨されています。

［プログラム］　ASCA モデルによるスクールカウンセリングの枠組みです。SC は，学校の実態をふまえ，

図 11-4　スクールカウンセラーが展開するスクールカウンセリング・プログラムの ASCA 全国モデルの枠組み

包括的・発達促進的かつ成果に基づくスクールカウンセリング・プログラムで全体像を示し，児童生徒に資する効果の共通理解を得て，取り組みを推進することが求められています。

　［①理念］　ASCA 全国モデルに基づく，スクールカウンセリング・プログラムの組織的基盤を示すことです。学校教育の向上に役立つ同プログラムの理念・原理・ミッションなどの枠組みを示します。

　［②実施］　ASCA 全国モデルに基づき，スクールカウンセリング・プログラムを，発達段階に沿った共通カリキュラムにより社会情動面／学習面／キャリア面の成長を促進させるため，応答型・予防のための直接的・間接的な教育援助を推進します。

　［③成果検討］　ASCA 全国モデルに沿って，スクールカウンセリング・プログラムで得られた児童生徒への効果を整理し，進捗状況を把握し評価します。質的・量的データにより，科学的根拠に基づく改善の提案を行います。

　［④運営管理］　ASCA 全国モデルに基づき，スクールカウンセリング・プログラムを管理・運営します。スクールカウンセリングの推進に関して，SC は管理職と連携し，専門領域におけるリーダーシップを発揮します。

2-3 ASCA モデルの学校への反映

　前述の専任 SC の役割に示すとおり，SC は単に個別カウンセリングを行うだけではなく，その学校の子どもたちの学校生活の充実（アメリカ的表現で言えば「成功」）に導くため，一部の問題を抱えている子どもや，ハイリスクの子どもだけではなく，すべての子どもに資する支援を心理的・教育的かつ組織的に推進することが期待されています。

　日本の学校に ASCA モデルを援用すると，まず教育相談のプログラム（全体計画）を示し，管理職・SC・SSW も含め共通理解した理念や倫理などを示し，全体計画がプログラム運営担当者によって円滑に行われるよう管理職と調整し，校内の組織体制を示して役割整理を行い，各計画に基づく予防から事後対応までを含む教育援助を行い，成果と課題を明確化しさらに発展させる，という仕組みになります。適切な心理教育の選択・推進もこの中に含まれます。

　これらの活動を遂行できる力量と，一人ひとりの児童生徒とその保護者や同

僚教員を支える力をもった中堅教員の養成は重要であり、「チームによる学校」の円滑な運営に欠かせません。その担い手は、全体的視点からの実態をふまえ、学校状況に沿って適切な包括的プログラムを構想し、管理職や他の専門職および同僚と調整するなど、専門性に基づくリーダーシップを示し、共通理解を築いて、関係者が納得できる方法で実践を推進する力量の形成が必須です。

3　スクールカウンセラー養成プログラム

3-1　スクールカウンセラー養成プログラムの概要

　アメリカでは、1958年のスプートニクショック以降、理系人材の輩出が重視され、そうしたキャリア面の支援に対する期待を受けて、スクールカウンセリング（当時はCounseling & Guidanceとされた）の導入が学校教育に求められ、養成課程の設置も一気に進みました。それ以来SCの人数は増加し、ほとんどの中等教育と多くの初等教育機関にSCが配置されました。アメリカのSCは、個別の支援力とそれが組織的に機能することをめざし、個と集団の両面から、主に日本での学級担任の役割（教科指導を除く）を担い活動します。各州で紆余曲折を経ながら、すべての子どもの学校生活の充実に向けた支援を行う専門職が配置されています。専門性の育成がどのように行われるかを、ソノマ州立大学（Sonoma State University）での養成課程（表11-2）を例に検討します。

　ソノマ州立大学大学院カウンセリング研究科SC養成課程は、2022年1月現在、272のSC養成課程の一つとして50年以上運営されてきました。SC養成プログラムでは、2年以上で48〜60単位の修士レベルの授業の履修が求められていますが、ここでは必履修単位60単位と、フルスペックのプログラムです。そこでの養成課程プログラムの展開の様子を検討してみましょう。

3-2　スクールカウンセラー養成プログラムでの学修とインターンシップ

　SC養成プログラムの学生は、専門職学位を得るため、授業・インターンシップ・ケースレポートによる課題研究を行います。専門職学位課程として、授業には、カウンセリング理論・集団力動やグループプロセスなどが含まれます。

表 11-2　ソノマ州立大学大学院カウンセリング研究科 スクールカウンセリング専攻 科目概要

Code	授業タイトル（訳）	概要	単位
COUN 501	Counseling Theories & Professional Orientation（カウンセリング理論と専門領域）	カウンセリングにおける理論・専門性に関する理解	4
COUN 510A	Applied Counseling Techniques & Assessment（カウンセリング技法とアセスメントの応用）	現場での実践に向けカウンセリングやアセスメントの技法	4
COUN 511F	Career Counseling: Foundations, Measurement & Assessment, and Issues Throughout the Lifespan（キャリアカウンセリング：理論的基盤・尺度・アセスメント・生涯の成長の課題）	キャリアカウンセリングの理論・方法と成果検討に用いる尺度や実態把握,進路支援・長期計画の展開方法の理解	3
COUN 513	Research, Evaluation, and Assessment In Counseling（カウンセリング研究, 評価, 実態把握）	カウンセリングの成果の科学的検討のための研究, 評価・実態把握の方法理解	4
COUN 570	Multicultural Counseling（多文化のなかでのカウンセリング）	多文化間・世代間の課題を克服し理解を促進するための支援方略の理解	4
	Total units in the MA core（修士課程コア領域の単位）		19
COUN 510B	Applied Counseling Practicum and Advanced Techniques（カウンセリングプラクティカム）	学校でのカウンセリングの具体的理解（構造化された活動）	4
COUN 511G	Academic/Career Planning and Counseling Issues of K-12 Populations（初等・中等段階の学習面／キャリア面の計画や相談の課題）	初等・中等段階の児童生徒への学習とキャリアの計画立案とカウンセリングの概要の理解	1
COUN 514A	School Counseling Field Experience I（スクールカウンセリング現場体験 I）	スクールカウンセリング・インターン（SC 志望者のみ）	4
COUN 514B	School Counseling Field Experience II（スクールカウンセリング現場体験 II）	スクールカウンセリング・インターン（SC 専攻のみ）	4
COUN 520	Introduction to School Counseling（スクールカウンセリング入門）	アメリカ SC 協会（ASCA）の理論体系に基づくスクールカウンセラーの役割	4
COUN 521	Pupil Personnel Services: Concepts and Organization（児童生徒支援：概念と組織）	学校の教育活動に位置づけられた, 科学的根拠に基づく包括的児童生徒支援	4
COUN 523	Working with Families in a School Setting（学校での家族との協働）	SC が中心となる家庭との協働のあり方の理解	4
COUN 524	Counseling Children & Adolescents（子どもと思春期の若者のカウンセリング）	児童・生徒へのカウンセリングの方法の理解	4
COUN 526	Group Councoling in the Schools（学校でのグループカウンセリング）	学校でのグループカウンセリングの方法の理解	4
COUN 527	Law & Ethics for School Counselors（スクールカウンセラーのための司法と倫理）	スクールカウンセラーに求められる司法と倫理の理解	4
COUN 528A	Consultation（コンサルテーション）	スクールカウンセラーによるコンサルテーション	3
COUN 528B	Crisis Intervention（危機介入）	スクールカウンセラーによる危機介入の理解	1
	Total units in MA Option II（修士課程−スクール・カウンセリング領域）		41
	専門職修士課程修了にかかる合計単位		60

　SC養成課程の中でも重要な役割をもつインターンシップは，2年の履修課程では毎学期に行われるよう，次の4段階に分けられています（**表11-2**）。

　第1段階：［COUN510A］　個別のカウンセリングの技法を，共通科目として臨床カウンセリングを学ぶ学生と共に学びます。フィールドワークとして現場に出る前の段階として，大学院において履修者間で相互にカウンセリングを行い，その様子を動画で録り文字起こしをしたものをもとに，授業で臨床心理・カウンセリングの有資格の教員から指導を受けます。カウンセリングの技法を段階的に獲得するため，毎週テーマを決めて自身の状況を共有し，ロールプレイすることで，応答訓練を行います。それとともに，受理面接の行い方・危機状態のアセスメント方法・自殺企図に関するアセスメント方法などを身につけ，現場に出て深刻な状況に直面した際に適切な対応がとれるよう備えます。次学期から臨床カウンセラーをめざす者はさらにその力量を高めますが，SCは危機対応の介入支援の専門家ではなく，その見極めができるようになるためにこれらの領域の概要をつかむのです。

　第2段階：［COUN510B］　専門領域に分かれ，SC養成課程の学生だけで行われます。この段階は「プラクティカム」と呼ばれ，実際の実習フィールドに出て，構造化された内容の活動を，スーパーヴァイザー（以下，SV）の監督のもとで，児童生徒等を対象に行います。取り組み例として，高校ですべての生徒が立てている進路計画の進捗状況をヒアリングし，累積記録に残したり，小学校で学級を訪問し，あらかじめ準備した心理教育を複数の学生でガイダンス授業として行ったりすることがあります。

　第3段階：［COUN514A］　この段階からが実際にSVが常時陪席していない状態で行うインターンシップです。実習先は2校種以上，SC養成課程では，主に小学校・中学校・高等学校から2校種での実践を行うのが好ましいとされています。例えば，高校でのSCをめざしているとしても，小学校や中学校の現場や児童生徒支援のニーズを知ることが必須だと考えられているからです。この設定の特徴として，SVの指導は，インターン先のサイトSV（専任SC）と，大学院の担当教員であるSVの2方向から指導が得られる仕組みがあります。インターンシップ体験では，定期的に行われるサイトSVとの個別協議や，SC学生と大学院担当SVで行われるグループスーパーヴィジョンで課題が共

**写真 11-1　アメリカのスクールカウン
セラーの教育風景**

有されたり，学生相互の交流が行われたりして，学びが深められます。

　第4段階：[COUN514B]　最終段階では，自立的な SC となることをめざし，第3段階から継続して同じインターン先で，サイト SV と大学院担当 SV の指導を受けながら，専門的力量を磨きます。各授業で学んできたカウンセリング理論や技法を，現場に合わせて応用し，活用します。また，修士レベルの研究的視点での実践とその報告ができることを示すため，主にこのインターン先での支援事例のうち1つをケースレポートにまとめ，文書と口頭での発表を行います。

　こうしてピア間のロールプレイ・演習から始まり，理論を学びながら現場に赴き，インターン先の児童生徒や教職員とのかかわりを徐々に増やして，最終的には学生が一人で児童生徒の事案に対処したり，学級単位の活動を行ったりできることをめざします。それには，心理教育の実施も含まれます（**写真 11-1**）。

4　スクールカウンセラー養成課程における心理教育

4-1　心理教育への力量を高める

　SC 養成課程で，心理教育にかかわる力量を高めたり，その内容について論じたりする機会はどこにあるのでしょうか。**表 11-3** は，先述のソノマ州立大学で，SC 養成課程においてインターン学生を受け入れる先の「サイト SV」に対して示している資料です。サイト SV は，その多くが大学周辺の地域の SC 養成課程出身です。彼らの勤務校に，1名または2名の学生が配属され，そこでカウンセリングやコンサルテーションの場面に陪席し，徐々に一人で進

表11-3　スクールカウンセラーが担う「社会性と情動の発達」（例：カリフォルニア州）

1. 児童生徒の学業達成の障害となる社会的／情緒的，メンタルヘルス，ニーズ，危機，トラウマへの対処を含むが，それに限定されない個人カウンセリングにおいて必要なカウンセリングスキル，テクニック，戦略をモデル化し，実証する。

2. グループカウンセリングで，心理教育的および精神分析的な枠組みを用いて，児童生徒の学力向上を妨げている根本的な原因や問題に取り組むために，信頼関係を構築し，共感を示し，児童生徒への偏りのないサポートなど，必要なカウンセリングスキルを用いて，模範となり，支援を行う。

3. 多層支援システム（MTSS）におけるスクールカウンセラーの役割を明確に示し，MTSSの枠組みを適用して，児童生徒の社会性と感情の学習を，偏見なく包括的に促進することができる。

4. 文化的多様性やさまざまな家族構成を受け入れ，尊重し，大切にするために，文化的能力を高め，生徒が別の観点を尊重し理解できるよう支援するスキルを示す。

5. 個人・小集団・危機対応を含む応答型的サービスを提供する際に，利用する介入方針・見通しと見立てを明らかにしたうえで取り組む。

6. 移行期や別離の際に経験される高いストレスや，重大な変化の時期にある児童生徒のメンタルヘルスのニーズにカウンセリングにより対処する能力や，すべての児童生徒のニーズに対応するため地域の援助資源やサービスを活用した支援を行う。

7. 危機について理解し，適切な対応を見極め，危機対応の前後や最中に，個人，グループ，学校コミュニティのニーズに応じたさまざまな介入策を示すことができる。

8. 学校の危機・危機後の計画における総合的なスクールカウンセリング・プログラムの役割を明確にし，実証することができる。

9. トラウマに配慮した対応過程に関する知識と，トラウマに配慮したケアの実践に沿った介入を行い，児童生徒の学習達成を支援する能力を示す。

10. ネットいじめ，修復的実践，自傷行為，ソーシャルメディアリテラシー，アルコール，タバコ，その他の薬物（ATOD），自殺，不登校，性的人身売買，ドロップアウト，若年妊娠，LGBTQ+理解や意識向上などの，予防的・教育的介入プログラムを開発・実施し進捗状況を見守る。

11. 教職員を対象とした予防開発的な研修プログラムを開発し，組織的に提示し，評価に至るまでの知識と技能を示す。

12. 学校とのつながりを促進し，学校のクラブ活動，スポーツ，その他の課外活動など，充実した活動を行うことの利点を理解する能力を示す。

13. 危機，トラウマ，幼稚園から高校まで学校で児童生徒に提供されるメンタルヘルスの支援サービスに関連したトピックについて，専門的能力を高めるため，継続して研修に参加し研鑽を積む。

14. 児童生徒のメンタルヘルスに関する初期的評価を行い，学校内外の専門スタッフへ適切に紹介する能力を示す。

15. スクールカウンセラーは，教師，管理職，他のヒューマンサービスの専門家（訳注：スクールソーシャルワーカーやスクールサイコロジスト等），地域の協働的な支援機関と協力して，包括的な児童生徒の支援体制を開発・牽引する責任があることを認識し，それを実際に遂行する。

路支援やガイダンス授業を行うところまで力量を高めます。

　インターン学生が心理教育の方法を習得するには，次の3つがあります。

① 担当校のニーズをとらえ，心理教育に必要な活動内容を決定する。

② ①で定めた内容を，適切な心理教育プログラムにより実際に指導する。

③ 自身で対象学級等の課題の克服に有益な活動内容を組み立てる。

4-2　スクールカウンセラー養成課程を規定する管理団体 CACREP

　スクールカウンセラーの養成課程は，アメリカで主にカウンセリング領域の専門職を養成する課程の教育プログラムを審査する管理団体により，その質保証がなされています。The Council for the Accreditation of Counseling and Related Educational Programs（以下，CACREP）（https://www.cacrep.org/）と呼ばれる団体で，1981 年に設立され，定期的な訪問調査や在学生・修了生への聞き取り調査を行い，認可を更新するシステムをとっています。2022 年現在，修士レベルでは，依存症カウンセリング，キャリアカウンセリング，臨床メンタルヘルスカウンセリング，臨床リハビリカウンセリング，地域カウンセリング，学生カウンセリング，老年カウンセリングなどと合わせて 11 領域に分かれ，同様にこの団体から管理を受けています。定期的な審査が 8 年ごとに行われ，認証を受ける仕組みです。近年，日本でも，専門職学位課程の認証評価制度が運営されていたり，臨床心理士などの資格管理団体が認定審査を定期的に行ったりする取り組みがなされていますが，CACREP の特徴は，カウンセリング領域内で各専門ごとに認定が行われる点です。

　CACREP が管理する SC 養成課程の評価概要は以下のとおりです。

　「スクールカウンセラーとしての専門性を習得している学生は，データに基づいたスクールカウンセリング・プログラムを通じて，すべての幼年から高校 3 年までの生徒の学習面・キャリア面・個人社会面の成長を促進するために必要な専門的な知識とスキルを獲得します。スクールカウンセリングを専門とするカウンセラー教育プログラムでは，各基準がカリキュラムのどこに記載されているかを文書で明示する必要があります。」

　基礎事項 —— スクールカウンセリング教育課程の沿革やモデルとするプログラムおよび成長にかかわるプログラム，学校を起点とする協働とコンサルテーション，学齢期に特有の評価の視点などを含む 5 項目。

　役割項目 —— 校内での位置づけ，校内外の関係職員との関係における役割，進路や進学に関する備えにおける役割，教育研究面の役割，危機管理に関わる役割，SC の役割を裏づける能力，メンタルヘルスの課題を抱える個人の把握と対応の役割，法令や施策に関わる役割，校内のリーダーとしての役割内容，薬物治療に関する知識，薬物乱用と子どもの家族関係の影響など 14 項目。

実践──スクールカウンセリング・プログラムのミッションと目標・設計・評価，コアカリキュラム設計，授業計画開発，教室管理戦略，差別化された教育戦略，学術促進のための介入・成長促進に効果的なキャリアカウンセリングと評価，学校環境での個人的／社会的カウンセリングのテクニック，学校と中等教育後の移行を促進するための戦略，社会的・家族的・感情的・行動的問題と学習面の関係を批判的に検討するスキル，進学率・卒業率向上の方略，大学やキャリアの準備を促進するための介入，成績評価等の公平性促進のための方略・学校内での協働促進の方略，ピア介入プログラム推進の方略，説明責任およびプログラム擁護のためのデータ使用などの15項目。

　CACREP の管理内容でも，心理教育面の視点が明快に含まれています。基礎項目に，模範プログラムとして学習面・社会情動面・キャリア面からなる ASCA のスクールカウンセリング理論があり，予防的視点を持つ SC のプロアクティブな役割像があり，経年的にも心理教育の視点は含まれていると言えます。

5　恒常的安定実施に向けた力量研鑽の組織的構造

　アメリカにおいてスクールカウンセラーが校内のメンタルヘルスや児童生徒支援の中心的役割を果たすようになって，すでに50年以上が経過しています。その専門性はどのように守られているのでしょうか。アメリカ・スクールカウンセラー協会が行っている職能集団の力量向上に向けた活動から見てみます。

　学校の置かれている状況はさまざまですが，SC が児童生徒の抱える問題に応じる場合に，事後対応だけに終始してしまう恐れがあります。それを回避するため，好ましい業務時間の配分が ASCA から示されています。SC は，自身の専門性に基づくセルフチェックとして，1週間などまとまった単位で，自分がどのような業務に従事しているかを，定期的に確認しておくことが推奨されています。小学校段階では，ガイダンスカリキュラムに基づいた心理教育に関わる授業を行うなど，集団に予防教育的な取り組みを行うことが多いことから，心理教育の時間が他の校種に比べて多くなっています。

　一方で，自身のキャリア形成に向け多様化してくる後期中等教育には，個人

表 11-4　ASCA が推奨する SC の業務時間配分（ASCA, 2005）

カウンセラーの時間の使用案	小学校（%）	中学校（%）	高校（%）
生徒の個人プランニング	5-10	15-25	25-35
ガイダンス・カウンセリングカリキュラム	35-45	25-35	15-25
応答型サービス	30-40	30-40	25-35
システム支援	10-15	10-15	15-20
合　計	100	100	100

注：SC の時間は，すべてガイダンス・カウンセリングプログラムの実施，遂行，管理にのみ費やされ
　　るべきである。

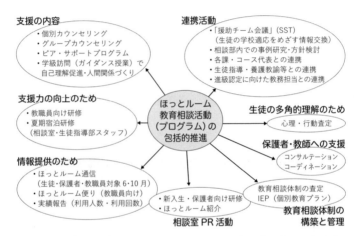

**図 11-5　アメリカでのスクールカウンセリング・プログラムをもとに
した日本の私立高校での試行例**

プランニングにかかる時間が増えます。高校段階では，心理教育を厳選し，効
果的に運用しながら，個別の教育計画のモニタリングをする必要があります。
加えて，スクールカウンセリング・プログラムの運営に関する活動にも，一定
の時間を割く必要があります（表 11-4）。専門職の活動が応答型サービスばか
りになると，予防的な取り組みに時間が割けない状況が続くことになります。
そのことは回避する必要があるのです。他にも，専門性を向上・発展させる職
能集団としての大会活動が行われています。
　筆者は，こうした教育を経てアメリカのカリフォルニア州の高校で SC を短

期間務め，その後日本で私立高校に勤務し，教育に足場を置く専任 SC として
8 年間活動しました（**図 11-5**）。学習面・心理社会面・キャリア面で 3 段階に分
けた支援システムの立ち上げは，1 人の生徒から徐々に多くの生徒へと受け入
れられていきました。学級担任の生徒・保護者への支援の質と量の差を，ど
う SC が調整するか，前任者がいないなかで自身の居場所をどうつくるかなど，
アメリカの現場での学びがあったからこそできた活動がずいぶんありました。
しかし，任務を終えた後にその役割像が学校に残らないむなしさもまた経験し
ました。継続的な養成段階からの指導者・熟達者・後に続く後輩との縦のつな
がりがあればとたいへん残念に感じました。

　これまで述べたとおり，日本では学級担任が児童生徒支援に果たす役割が広
いのですが，アメリカでは主に SC が全児童生徒を網羅して，適応状態の把握
と介入を担っています。心理教育プログラムが広まるためには，この体制の
違いは大きく影響します。アメリカでは社会性と情動の学習（SEL）に関わる
プログラムも多様で，心理教育プログラムの実施状況は日本より進んでいます。
この違いは，心理教育プログラム自体というより，心理教育の実践に関わる専
門性の養成に対する概念に大きな違いがあります。日本で心理教育プログラム
の安定的かつ恒常的な実施をめざすなら，アメリカの実践は有益な実装への方
途を示していると言えるでしょう。

同僚のもつマインドセットとの小さくて大きな闘い

　私は米国でスクールカウンセリングを学び，日本の私立高校で専任スクールカウンセラー（SC）を務めました。包括的スクールカウンセリング・プログラムを全校に展開するため，生徒指導部と協働し，学校組織を俯瞰して活動を始めました。全校に展開する段階で最も慎重なアプローチが求められたのが，先生がたのマインドセットという障壁でした。

　専任 SC がピア・サポートの選択授業を担当したり，新入生のスクリーニング情報を共有したり，新学期の学級づくりや大学受験ストレス対策などのガイダンスをしたりといった，すべての生徒に届く支援（一次支援）としての心理教育プログラムを行うのが日常的になった後に，同僚の先生が話をしてくださいました。「担任する生徒がカウンセラーのところに入り浸ったら，教室に戻りにくくなると思った」「なぜ教育相談の担当者が，一般の生徒に手出しをするのかわからなかった」「カウンセラーは悩み相談が仕事の中心と思っていた」などです。先生がたは，伝統的な教員像と異なる役割のスタッフが学校に加わることに戸惑いを感じ，その役割像が確立するまでは協働の方法を図りかねておられたのだと思います。

　このとき心理教育を学校に定着させる際の障壁となったのは，それまで学校に存在していなかった「心理教育推進者」に対するイメージ，ひいては教師集団がもつ「心理教育」に対するイメージの曖昧さや齟齬でした。

　後年，他の専任 SC に代わった時点で，その学校の心理教育は，大きく後退しました。専任 SC の職務内容が担当者自身の判断で大きく変わったのは，役割像が個人の判断に依存し，確立されていなかったためだと考えられます。

　児童生徒の学校生活の充実や困難の克服に役立つ取り組みを「スクールカウンセリング」とするとき，それはどのようなものを指すのか，スクールカウンセリングの担い手は誰かといったことが不明確だと，それは大きな障壁となります。

　このエピソードは今から 20 年も前の状況ですが，SC やスクールソーシャルワーカー（SSW）をはじめとする対人援助職がかかわる支援サービスとして，先生や保護者が何を期待するかは，その方々の個人的経験に大きく依存します。

　日本では心理教育プログラムの担い手のあり方はいまだ曖昧です。そこから前進するために，チーム学校におけるエッセンシャルワーカーとして，教育相談コーディネーター・特別支援教育コーディネーターの役割像の明確化や実質化，SC・SSW の常勤化や，教育行政の明確な方向性を反映させた各研修が充実することを強く望みます。

（西山 久子）

第 12 章

心理教育プログラムを動機づける 3 つの戦略

—— 認知・学習心理学者からの提言

田村 隆宏〔鳴門教育大学〕

本章へのとびら

　人がある行動を起こそうとするためには動機づけが大切です。これまでさまざまな心理教育プログラムが，子どもの健康と適応を守るために重要な取り組みとはわかりつつも恒常安定実施を阻まれているのは，越えがたい障壁があることも確かですが，何よりも現場の教師たちがその取り組みに動機づけられていないからに他なりません。

　本章では障壁の越えがたきを越えるために，この動機づけをキー概念としてさまざまな視点から，心理教育の恒常的安定実施を実現するための戦略についてアイデアを提言します。図 12-1 に示したとおり，教育や教育以外の分野の取り組みをヒントに戦略を練ってみました。

1　学習指導要領の枠に当てはめることは考えられないか？
—— 第一の戦略

　心理教育プログラムの恒常的安定実施を阻む大きな障壁として現場の先生がたの超多忙な勤務形態があり，学習指導要領の枠を外れる取り組みに携われる余裕などないことがあげられています（序章参照）。この障壁を越えるために，いっそのこと心理教育の取り組みを学習指導要領の枠の中に当てはめる工夫は

心理教育プログラムを動機づける３つの戦略

第一の戦略	学習指導要領の枠に当てはめることは考えられないか？

・どの科目をターゲットとするか？
・取り組みを科目の学習課題としてパッケージングする工夫を！

第二の戦略	学習指導要領の枠を外れた取り組みは成功しないのか？

・教育現場の成功例から戦略を練る ── 菊池省三氏の取り組みをもとに
・菊池氏の取り組みの動機づけ要素を探る

第三の戦略	キーパーソン頼みの取り組みで終わらせないためには？

・森岡毅氏のマーケティング戦略をヒントに
・まずはキーパーソンの動機の解明から
・キーパーソンの動機づけ要素を体験しやすいものにするための工夫を！
・キーパーソンの動機づけ要素の解明を喫緊の研究課題とすべし！

図 12-1　本章で提言する戦略の全体像

できないでしょうか。これがうまくいけば，大きな障壁の一つを消し去ること
ができます。ここではその可能性を探ってみます。

1-1　どの科目をターゲットとするか？

　学習指導要領の枠に当てはめて心理教育の取り組みを展開させることを考え
た場合，まずどの科目で実施するかが問題になります。教科書があり，単元や
学習内容がはっきりしている科目での実施は難しいことから，教師が題材や教
材を自由に選べる科目であることが前提となります。さらにその科目の目的や
ねらいが心理教育のめざすところとフィットすることも必要です。これに加え
て，現場の教師たちが「何かいい題材や教材はないか？」と題材や教材選びに
難しさを感じていたり，「授業をどう進めるのがいいのか？」「何を評価したら
いいのか？」と授業の進め方，評価のあり方に悩んでいたりすることがあれば，
心理教育の取り組みを取り入れようとする動機づけが高まった状態にあると言
え，入り込める余地も大きくなると思います。

　こういった条件を満たすうってつけの科目があります。小学校３年生から授
業が始まる「総合的な学習の時間」です。各学年の１年間で70時間が設定さ

れていますから，時間的にも相当余裕があります。また特定の検定教科書はなく，学習内容についても各学校が目標の実現のためにふさわしいと判断した学習課題を自由に定められることになっています。それでは，「総合的な学習の時間」の目標とはどのようなものなのでしょうか。小学校学習指導要領解説（文部科学省，2017）には「探究的な見方・考え方を働かせ，横断的・総合的な学習を行うことを通して，よりよく課題を解決し，自己の生き方を考えていくための資質・能力を次のとおり育成することを目指す」となっており，以下，「必要な知識・技能の習得」「情報を整理，分析してまとめ，表現すること」「学習に主体的，協働的に取り組み，互いの良さを生かしながら積極的に社会に参画しようとする態度を養う」の 3 つがあげられています。

　このことから「総合的な学習の時間」は「よりよく課題を解決し，自己の生き方を考えていくため」の資質・能力の育成が目標であることが明白です。さらに小学校学習指導要領解説（文部科学省，2017）には，目標を実現するにふさわしい探究課題の一つに「健康」があり，内容の具体例として「毎日の健康な生活とストレスのある社会」があげられています。このような内容はまさに心理教育の守備範囲であり，学習課題の目標とフィットしています。

　さらに教師たちは「総合的な学習の時間」をどのようにとらえているでしょうか。小学校と中学校の教員を対象に「総合的な学習の時間」をどう思うかを調査した武田・池田・知念・小柴・嶋﨑（2018）によると，特に小学校教員で意識されているのが「指導計画の作成が難しい」「指導の仕方が難しい」「評価の基準が難しい」「学校差が大きい」ということであり，「児童生徒に役立っているか不明確」「魅力ある資料や教材が少ない」との回答も一定程度みられています。このことから，小学校教員は少なからず「総合的な学習の時間」の題材や教材選び，授業の進め方や評価のあり方に難しさを感じつつ，子どもに役立っているか疑問を感じながら取り組んでいるととらえられます。さらに，「学校差が大きい」ことから，授業内容の質も学校によってばらつきがあることもうかがえます。

　以上のことから，「総合的な学習の時間」は教師が題材や教材を自由に選ぶことができ，目的やねらいが心理教育のめざすところとフィットさせやすく，現場の教師たちが子どもたちの役に立っているのかと疑問を抱きながら，題材

や教材選びだけでなく，授業の進め方や評価のあり方にも難しさを感じている科目だということになります。そして各学校での授業のあり方も玉石混淆であるといったところでしょうか。

　ここまで条件がそろうとなると，心理教育のターゲットとしないわけにはいかないでしょう。もし「総合的な学習の時間」の目標にフィットし，明確な授業の展開手順，評価の観点，具体的な評価方法が示されていて，子どもたちの役に立つこともはっきりとわかる題材や教材が提供できれば，教師たちは思わず手に取ってしまうのではないでしょうか。

1-2　取り組みを科目の学習課題としてパッケージングする工夫を！

　現場の教師たちに心理教育の取り組みを「総合的な学習の時間」の題材・教材として手に取ってもらうには，取り組みの内容を科目の学習課題としてパッケージングする工夫が必要になることでしょう。それでは，どのような点を工夫すればいいのでしょうか。考えられるポイントについていくつか指摘してみます。

▌1-2-1 授業の時間枠や回数を考慮すること

　まず大切なのは，心理教育の実際の活動が授業の時間枠や回数に対応していることが不可欠でしょう。小学校では授業の1時間分は45分であり，2時間続きになるとしても90分ですから，1回の活動をこれらの時間にはめ込む工夫が必要です。さらに全体として何回の授業で構成するかについても考慮する必要があります。この回数の構成も，はじめて題材・教材として取り入れてもらうに際して，いわばお試し教材として実施しやすい比較的少ない回数で構成されるパッケージから，ディープに取り組める回数の多いパッケージまで，現場の先生がたの取り組み方に応じた教材パッケージをいろいろとそろえておくことがポイントになると思います。

▌1-2-2 学習指導案に落とし込む工夫を！

　心理教育の取り組みを授業として展開するためには，全体の取り組みを一つの大きな研究主題として何回かの授業に単元を当てはめ，単元の目標を設定します。そして，その単元の評価規準を，前述した目標で育成すべき力としてあげられている「知識・技能の習得」「思考力・判断力・表現力」「主体的・協働

的な取り組み」といった観点で明確に位置づけ，これらの力が取り組みの中で
確実に身につき，それらが明確に見取れる内容を含めることが必要になってき
ます。この目標は当然ながら心理教育のめざすものと対応していることが必要
ですし，評価規準の観点にかかわるものも，心理教育の取り組みの中で育成で
きるように内容をじっくりと吟味する必要もあります。それから，単元に関す
る教材観や児童観を位置づける際にも，心理教育のスタンスと対応させること
が必要になってきます。そのうえで，全回数分の授業の流れと毎回の授業の活
動が具体的に示されることも大切です。

　簡単に言ってしまうと，心理教育の取り組み全体を学習指導案に落とし込む
ようにパッケージングすることで，現場の教師たちが希求する「総合的な学習
の時間」の教材として提供できるのではないかということです。そして多くの
学校で「総合的な学習の時間」のよい教材として取り入れられるようになれば，
「学校差が大きい」という認識も改められることでしょう。

▍1-2-3　取り組みによる子どもたちの変化を評価の対象とする工夫を！

　前述の「総合的な学習の時間」に関する小学校教師の意識の中に「児童生徒
に役立っているか不明確」というものがありました（武田他，2018）。心理教育
の取り組みは，子どもたちの健康や適応を望ましいものに変えていくという方
向性があることから，この子どもたちの変化を評価の対象とし，確かに子ども
にとって役立つものであることが評価を通して教師にもはっきりと実感できる
ように工夫することも大切です。そのためには，子どもたちに起こった望まし
い変化を余すところなく査定できる評価方法を考案することも必要になるで
しょう。子どもに役立つことが教師たちにもはっきりと実感できるものになれ
ば，恒常的安定実施はおのずと実現されていくはずです。

　本節では越えがたい障壁の一つを消し去るという目論見から，心理教育の取
り組みを学習指導要領の枠にはめ込むことを一つの戦略として提案してみまし
た。**図12-2** に示したように，学習指導要領の枠にはめ込むためのいくつかの
工夫が取り組みに対する動機づけを高め，教師たちが求める心理教育プログラ
ムになるというわけです。しかしこの戦略には，既存の心理教育の取り組みに
関する活動内容や実施方法，学習効果の評価のあり方を見直して，学習指導案
に落とし込めるようにかなりの工夫や改変が必要で，オリジナルの取り組みに

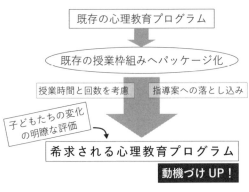

図 12-2　第一の戦略の中心的特徴

あった大切な理念や実施スタンスを歪めざるを得ないというジレンマが生じる可能性があります。その結果，できあがったものが原型をとどめていない残念な代物になってしまうことも危惧されます。やはり，もともと大切にしている理念や実施スタンスには触らずに済ませたい。あくまでも学習指導要領の枠を外れたところでの取り組みとして恒常的安定実施を図りたい，と思う方がいらっしゃることも確かでしょう。そこで次節以下では，そのための戦略を提案してみます。

2　学習指導要領の枠を外れる取り組みは成功しないのか？
—— 第二の戦略

　前節では，心理教育プログラムの恒常的安定実施を阻む大きな障壁とされている学習指導要領の枠に取り込むことで障壁自体を消し去る戦略について提案しましたが，ここではあくまでも心理教育が学習指導要領の枠から外れたところの取り組みであろうとする場合の戦略について提案してみます。

2-1　教育現場の成功例から戦略を練る —— 菊池省三氏の取り組みをもとに
　そもそも学習指導要領の枠を外れる取り組みは本当に成功しないのでしょうか。確かに超多忙な教育現場で学習指導要領の枠以外の時間にあえて別の取り組みをやる余裕はどこにもないように思われます。しかし，そのようなな かでも一人の教師の取り組みが大きく注目され，全国的に広がりを見せている成功例があります。学級崩壊立て直し請負人と称される小学校教員，菊池省三氏の取り組みです。菊池氏の著書（菊池, 2012）をもとに，簡単にその取り組みの

一例を紹介します。

　菊池氏の取り組み実践の一つに「ほめ言葉のシャワー」というものがあります。これは毎回クラスの児童 1 人に主役として教壇に立ってもらい，その子どものよいところを何人ものクラスメイトでほめる，というもので，クラスのすべての子どもが一度は主役になってスポットライトが当てられるというものです。こういった活動によって学級崩壊したクラスの立て直しで多くの成功を収めたことで菊池氏の取り組みは注目され，NHK の番組『プロフェッショナル』でもその実践が取りあげられました（2012 年 7 月）。さらに現在は菊池氏による関連著書も多数出版されていて，全国各地で開かれる菊池氏の講演会は，その取り組みを実践するために学ぼうとする現場の教師たちで溢れるという状況にあります。

　菊池氏の取り組みは学習指導要領の枠を外れているにもかかわらず，このように多くの教師たちに注目され広がっている，まさに強く動機づけられたものと言えるでしょう。少し心理学的にとらえると，この取り組みによって子どもは自己効力感や自尊感情を高められて心が安定し，クラスメイトへの仲間意識やクラスへの帰属意識や居場所感も高まることでクラスメイトやクラスを大切に思う心もはぐくまれ，学級崩壊に関わる問題行動が軽減する，ということになるでしょうか。そう考えると菊池氏の取り組みは，心理教育と相通ずるものが多分にあるように思えます。

　相通ずる取り組みなのに，なぜ菊池氏の取り組みは現場の教師たちの動機づけにこれほどうまく成功しているのでしょうか。これを探ることで心理教育の恒常的安定実施のための方策のヒントが浮かび上がってくるように思うのです。

2-2　菊池氏の取り組みの動機づけ要素を探る

　菊池氏の取り組みが学習指導要領の枠を外れたものであるにもかかわらず，注目を集め，その取り組みが全国的に広まっているのは，現場の教師たちがこの取り組みに強く動機づけられたからだと言えます。それでは一体この強い動機づけを支える要素は何なのでしょうか。これについて探ってみます。

▌2-2-1　取り組みの内容や効果がわかりやすいこと

　菊池氏の取り組みは，実際にやっている活動の内容やその効果がとてもわ

かりやすいという側面があります。菊池（2012）には，「ほめ言葉のシャワー」の実践例が多くあげられています。ほめ言葉としては，例えば「今日，○○君は，私が委員会の当番だったのに，一緒に片付けてくれました。さらに，後から来た人に置く場所を教えていました。そんな○○君は，気遣いができ，積極的で素晴らしいと思います」といったコメントが，クラスメイトの何人もからシャワーのように浴びせられるというわけです。さらに菊池（2012）には「ほめ言葉のシャワー」を経験した6年生の子どもの感想が以下のように記述されています。少し長いですが引用してみます。

　　　私が思う「ほめ言葉のシャワー」のよいところは3つあります。
　　　1つ目は，自分を好きになれるということです。みんなからほめられると，「自分にもこんないいところがあるじゃない」「意外とみんなから認められているんだ」などと思えるようになるのです。少しずつ自信がついて，友だちを好きになるのと同じように，自分のことも好きになるのです。
　　　2つ目は，クラスみんながまとまってくることです。5年生までは，好きな人同士で固まっていました。同じ教室にいても1日の中で話をしない人がほとんどでした。でも今は違います。ちょっとした会話も誰とでもしています。みんな友だちだと胸を張って言えるクラスになっているのです。
　　　3つ目は，細部にこだわるようになったということです。（後略）

（菊池，2012，p. 26）

といった感じです。

　このように，取り組みの活動内容が「ある児童のよいところをクラスメイトがほめる」といったわかりやすいものであるうえに，その効果，つまり「子どもがどう変わったか」についてもとてもわかりやすいものになっています。また，こういった取り組みによって実際に学級崩壊が改善されることで，さらにそのクラス全体に及ぼす効果の大きさもはっきりわかるというわけです。

　ここに障壁を打ち破るヒントがあるように思います。つまり，取り組みの内容や効果を小難しい心理学の理論や分析法なんかで説明せず，取り組み内容をできるだけわかりやすいものにし，これによって子どもにどのような望ましい

変化がみられるのかを，よりはっきりした形で伝えられるものにするということです。やはり忙しい現場の教師に「これならやれそう」「これをやればこんなに子どもが変わるのか」と感じられるものになることが，恒常的安定実施実現の大きなポイントとなります。

▊2-2-2　現場のニーズにマッチしていること

菊池氏の取り組みが成功している理由がもう一つ考えられます。それは菊池氏の取り組みの対象が，学級崩壊という大きな問題を抱えているクラスであるということです。つまり菊池氏の取り組みが，現場の教師にはどうしてもこの問題を改善したいという切実なニーズにマッチしていたことも，取り組みに対する動機づけを大きく支えていると言えます。ここにも障壁を越えるヒントがありそうです。教育現場の抱える問題やその深刻度はさまざまですから，心理教育の取り組みを受け入れようとする温度差にも違いがあって当たり前です。大きな問題を抱えていて日頃は学習指導どころではないといった学校では，学習指導要領による教科指導を外れたところの生活指導や生徒指導に終始しているわけですから，子どもたちの心身に悪影響を及ぼす問題を改善するための取り組みを受け入れる素地は十分にあると言えます。いや，むしろそのような取り組みを希求するくらい動機づけが高まりきった状態にあると言えるでしょう。このニーズをしっかりとらえることが肝要です。つまり心理教育の取り組みを実践するための教育現場として，大きな問題を抱えていて，それを改善するための取り込みがどうしても必要であるという，切実なニーズのある学校を優先して対象とすることがポイントとなるように思うのです。そういった学校で，心理教育の取り組みによって問題が改善されれば，わかりやすい形でその効用が認知され，自然と発信されていくことでしょう。

社会的学習理論によると，人には他人の成功を見てその他人のやっている行動に強く動機づけられることが多分にあるとされています。このことからも，取り組みによって問題が改善されれば，同じような問題を抱える教育現場から大きな注目を浴びることは間違いありません。まさに菊池氏の取り組みと同じように，心理教育が現場の先生がたに強く動機づけられるものになっていくというわけです。このように取り組みのターゲットとなる教育現場を焦点化することも動機づけを高める大きなポイントになります。

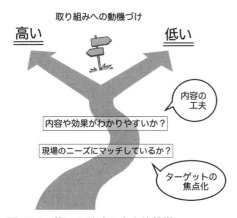

取り組みへの動機づけ

高い　　　　　　　　低い

内容の工夫

内容や効果がわかりやすいか？

現場のニーズにマッチしているか？

ターゲットの焦点化

図 12-3　第二の戦略の中心的特徴

第二の戦略をわかりやすく示すと図 12-3 のようになります。菊池氏の取り組みの成功を支えている動機づけ要素を踏まえるか踏まえないかが，まさに心理教育プログラムの取り組みへの動機づけが高くなるか低くなるかの分かれ道になり，恒常的安定実施実現の是非を左右することになります。

3　キーパーソン頼みの取り組みで終わらせないためには？ ── 第三の戦略

　心理教育プログラムの恒常的安定実施を阻む越えがたい障壁として，「キーパーソンが消えると教育も終わる」ことがあげられています（Topic 1（p. 26）参照）。このことも確かにあると思います。そしてこの障壁を越えるためには，単純なことですが，すべての教育関係者がキーパーソンになればよいのです。けれども，ことはそう簡単には運ばないのが現実です。

　Topic 1 にもあるように，キーパーソンは「前向きに新しい教育を取り入れ，現状を改善しようとする意欲に満ちた人たち」「よりよいものをめざすという点で教師の鑑のような人たち」です。まさに心理教育に強く動機づけられている教師と言えます。このようなキーパーソンは，誰に促されなくとも自らその取り組みのことを学び，関係者とも密に情報交換し，問題を改善していこうとする，情熱をもって取り組む，いわば「熱い教師」です。心理教育にハマっている教師という言い方ができるかもしれません。それに対して，問題の改善が必要だとは思っていても日頃の忙しさのなかでそこまで熱心に取り組むには至らないという，いわば「一般的な教師」もいることでしょう。そして "一般的" という文字通り，大多数が「一般的な教師」であるのが現実です。キー

パーソン頼みの取り組みで終わらせないようにするためには，この大多数の「一般的な教師」に心理教育の取り組みをやってみようと動機づけることが不可欠であることは自明です。

3-1　森岡毅氏のマーケティング戦略をヒントに

　この「一般的な教師」への動機づけを実現させるためのヒントを与えてくれる取り組みがあります。経営危機にあったユニバーサル・スタジオ・ジャパン（USJ）や丸亀製麺などを短期間で経営再建させた，戦略家・マーケターの森岡毅氏のマーケティングに関する取り組みです。森岡氏の取り組みの一つに，経営破綻した保養施設・旧グリーンピア三木（現ネスタリゾート神戸）をわずか 1 年で V 字回復させたことがあります。森岡氏のマーケティング戦略の一端が覗けるサイト記事（マーケティング・アジェンダ，2020）をもとにそのヒントを探ってみます。

　サイト記事の中で，森岡氏はその戦略の一端を語っています。それによると，森岡氏がネスタリゾート神戸の再建に乗り出したとき，この施設は「緑豊かな山の中に温泉とホテルがあるだけで，他に目玉になる集客施設が何もない」という状況に加え，投入できる資金もほとんどない状態であったということです。そこで森岡氏が考えたのは，このような手つかずの自然の中にでも積極的に入っていっていろいろなことをやるのが楽しくてたまらない，いわばアウトドアにハマりきる人がいる。その強い欲求の根源は何かを解明しようということでした。そこで，その最たるものがハンターであろうと考え，自身も銃砲所持許可証を取得し，実際に長期間ハンターと山に入って狩りをし，狩った動物をさばいて肉を焼いて食べるという経験をして，身をもってその欲求の根源を探ります。そして，一部の人間が強烈にハマるものには，同じ人間なら程度の差はあれ魅力を感じる要素があるはずだと，手軽にその欲求が満たされてアウトドアの魅力が体験できるようにするためには，どのような工夫が考えられるかを突き詰めることで，施設内の自然環境を整備していったのです。その結果，集客に成功し，見事に経営再建が実現されたということでした。

　この森岡氏のマーケティング戦略は，アウトドアにハマっている人の強い動機の要素を解明して，それほどハマらない普通の人にもその要素を手軽に体験

しやすい形でもたらそうとしたことで成功したと言えます。この成功の秘訣は，ハマらない人をハマる人に変えようとするのではなく，ハマらない人のままで動機づけようとしたアイデアにあったと思われます。このハマる人とハマらない人との関係は，先に述べた心理教育に強く動機づけられている「熱い教師」とそれほどでもない「一般的な教師」との関係に当てはめられるのではないでしょうか。ここに，心理教育をキーパーソン頼りの取り組みで終わらせないための大きなヒントがあるように思うのです。

3-2　まずはキーパーソンの動機の解明から

　森岡氏の取り組みにならうと，まず心理教育に熱心に取り組むキーパーソンの動機づけは何に支えられているのかを，徹底的に解明することが大切ではないかと思います。つまり，なぜ超多忙な中を押してまで，それほど熱心に心理教育に取り組めるのか，を知ることが第一歩となるということです。そこにはさまざまな動機づけがあると思います。例えば，問題行動を示すずっと気になっていた子どもが心理教育の取り組みによって改善し，問題行動を示さなくなったことがあまりにも印象的で，次第に熱心に取り組むようになった，というように子どもの望ましい変化に強く動機づけられることもあります。また，これまで自らの指導力に自信がもてなかったけれども，取り組みによって子どもたちとの間に信頼関係が築かれ，自らの指導力にも自信がもてるようになったことで熱心に取り組むようになったという，自らの教師としての効力感の高まりに強く動機づけられることもあるかもしれません。さらに序章でも紹介されているような心理教育の取り組みに対する子どもたちの食いつきの良さに快感を覚えて，取り組みの活動自体が楽しくて仕方がない，というように活動自体に対して内発的に強く動機づけられることもあるでしょう。

　このようなさまざまな動機を解明して，キーパーソンがなぜそれほど熱心に心理教育に取り組めるのかが究明できれば，「一般的な教師」にもその要素を体験してもらえるように内容や実施方法を工夫していくことで「一般的な教師」も心理教育の取り組みに十分動機づけられるのではないかということなのです。

3-3　キーパーソンの動機づけ要素を体験しやすい取り組みにするための工夫を！

そこで大切になってくるのは，キーパーソンが示す心理教育の取り組みの動機の要素を「一般的な教師」が体験しやすいように取り組み内容を工夫することでしょう。この工夫のポイントをいくつか指摘してみます。

▌3-3-1　時間や労力がそれほどかからない取り組み内容をパッケージングすること

森岡氏はアウトドアにハマる人の欲求の要素を，それほどハマらない一般の人々がそれほど苦労なく体験できるようにというアイデアから，手つかずの自然にどのように手を加えるかを突き詰めて考えたことで，多くの一般の人々を集めることができたと言います。これを心理教育の取り組みに当てはめると，それほど心理教育にハマらない先生でもやってみようかなと思えるように，まず時間や労力がそれほどかからない形で取り組み内容をパッケージしたものが必要であるということです。これには，時間も労力もある程度必要な本来のディープな取り組みとは別に，取り組みの初心者用に心理教育の本質的な内容を手軽な形で提供できるお試し版をパッケージングして提供することが有効だと考えられます。これは第一の戦略でふれた，取り組みの初心者のためのお試し教材の工夫が大切だということや，「総合的な学習の時間」の学習指導案に落とし込み，すぐにでも教材として使えるものにしておくことが大切だと指摘したことにも通じるものですし，第二の戦略で強調した「これなら忙しいなかでもできそう」と思える，わかりやすい活動内容が大切だと指摘したこととも通じるところがあります。

何よりも，それほど時間や労力がかからない取り組み内容をパッケージングすることが障壁を崩す蟻の一穴になると思います。

▌3-3-2　子どもの変わる姿を「見える化」すること

先に，心理教育にハマるキーパーソンの強い動機づけの例として，子どもの問題行動が改善して望ましい姿に変わっていくことの実感をあげました。この要素は教育に携わっている教師なら共通して取り組みに対する動機づけを大いに高めてくれるものです。取り組みによって子どもが望ましい姿に変わっていくという確かな実感が得られれば「取り組みを続けていこう」「もっとやってみよう」と思うのは教師の性ですから，取り組みの恒常的安定実施はもうそれ

ほど難しい課題ではなくなります。このことから心理教育プログラムによる子どもの変化がわかりやすい形で伝わるような工夫も必要になると思います。これは第一の戦略で，取り組みに関わる学習課題の評価規準を明確にしてその達成がしっかりと見取れるものにすることが大切だと指摘したことと通じるものです。心理教育プログラムによる子どもたちの望ましい姿への変化を可視化するために，取り組みの内容や評価のあり方を工夫することが恒常的安定実施を支える大きなポイントになるように思います。

▋3-3-3　子どもたちにとって魅力溢れる活動内容にすること

　心理教育にハマるキーパーソンの強い動機づけの例として，教師としての効力感の高まりや，子どもたちの取り組みの活動に対する食いつきの良さをあげました。授業をしている教師にとって子どもたちが夢中になってその活動に取り組み，学びが深まっていく姿を見ることは，教師としての欲求を大きく満たすものである（教師冥利に尽きるといってもいいかもしれません）と言えるでしょう。ある教師がそれほど強い関心を持つこともなく心理教育の取り組みをやってみたら，子どもたちが日頃の授業では見せない熱心さをもって取り組み，夢中になって活動する姿を見せたとします。そうすれば，その教師はその取り組みに少なからず充実感や教師としての効力感を覚えるでしょうから，取り組みを続けることに内発的に強く動機づけられることになります。内発的動機づけは利益や報酬がなくとも自らがやりたいこととして行動が促されるものですから，そのままで恒常的安定実施に直結するものです。序章の**写真序-2**でも紹介されているような，子どもたちの食いつきがよくなる魅力溢れる活動内容になるよう工夫することも，恒常的安定実施を支える有効な手立てになるはずです。

3-4　キーパーソンの動機づけ要素の解明を喫緊の研究課題とすべし！

　前項まではキーパーソンの動機について考えられるものを例としてあげ，それに応じた工夫のあり方について指摘しましたが，あらためてキーパーソンの動機を詳細に検討すると，思いもよらないことが強い動機づけ要因になっていることも考えられます。心理教育を実践されている先生がたにとっては，その実践を展開することに時間や労力をかけてより質の高い実践を実現していくこ

とが本来の取り組みになるでしょう。したがって，その実際の取り組みから少し離れたところで，キーパーソンの動機を解明することは，取り組みにかける時間や労力を奪われることにもなりますし，一見遠回りをしているように感じられるかもしれません。しかし，も

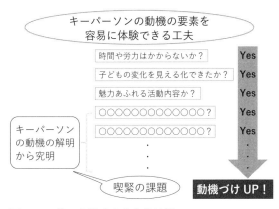

図 12-4　第三の戦略の中心的特徴

し思いもかけないことがキーパーソンの強い動機を支えているとしたら，その要素を取り組み内容に組み込むことで，恒常的安定実施を実現する大きな力が加えられることになります。

　森岡氏がハンターと生活を共にし，アウトドアにどっぷりとハマりきる人の欲求の根源について身をもってじっくりと探る過程を経てその結論にたどり着いた後で，実際のネスタリゾート神戸の自然環境の整備にとりかかったことを紹介しました。そのことを考えると，キーパーソンの動機の解明は，最初に手を着けるべき喫緊の研究課題ではないでしょうか。まさに急がば回れということだと思います。

　森岡氏は「マーケティングの最大の仕事は，消費者の頭の中に『選ばれる必然』を作ること」と述べています（森岡, 2016）。心理教育の恒常的安定実施を実現するためには，現場の教師たちに「これがいい」「これでなくては」と頭の中でイメージされる「選ばれる必然」をもった心理教育プログラムを作ることが不可欠であり，そのためにキーパーソンの動機の解明は欠かせないと思うのです。図 12-4 で示したように，心理教育プログラムへの動機づけをさらに高めるポイントを究明するためにも，キーパーソンの動機を解明することを喫緊の課題とするべきです。

4　本章を閉じるにあたって

　本章では現場の教師たちに心理教育を動機づける戦略として，越えがたい障壁を越えるためのアイデアについて，教育や教育以外の分野の取り組みを参考にしていくつか提言しました。一定程度の重要なポイントは指摘できたと自負するところですが，筆者自身は認知心理学・学習心理学を専門としており，実際に心理教育の実践に携わった経験はありません。いわば外野の気楽な立場からの提言であり，実際に心理教育に取り組んでいる先生がたからみると，ここで指摘したことは現実に見合っていないと思われるところも多々あるかもしれません。本章で指摘したポイントはあくまでもたたき台として，現実的な問題をクリアできる方向性も加味してさらに戦略を練っていただき，多くの教師たちを心理教育の取り組みに動機づける方策を探り出すことで恒常的安定実施の実現につなげていっていただけたらと思います。

　何よりも子どもたちの健康と適応を守る教育が拡がっていくことを願ってやみません。

将来を見据えた教育のあり方

　教師になって数年たったころ，子どもとのかかわり方で悩むことが増えました。それは，過去に学級運営が困難な状況になったことのあるクラスを任されるようになったからです。通常であれば4月の新しいクラスに目を輝かせる子どもも，そのクラスではみんなはじめからどこか無気力な様子。授業は成立しても，活気に欠け，休み時間に少し目を離せばトラブルが多発する……。そして，トラブルの対処に時間をとられるという悪循環が生まれていました。

　その後，しばらくして，小学校1年生の担任をする機会がありました。そこで出会った子どもたちは，学校生活に希望をもち，目を輝かせていました。「こんな子どもたちの輝きがどうして失われていくのだろうか」「その前になんとか防ぐ方法はないのだろうか」。このように考えるようになったことが，予防教育に出会うきっかけでした。

　大学院で予防教育の授業についての理論と実践を学ぶなかで，教師と子どもの関係や授業観に課題があるのではないかと考えるようになりました。それまでの経験では，子どもたちをいかにしつけることができるか，いかにコントロールできるかということに重きをおいて指導する先生がたが多くいらっしゃったように感じます。そして，授業においては，教えること，考えさせることに重点がおかれ，学ぶ楽しさに対する意識が低かったようにも感じます。それは，私自身もそう考えていたこともありました。

　予防教育の授業では，子どもたちにとって楽しい活動が数多く取り入れられています。授業中の子どもたちといえば，終始笑顔で，楽しい雰囲気に包まれています。

「先生，早く次の授業がしたいです」「来週まで待てません」。そんな子どもたちの姿に，自分もやってみたいという先生が声をかけてくださるようになりました。予防教育の授業に限らず，他の教科の授業でもこのような姿を引き出すことが子どもたちの明るい未来につながるのではないかと思います。

(野口 太輔)

第13章

持続可能な心理教育に向けて

―― 米国の優秀校での体験を通して

青木 多寿子 （岡山大学）

本章へのとびら

> 　筆者の子どもは学校を何度か転校しました。その中の一つは米国の学校でした。そこは全米でもよい教育を行っていることで有名な学区でした。21世紀を直前に控えたそのころ，筆者は日本の学校教育，特に義務教育は世界の中でも最もうまくいっていると信じていました。そのころの日本の世界学力調査の順位はきわめて高かったからです。しかし米国の学校に通わせてみてすぐに，参考にできる部分がかなり多いことに気づきました。本章では品格教育とスクールカウンセラーを取りあげて，人生が80年と長くなり，国際化と地域性の共存が必要とされるグローカルな時代を見据えて参考になる考え方や仕組みを紹介し，持続可能な心理学的教育について提案します。

1　よい市民の育成をめざす品格教育

1-1　未来志向，地方志向の教育目標

　子どもは毎日学校に行きます。親も子どもも，それを当たり前と思っています。では，毎日行く学校で，何を学べば教育は成功したと言えるのでしょうか。有名大学に入っていい仕事に就くことでしょうか。お金持ちになって高級住宅

街に住むことでしょうか。では「よい学校」「よい家庭」「よい地域」とはどんなものでしょうか。

　筆者は全米で「あなたの子どもを育てるのに最良の場所」10 傑,「住みたい町 10 傑」の常連である,よい教育を行っている学区の小学校に子どもを通わせました。ここで「学区」とは,日本とは異なり,一つの教育委員会が管轄する幼稚園年長組から高校生までの 13 年分の公立学校の教育を担当する単位です。一つの市もいくつかの学区に分かれており,地域の実情に合わせて活動できる,フットワークのよい単位となっています。そしてこの学校には,児童が毎日プリントを入れて持ち帰るファイルがありました。それには学区と学校の目標が明確に記載されていました。これを読んで筆者はその理念に感激しました。

　メッセージは次のようなものでした。「親は子どもに親切で温かい大人になってもらいたいと願っています。また,親は子どもに居心地がよく,きちんと教育をしてくれる学校に通わせたいと思っています。一方,教師は児童生徒を大切に扱い,やる気を引き出したいと願っています。職場の責任者は,従業員が誠実で,建設的に仕事に取り組んでくれることを願っています。つまり,私たちはみんな,よい品性（character）を持つ人たちで成り立つ社会に住みたいと願っています（Character Education Partnership, 2007：以下,CEP）。このように考えると,親切で温かい責任感ある市民の住む地域に住みたいと思ったら,未来の市民である子どもたちが親切で温かい,責任感ある市民になるように教育すればよいことになります。未来の市民である子どもたちの品性を高めること,これは,親の願いでもあり,学校の願いでもあり,地域の願いでもあるのです（CEP, 2007）」「私たちの学区では,子どもたちが次の品格のスタンダードについて,よい習慣を身につけてゆけるよう,支援してゆくことをお約束します」「それは Respect（礼節）,Responsibility（責任感）,Perseverance（根気強さ）,Honesty（誠実）,Giving（奉仕）,Self-control（自律）,Compassion（寛容）です。この学校では,これに Courage（勇気）を追加します」と書かれていました（青木, 2011：2014）。

　このメッセージに,筆者は 2 つの点で感心しました。一つは,「未来のよい市民の育成」という未来志向でありながら同時に地域を志向する教育目標,も

う一つは教育を幼稚園年長組から高校卒業までの一貫した取り組みとして，こ
れらの年限を通して育成すると約束した Character（品性）です。

　まず，「よい市民の育成」という教育目標について，この目標は学校の目標，
家庭の目標，地域の目標と同じだという説明を読んだとき，「確かにそのとお
りだ！」と筆者は人生ではじめて教育の目標が腑に落ちました。日本にはモン
スターペアレントという言葉があります。この言葉は，保護者と学校が力を合
わせるというより，敵対する関係を意味しています。しかし，学校教育の目標
を「未来の市民である子どもたちが，親切で温かい，責任感ある市民になるよ
うに教育する」という「よい品性を持つ市民の育成」にすれば，学校と保護
者は対立するものではなく協力するものになります。そして地域は，学校と家
庭が取り組むよい市民の育成を支えてゆくものと位置づけられます。このよう
に考えると，家庭と学校と地域は敵対するものではなく，未来に向かって助け
合ってゆく協力者となります。

　この点，日本の学校教育の目標は「人格の完成」です。この言葉には，残念
ですが，学校教育を修了するまでに人格を完成させることが目標であるとの印
象が否めません。また，日本の教育目標には社会との関係についても記載され
ています。それは「平和で民主的な国家及び社会の形成者として必要な資質を
備えた心身共に健康な国民の育成を期して行わなければならない」（教育基本法
第一条）というものです。米国の考え方と比較すると，やはりここには子ども
の未来に期待する言葉がなく，家庭や地域，学校がどのようにかかわればいい
のか，地域レベルや家庭レベルのかかわり方に関する示唆が感じられません。
地域が単位でないので，互いに助け合うという意識は学校教育では育てにくい
とも感じます。平均寿命が延びて人生 80 年時代となり，学校修了後の人生が
4 倍以上になりました。長く生きるということは，一人の人生において，災害
に遭う機会や社会変革の大きな節目に直面する機会が多くなるということです。
そうなると，困ったときに互いに助け合うことを教えることは重要なことでは
ないでしょうか。このように考えると，「未来の市民の育成」という地域目線
の未来志向の教育目標は，米国だけでなく，日本でも十分に通用するように思
います。

1-2　一貫教育で取り組む品性（Character）という視点

　筆者がもう一つ感心したのが13年一貫で教育をとらえている点です。日本の学校は，義務教育の小中学校は市町村の教育委員会の管轄，高校は県の管轄になります。よって，その教育方針が小学校から高校まで一貫していることはありません。この点について，坂越ら（2010）は市内に30校の小中学校を抱える地方都市で学校目標の小中連携がなされているのかについて調査しました。その結果，小学校と中学校で同じ目標を掲げて9年一貫で規範意識を育成している学校は1ペアしかありませんでした。つまり28校の学校で，小学校と中学校では別の目標が設定されているのです。しかし考えてみたら，人は小学校から高校まで12年間も毎日学校に行くのです。習慣は繰り返せば繰り返すほど身につきやすくなります。となると，この学校に毎日通う12年間積み上げて「よい習慣を培う」ことを意識すれば，できることも多いと思います。このように米国の教育に関する，校種を超えた長期のビジョンにも感心しました。

　ところで，ここで重視されているCharacterについて解説します。**図13-1**は米国の学校に貼られているポスターを日本語に訳してアレンジしたものです。これを見ると，Characterとは行為化された習慣で，運命にかかわるようなものであることがわかります。Characterには"刻み込む""彫り込む"という意味があります。つまり，Charcterとは，人生を送っているうちに無意識のうちに何度も繰り返され，だんだんと人格に彫り込まれた性格の部分を指すのです。一種の「癖」のようなものと言えるかもしれません。考えてみれば，よくない習慣は，生活習慣病，依存症のように，人を健康な生活から人を遠ざけてしまいます。逆に，あいさつをする，歯を磨く，きれいな敬語を使う，読書をするなどのよい習

図13-1　品格とは

（橋ヶ谷・立己・青木, 2007）

慣形成は，よりよく生きる最良の状態（well-being）の実現につながると言えそうです。

　品格教育は 1990 年代から米国で展開されるようになりました（Lickona, 1993）。子どもたちがよい行為とはどのようなものかを知り（knowing），よい行為をとれるようになることを望み（desiring），よい行為を実際に行うことで（doing），子どもたちが自分自身の生活をよいほうに導いていくように支援する教育であり，「知力の習慣（habit of the mind），心情の習慣（habit of the heart），そして行為の習慣（habit of action）」から成り立つ "3 つの H" の教育だとされています（Lickona, l992 ／三浦訳，1997, p. 56）。

　この教育の本質を考える際，自由学園の創始者・羽仁もと子の「靴を揃えてぬぐ自由」（1995）が役に立ちます。この学園は大正時代に設立された幼稚園から大学部まである学校で，学習指導要領にとらわれない独自の教育方法で知られている学校です。この学校で羽仁は，校長として生徒たちに問います。「靴を揃えてぬぐのは自由か不自由か」と。そして次のように説明します。靴をそろえてぬぐのは自分は不自由だけど後から来る人は自由になる。靴をそろえないのは，自分は自由だけど後から来る人は不自由になる。自分の自由と後から来る人の自由，どちらの自由を選ぶ人になるのか，と生徒たちに問うのです。

　この話には Lickona（1992）のいう「3 つの H」が入っていると思います。まず靴をそろえるか否かでどうなるのかという結果を知っている点（知力の H：head），そして，自分はどちらを選ぶ人間になりたいのかを自分で決める点（心情の H：heart），そして最後に行動する点（行為の H：hand）です。大正から昭和にかけての講話にも類似の話が出てくるのですから，品格教育がめざすものは，日本でも通用する教育であると思うのです。

1-3　品格のスタンダードの活用方法

　ところで，品格スタンダード（徳目）は，学校教育の中でどのように用いるのでしょうか。一般的な方法として，教師は「T 字」の図を使います（青木，2011）。ここでは「Respect（他者に敬意を示す）」を例に説明します。教師はまず，大きく「T」と書き，横棒の上に Respect と書きます。そして T の縦棒で左右に分けて「見えるもの」「聞こえるもの」と書きます。そして特定の場面を設定し

て，「相手に敬意を表していると見えるものは何」「敬意を表していると聞こえるものは何」と問いかけて，多くの児童生徒の声を集めて書き上げてゆきます。

　筆者は大学の講義でこの方法を試してみました。翌週，米国の教授が見えて，筆者の講義で 30 分ほど講演をしてくださることになったのです。そこで「米国から来てくださる先生に敬意を示すためにどんなことができますか。見えるもの，聞こえるものをなるべく多くあげましょう」と呼びかけ，黒板に T 図に書き，意見を求めました。すると「見えるもの」としては，真剣なまなざし，楽しげな受講態度，飲み物を置かない，メモを取る姿などの意見が出ました。「聞こえるもの」としては，私語をしない，質問をする，あいさつとお礼を言うなどの意見が出ました。筆者は一つずつ T 図に書き込み，「皆さん，来週は『楽しみにしています』という思いを，とにかく相手に伝えるように努力してください。座っていてもできることはあります。皆さんが各自でできる方法でその思いを伝えてください」と伝えました。その結果，昼食直後の講義でしたが，居眠りをする学生は皆無で，みんな真剣に話を聞き，100 点満点を超えている，と思うほどの礼儀正しさと積極性を発揮して講演を終えました。

　「見えるもの」「聞こえるもの」という手法は他の使い方もできます。ある小学校の教師は子どもの指導の仕方が変わったと言います。例えば真夏の水泳指導の際，仲間が懸命に泳いでいても周囲の子は暑さで応援に熱が入りません。そんなとき，次のように声をかけるようになったそうです。「みんな，応援する気もちはあるの。その気もち，見えないし，聞こえないから，届いていないよ」と。すると，それぞれの子どもたちが，自分のやり方で，見えるように，聞こえるように応援し始めたそうです。

　品格のスタンダードは，問題行動の指導にも役立ちます。**図 13-2** は児童が自分の行いを振り返る際のシートです（青木，2002）。左上にこの学区のスタンダードが書かれています。そして問題行動に関して，2 番目に「どのスタンダードを忘れていましたか」と問う欄があります。また，5 番目には「どのように改善するか，次はどうするのか」を書く欄があります。このように品格のスタンダードを手がかりに，子どもが自主的に自分の行動を改善する計画を立てるのです。またこの書式には，子どものサイン，教師のサイン，校長先生のサイン，保護者のサイン欄があります。つまり，子ども自身が作ったプラン

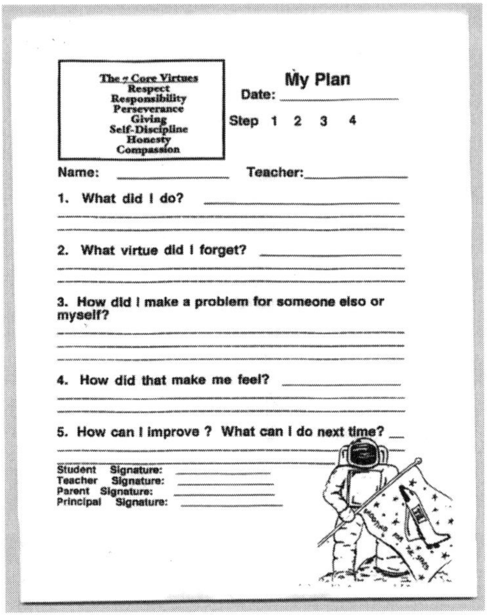
The 7 Core Virtues
Respect
Responsibility
Perseverance
Giving
Self-Discipline
Honesty
Compassion

My Plan
Date: ＿＿＿＿＿＿
Step 1 2 3 4

Name: ＿＿＿＿＿＿ Teacher: ＿＿＿＿＿＿

1. What did I do?

2. What virtue did I forget?

3. How did I make a problem for someone elso or myself?

4. How did that make me feel?

5. How can I improve ? What can I do next time?

Student Signature:
Teacher Signature:
Parent Signature:
Principal Signature:

図 13-2　振り返りシート（小学生用）

を周囲の大人が応援する形になっています。こうして，品格のテーマを用いることで，少しずつよくなろうとの子どもの意識をはぐくむだけでなく，周囲の大人は，子どもを叱る人から応援団へと関係性を変えることになるのです。

品格教育に取り組む学校は，どの学年でもどの学級でもこのやり方で子どもたちの問題行動に取り組みます。こうして子どもたちは，何度も何度も自分のやり方を改めるチャンスを得て，品格のスタンダードに沿って自分を振り返る習慣を身につけていくことになります。

ところでこの学校のシンボルマークは，図にあるように宇宙服を着た人で，性別も人種も国籍もわかりません。筆者には「品性を身につけ，未来に向かってよりよい社会づくりに力を合わせてゆける人だったら，国籍も性別も民族も関係ない」ことを表現しているように思えました。このことに気づくと，よい隣人の資質とは確かにそのとおりだと初めて気づきました。国際色が豊かになると，この視点はさらに重要になるだろうと感じます。

品格のスタンダードは，義務教育の期間を繰り返せば暗記できる程度の数であることがまたよいところです。暗記できれば，生涯において自分を振り返る際の指針となり得るでしょう。日本人が見てもほとんど違和感のないこれらのスタンダードに沿って自分を振り返り，高めようとする習慣を身につければ，今後のグローバル化が進む社会で生きてゆく子どもたちは，日本だけでなく，世界で通用する国際派になり，かつよい地域住民になってよりよい地域をつくる人になると期待できます。

1-4　CEP（Character Education Partnership）による支援

　米国には品格教育を推進する Character Education Partnership があります。
このセンターは1993年に設立され，非営利で特定の団体の支持を受けない，
特定の派閥をもたない組織です。その使命は「若い人たちが，責任感ある，他
者を気遣う市民になれるよう，若い世代のよい品性をはぐくむことに捧げる」
ことで，毎年，大会を開いての情報交換，品格教育優秀校の表彰等を通してそ
の普及に努めています（CEP, 2007）。

　このセンターでは，品格教育を達成するストラテジーとして「道徳的な理由
付け，SEL（社会性と情動の学習），道徳教育，ライフスキル教育，サービスラー
ニング，市民教育，市民活動へのかかわり，気遣い合うコミュニティ形成，社
会的責任，健康教育，薬物教育，対立の解決，倫理学」という内容をあげてい
ます（CEP, 2007）。つまり，品格教育は，一人の心理学者が研究の領域として
取り扱うような比較的狭い領域を対象にしている教育ではなく，むしろ学校で
学ぶ「アカデミックな領域以外の全教育活動」で，教育全体の方向性を決める
ような取り組みであると言えます。もう少し具体的に述べるなら，CEP の推
奨する品格教育とは，具体的なカリキュラムや領域を明示するような教育とい
うより，傘下に多様なストラテジーを含む教育全体の方向性やパラダイムを示
すガイドラインとなっています（青木, 2014）。

　このセンターが示す品格教育の内容を見ると，日本との大きな違いを感じま
す。日本では，道徳教育，薬物教育，健康教育等は各教科に位置づけられてい
ます。他方で，SEL やライフスキル教育，対立の解決のような，必ずしも教
科に位置づけられない心理学的教育も含まれています。サービスラーニング，
市民教育，市民活動へのかかわり，気遣い合うコミュニティの形成等は，日
本ではまだなじみが薄いように思います。つまり，このセンターがめざす姿は
とても包括的なのです。米国では，一つひとつの取り組みの小さな違いに気を
配るのではなく，よい市民の育成に必要なことはすべて大同団結でつながって，
一つの大きな潮流を生み出しているように思います。この点は，小さな違いを
主張しがちな日本の研究者も見習ってもよいかもしれません。

　さて，CEP は品格の育成について，よい教育を行っている学校が目立つよ
うに National School of Character という優秀賞を出しています。優秀校の

表 13-1　科学的に効果が検証されたプロジェクト（Berkowitz & Bier, 2004）

内容的要素
明確な品格教育（18）／ SEL カリキュラム（27）／統合的な学術プログラム（14）
教育方法
直接教授（28）／学習方略（33）／ 行動統制方略（15）／校外活動（14）／ 　モデリング（16）／家族・地域との連携（26）／コミュニティサービス（6）／ 　教員研修（33）

注：（　）内の数字はプロジェクトの数。

　選出基準として 11 の原則を明示しています。CEP が奨励する品格教育とは，各々の心理教育プログラムを示すというより，方向性やパラダイムが 11 本の柱で構成されたもので，各学校の事情に合わせて自由に中に含めるものを設計できる形になっています。

　品格教育について，Berkowitz & Bier（2004）はどのストラテジーが有効かを検討しています。彼らは品格教育の成果について 109 の実践について検討し，科学的な効果を検証できた 33 の実践研究についてさらに詳しくその内容を分析しています。その中で，品格教育は多様であり，学校改革モデル的なものからクラス単位の取り組み，いじめ等，ある行為に目的を絞ったものなど，さまざまなものがあるとしています。彼らは品格教育を広義の意味でとらえ，多様なものを含めて効果的な取り組みを分析しました（**表 13-1**）。これらの分析結果から，品格教育の効果的なストラテジーと考えられるのは，教員研修，仲間との交流，（徳について）直接教えること，スキルトレーニング，徳や道徳を明示すること，地域連携，モデルの提示，学術カリキュラムに組み込むこと，包括的に取り組むこと，をあげています。

1-5　日本の教育との違い

　日本では品格教育は道徳だと思われがちです。しかし，品格教育とは，子どもたちが「手の届きそうな理想の自己像」を発見して，その実現をめざすように支援してゆく教育です（宮崎，2011a）。宮崎（2011b）は，品格教育と道徳教育における伝統的な徳目主義のアプローチの違いを，次の例を用いて説明しています。例えば「正直」の場合，伝統的な徳目主義では，この徳目は「嘘をつ

かない」という単純な行為に置き換えられます。その結果，嘘をつかずに発言すると誰かを傷つけるケースでは，曖昧なものの言い方をして，ともかくも嘘はつかなかったという形を整えたり，あるいは発言すること自体を避けたりする行為を生み出しがちでした。それに対して品格教育では，「正直」ということをどうして大切にしなければならないのかを学習者に考えてもらい，それを大切にしなければならない理由を念頭に置きながら，学習者がその場面その場面で最もふさわしいと思われる行為を選ぶことが重要になります。

　したがって，品格教育での評価の視点では「嘘をつくかどうか」が重要なのではありません。「正直」が大切とされる理由を念頭に置きながら，その場面で最もふさわしいものは何であるかを考えていける学習者，そして，その考えた結果を実際的な行為に反映できる学習者を育成する視点に意義があります（宮崎，2011b）。

　また，品格教育でもう一つ重要なのが，前述のCEPのストラテジーの中にある「倫理」という視点です。倫理について新（2011）は，倫理の「倫」という漢字は「仲間」を表し，「理」は「ことわり」を意味するので，倫理とは，仲間のことを考えたとき，私たちがふまえるべきルールを意味するとしています。つまり，上記の嘘の例で考えるなら「その場面で最もふさわしいもの」を考える際，仲間のことを考えたとき，私たちがふまえるべきルールを考慮することが倫理の中には含まれています。前述の羽仁の「靴を揃えてぬぐ自由」にも仲間のことを考えた視点が考慮されていました。上記の宮崎の「正直」の例でも，「嘘をつかない」という単純な行為だけが問題になるわけではありません。そして日本では，道徳が重視されすぎて，仲間のことを考えたうえでのルールを考慮するという倫理の発想が薄いように感じます。

2　日本での品格教育の取り組み

2-1　日本での学区で取り組む徳育教育

　かつて筆者は，品格教育をある雑誌で紹介しました。するとA区の教育長から「私たちの区で取り組んでいる10年計画の教育ビジョンに沿っているの

で取り組みたい」との依頼を受けました。その教育委員会では，義務教育の「9年教育」を実現するために多くの施策を実施していました。その一つとして9年間で積み上げる徳育教育を模索しているところでした。

　実施に先立って，地域住民で構成する委員会を立ち上げ，討論を経て保護者アンケートを実施しました。この委員会のメンバーは，広い視野をもっている方，国連での勤務を経験したことのある方，世界的な視野で経営を行っている企業等で勤務した経験のある方，地域に根ざした企業等で勤務をした経験のある方，地域の保護者の代表，学校の代表，大学関係者等でした。筆者もこの委員会に委員として参加しました（若井田, 2014）。

　委員会で意見交換した内容は，次のようなものでした。主なものとしては，①子どもたちに人として生きるうえで大切にすべき道徳性を育て，よい生活習慣を身につけさせることは重要，②義務教育一貫で，全区立9年間を通して共通のテーマをあげて道徳性の育成に取り組むことには意義がある，③共通のテーマについて，子どもたちが日頃の自分自身を自らが振り返り，考え，行動するように支援・助言することが大切，④学校での取り組みを広く家庭・地域に発信し，理解と協力を得ることが大切，などでした（若井田, 2014）。

　区の教育委員会では，これらの委員会での議論を基盤に，保護者アンケートを実施しました。各家庭に質問紙調査1部を配布し，約4万人が調査対象となりました。有効回答数は1万4,821人で，これからの子どもたちに身につけさせたいものを複数回答で選んでもらったところ，上位10位での徳目は「思いやり（84.1%）」「感謝（79.4%）」「忍耐力（75.4%）」「あいさつ（68.0%）」「責任感（62.0%）」「自立心（59.1%）」「礼儀（57.9%）」「勇気（55.5%）」「良心（52.5%）」「公共心（51.7%）」でした（世田谷区教育委員会・道義教育検討委員会「報告書」参考資料, 2007）。

　上記のアンケート結果から，児童生徒が自ら自分自身を振り返り，考え，行動しやすいテーマを10個選んで月ごとに定めました。「人格の完成を目指して」との名前で呼ばれるこの取り組みでは，指導書も作成され，毎月のポスターも作りました。校長会内部に8人の小学校長で構成する研究チームを設置しました。こうして，児童用振り返りカードやPTAとの連携の事例，道徳授業等での実践例を蓄えていきました。教育委員会は，区立学校のPTA連合

協議会，町会・自治会関係者，商店街関係者など，区内のさまざまな団体に協力を依頼し，区全体の取り組みとなるように努めました。町会・自治会の掲示板や商店街にはポスターも掲示して頂きました。2007（平成19）年2月にアンケート調査を実施し，2008（平成20）年度に全区立学校で試行，2009（平成21）年度にはいよいよこの取り組みが本格実施となりました（若井田, 2014）。

2-2　取り組みの成果

　この実践の成果は，筆者たち研究チームが実施しました。具体的には筆者たちが Value in Action（Peterson & Seligman, 2004）を日本の児童生徒用に開発した品格尺度（井邑・青木・高橋・野中・山田, 2013）を用いました。この尺度は品格を4つの側面（根気・誠実，勇気・工夫，寛大・感謝，フェア・配慮）から測定できるものです。2008年度の試行，2009年度からの全校実施で展開したこの取り組みについて6年間，継続的に調査を実施しました（青木, 2013：図13-3）。小学生も中学生も最後の年が一番高いスコアを示していましたが中学生の伸びは顕著でした。またウェルビーイングとの相関が得られました。これらのことから，小中連携の9年一貫で徳について自ら考え，自らを振り返るように伝え続ける取り組みは意味のある活動であることを示すことができました（青木, 2013）。

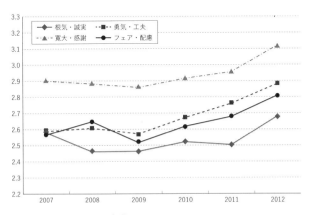

図 13-3　品格得点の変化（青木, 2013）

2-3　継続実施を阻む壁

　この区は人口87万人で100校近い小中学校が存在します。この規模で行政を巻き込んだ取り組みは画期的で，世界的に見ても類を見ない規模の品格教育の取り組みだと考えます。他方で規模が大きいゆえの壁もありました。

　壁の一つは人事権が区にないことです。このため，毎年300人近い教員の区を越えた異動があります。新たにこの区に異動してきた教員には，この区の取り組みを理解してもらう教員研修が不可欠です。その際，区の他の取り組みも重要ですので，品格教育だけに力を入れるわけにはいきません。**表13-1** で示した Berkowitz & Bier（2004）による米国の報告書でも，成果と結びついていた重要なストラテジーの鍵は「教員研修」でした。前述のように，米国の学区は日本の教育委員会より小さな単位で形成されています。それでも教員研修が「鍵」なのです。人口の多い日本の都市部では特に，教員研修をどのように継続的に実施してゆくのかが，継続実施の大きな鍵になると感じています。

3　恒常的安定実施のための提案

3-1　常駐スクールカウンセラーを中核とする情報収集

　筆者が恒常的安定実施のために参考になると考えるのが，米国の学校常駐のスクールカウンセラー（以下，SC）の存在です。日本ではカウンセラーと言えば，不登校やいじめ対策で心のケアをする人と思いがちです。しかし米国の学校には複数の心理職が存在します。日本のSCに相当する心理職は週に1,2回，学校を訪問するクリニカルカウンセラーではないかと考えます。そして学校常駐のSCは，それとは別の役割，つまり教師へのコンサルテーションや，すべての児童生徒を対象に一人ひとりに応じた人格的な発達を促し，仕事をもって社会に貢献できる人を育成する役割を担っています（青木, 2006）。

　このSCがかかわる領域を示したのが**表13-2**です。しかも，これらについて幼稚園年長組から高校3年生まで明確なゴールをもっています。**表13-3**はそのうち人格・社会性の発達の部分だけを示しています。これを見ると，**表13-3**の領域内の構成番号に沿って，幼稚園から高校まで段階的にどのように

表 13-2　SC がかかわる領域と主な目的の階層的構成と構成番号

1.　人格・社会的な領域	1.1　ポジティブな自己概念を形成しようとする 1.2　効果的な意思決定ができる 1.3　健康的な選択ができる 1.4　他者に礼を尽くす 1.5　他者とかかわるスキルを発達させる 1.6　自分や他者の責任を果たす
2.　教育支援領域	2.1　効果的な学習と学業スキルを用いる 2.2　学習の目標を設定し押し進める
3.　キャリア領域	3.1　仕事への積極的態度を養う 3.2　キャリア情報の使い方 3.3　キャリア上での意思決定のスキルを発達させる 3.4　人生での役割変化に気づき，理解する 3.5　仕事を探すスキルを発達させる

発達して，最終ゴールがどのような姿なのかを知ることができます。SC たち
はこのゴールを達成できるよう，自分の仕事にかかわる研修会に積極的に参加
し，得た知識や情報を勤務校の教員に広めます。品格教育についても SC の担
当となっていました。日本の心理教育の研修ではすべての教員が対象になるの
に対して，米国では各学校に最低 1 人いる SC がその責任者になる組織になっ
ているようです。

　SC は自分たちで取り組める実践集ももっています（図 13-4）。その実践集は，
その取り組みとゴールがきちんと対応するような A4 で 1 枚に収まる統一した書
式に整えられています。図の上部に表 13-3 で示したゴールの番号が付されてい
ます。この番号を見れば，その実践がガイドラインのどの領域のどのゴールを
育てるための取り組みなのかがすぐに理解できるのです。学区内の資料なので
相互の連絡先欄もあります。連絡を取って細かいところを尋ね合う体制もでき
ています。こうして SC は，教師とは異なる立場で自校の子どもたちを日々観察
し，子どもたちに必要な実践を選び，心理教育を担任と TT（チームティーチング）
で実践したり，時には個別面談を実施したり，地域の関係機関と連携して児童
生徒一人ひとりの人格や社会性の発達，学習やキャリア発達を支援しているの
です（青木，2006）。

　日本でも数々の心理教育が実践されています。それが恒常的に軌道に乗るに
は，まず研究者が互いに協力し合って，表 13-3 に示すようなガイドラインを
作るとよいのではないでしょうか。そうすれば，心理教育を実践する人たちは，

表13-3 カウンセリングプログラムの人格・社会的領域に関するガイドライン（ゴール）

児童・生徒は……するようになる。

人格・社会的な領域	小学校	中学校	高校
1.1. ポジティブな自己概念を形成しようとする	1.1.1. 人格的な強さと弱さを表現する 1.1.2. 肯定的なメッセージと否定的なメッセージの影響に気づく 1.1.3. どの個人も大切と言う 1.1.4. 他者のもつ独自の能力を表現する	1.1.1. 長所を発達させ、弱所を表現する 1.1.2. 他者の感情や行為に影響するポジティブなメッセージと否定的なメッセージに気づく 1.1.3. 責任を比較し伝えたり、受け止めることができる 1.1.4. 他者の持つ独自の能力の可能性を考えることができる	1.1.1. 個人の人格的な価値をわかろうとする 1.1.2. 長所を発達させ、弱さに気づく 1.1.3. 自らを高める行為を理解して、行うことができる 1.1.4. 他者の感情や行為に影響を与えるポジティブなメッセージを使うことができる 1.1.5. フィードバックを効果的に使うことができる 1.1.6. 人の好奇心が他者に影響を与える関係を述べることができる 1.1.7. 自己概念と行為の関係に気づいている
1.2. 効果的な意思決定ができる	1.2.1. 意思決定の基本的なステップを知っている 1.2.2. 選択肢を探すのにブレーンストーミングを使う 1.2.3. 選択したものの長期的、短期的な影響を考える 1.2.4. 決定の結果を概観する	1.2.1. 意思決定のステップを説明したり、用いたりできる 1.2.2. 妥協を含め、可能な他の選択肢を考えることができる 1.2.3. 選んだ事柄について起こり得る結果を予測し、評価できる 1.2.4. 決定の効果的集団について起こり得る結果を知る 1.2.5. 意思決定の過程で、価値観、家族、仲間の影響を見積もる	1.2.1. 意思決定を、現実生活に応用することができる 1.2.2. 妥協を含め、可能な他の選択肢を生み出すことができる 1.2.3. 効果的な意思決定を行うのに、有効な資質を示す 1.2.4. 選んだ事柄について起こり得る結果を予測し、評価できる 1.2.5. 意思決定の過程で、価値観、家族、仲間の影響を見積もり、課題や結果を改善する方法を明らかにできる 1.2.6. 意思決定の効果を見積もり、課題や結果を改善する方法を明らかにできる
1.3. 健康的な選択ができる	1.3.1. ある事実は健康に害があることを知っている 1.3.2. 「よいタッチ」と「悪いタッチ」の違いがわかる 1.3.3. 健康的なダイエットについて述べる 1.3.4. タバコやアルコールのネガティブな影響を知る 1.3.5. 物を用いた健康的でないいくつかの方法を知っている 1.3.6. 大人が助けてくれる状況を知ってもらう方法を知っている	1.3.1. 適切な健康法、衛生法を個人で実行する 1.3.2. 適切な接触と不適切な接触の違いを説明できる 1.3.3. タバコ、アルコール、ドラッグのネガティブな効果を区別できる 1.3.4. 健康的な食習慣を指導できる 1.3.5. 物を用いた健康的でないいくつかの方法を知っている 1.3.6. 大人が助けてくれる状況を知ってもらう方法を知っている	1.3.1. 適切な健康法、衛生法を個人で実行できる 1.3.2. 適切なタッチと性的な接触の違いを区別できる 1.3.3. 性的な行為のリスクを見積もることができる、ネガティブな結果を避けることができる 1.3.4. 健康的な食習慣を実行できる 1.3.5. タバコ、アルコール、ドラッグのネガティブな効果を説明できる 1.3.6. 物を用いた健康的でないいくつかの方法を実行できる 1.3.7. 安全運転の練習をする 1.3.8. 大人が助けてやれれば、必要があれば行動を改善する場合をいろいろ想定できる
1.4. 他者に礼を尽くす	1.4.1. 他者に礼（敬意）を示す 1.4.2. 他者に礼を示すことの大切さを説明できる 1.4.3. 一人ひとりが違っていることを言うことができる 1.4.4. すべての個々人が社会の中で価値をもっていることに気づく	1.4.1. 他者に礼（敬意）を示す 1.4.2. 他者に礼を示すことの大切さを説明することができる 1.4.3. 性差、民族、年齢、その他の個人の価値の違いを見つけることができる 1.4.4. 社会で、すべての人たちがいかに価値をもっているかを説明できる	1.4.1. さまざまな状況で、他の人に礼（敬意）を示すことを知っている 1.4.2. 他の人のよい資質を認め、支援することができる 1.4.3. 個人のよい属性を認め、敬意を示すことができる 1.4.4. 個人の多様性に対して、敬意を示すことができる
1.5. 他者とかかわるスキルを発達させる	1.5.1. 感情を明確に他者に伝えることができる 1.5.2. 自分の感情を他者に伝えられる 1.5.3. よい友だちとはどのようなものか表現できる 1.5.4. 自分のパーソナルスペース、他者のプライバシーに気づく 1.5.5. 人は互いに影響し合っていることに気づく	1.5.1. 行為に感情が影響することを表現できる 1.5.2. よいコミュニケーションスキルがとれる 1.5.3. 友だちの選択がいかに人生に影響を与えるか説明できる 1.5.4. 人と人との関係を発展させ、維持するかを話し合う 1.5.5. 自分のパーソナルスペース、他者のプライバシーに気づく 1.5.6. 友だちの励ましの効果を明らかにする 1.5.7. 友だちと互いに影響し合う相互作用のスキルをもっている	1.5.1. 人の感情に基づいて、効果的な行為がとれる 1.5.2. 他とコミュニケーション関係がとれる 1.5.3. 同性、異性との間の友情や関係に気づく 1.5.4. 幸せな結婚の特性を明らかにする 1.5.5. 自分のパーソナルスペースを表現でき、プライバシーの価値に気づく 1.5.6. 仲間からの圧力に効果的に対応する 1.5.7. 友情を発達させる、維持する
1.6. 自分や他者の責任を果たす	1.6.1. 自分の行為について責任を示す 1.6.2. 自分の行為するかの選択肢を知る 1.6.3. 他者に向けた自分の原因と結果を表現する 1.6.4. 責任感があるとはどういうことかを表現する	1.6.1. 自分の行為についての責任を示す 1.6.2. さまざまな状況で、責任ある行為が何かわかる 1.6.3. 他者に向けた自分の原因と結果を増加させる 1.6.4. 自分自身への責任を増加させる 1.6.5. 責任を持ってとがいかに人生を充実させるか発表させ、維持する 1.6.6. 自分の行為に、決定に結果を引き受けることを表現する	1.6.1. 自分の行為についての責任を示す 1.6.2. さまざまな状況で、責任ある行為が何かわかる 1.6.3. 他者に向けた自分の原因と結果を表現する 1.6.4. 自己コントロールと自分への価値を持つ 1.6.5. 自分の決定、そして個人的成長への責任を引き受ける 1.6.6. 他者に対して、建設的な批判に従える

```
領域：キャリア発達支援
ゴール：3.2　職業に関する情報を使うスキルを発達させる
能力：3.2.3.　さまざまな仕事について説明する
セッションの数：2 回
セッションの長さ：おのおの 1 時間
対象年齢：5, 6 年生
材料・資源：　①子ども 1 人，またはペアで日曜日の新聞 1 頁
　　　　　　　②ラインマーカー
　　　　　　　③職業が見出しになった辞典
　　　　　　　④職業の概略を書いた本
教示・手続き：①新聞を見て，すべての職業を探してラインマーカーで印を付ける。
　　　　　　　②最も興味のあるもの（または，子どもが興味をもちそうなもの）について 5 つ
　　　　　　　　取り上げる。
　　　　　　　③辞書や仕事を説明した本で 1 つについて，次の事柄を調べる。a) 必要な教育,
　　　　　　　　b) 仕事の義務, c) 給料, d) 制服, e) 使う道具や仕事のスキル, f) 屋外労働, 屋
　　　　　　　　内労働, 事務室, 大都市かなど, 働く場所, g) 特殊な資格（試験, 実技試験, など）。
　　　　　　　④発見したことを，クラス全体で報告する。
コメント・観察：もう少し時間があれば子どもたちが項目ごとに図表やイラストを描いたり，仕
　　　　　　　　事で着る服を展示したりできるでしょう。

参考図書
タイトル：カンザス州の進路指導実践集
著者：カンザス州・カンザス州進路指導協会
出版年：1983 年
出版社：ウィチタ公立学校出版社
住所：北エンポリア，ウィチタ，カンザス州
電話番号：
実践者：N.　S.
学校：G 小学校
住所：フォース　クレー　センター　カンザス州
電話番号：
```

図 13-4　実践集の具体例

自分たちの心理教育がどの領域に相当するもので，将来的にどんな力につなが
るのかが一目瞭然でわかります。加えてこれがあれば，誰に対しても明確な説
明ができます。こうすると，心理教育の有効性を理解してくださる方も次第に
多くなってゆくと考えています。

3-2　生徒指導におけるガイダンス機能の重視

　もう一つ重要だと考えるのが，日本の生徒指導の再定義です。日本では一般
的に，生徒指導は問題行動の指導との印象を持たれがちです。しかしその本質
を調べてみると，それはほんの一部であることがわかります。日本の生徒指導

は，米国のガイダンス（guidance）の理論や実践から影響を受けながら発展してきました（吉田，2009）。ここでガイダンスとは「個人をその生活における危機的な事態に際して賢明な選択・適応・判断を行うように援助することである（Jones, A. J.）」とされています（吉田，2009）。この「危機的な事態に際して賢明な選択・適応・判断を行うように援助する」とは，まさに品格教育や心理教育がめざしているものと方向性が同じであると感じます。日本の生徒指導の本質とは，前述の CEP の理念のように，傘下に多様なストラテジーを含む教育全体の方向性やパラダイムを示すものだと考えます。

　ところで，日本の生徒指導で最も重視されるものとして「自己指導能力」があります（『生徒指導提要』文部科学省，2011）。自己指導能力とは「自らの人格の完成を自ら希求する児童生徒を育てるということは，教育にとって最も困難な課題ということもできるでしょう。なぜなら，教育の方法として『与える』，『導く』，『型にはめる』などの方法をそのまま用いたのでは，自発性や自主性を強要するということになりかねず，本来の意味での自発性や自主性をはぐくむことができないからです。（中略）人格の完成については『児童生徒が望ましい大人になる』というように，児童生徒自身が主語となる形で行われていく必要があるのです」（文部科学省，2011，p.12）とあります。この自己指導能力は，品格教育がめざそうとする教育，つまり，「手の届きそうな理想の自分」を実現してゆく教育と同じではないでしょうか。

　このように考えると，日本の生徒指導は，品格教育や心理教育も入る枠組みであると考えます。それが**表 13-2**，**表 13-3** と同じに見えないのは，米国が箇条書き方式で示しているのに，日本は難解な文章による説明になっているからではないでしょうか。この難解な文章を研究者の力で，米国のような箇条書きで体系化してゆけば，さまざまな活動が生徒指導と関わることを示すことができます。心理教育の実践にも**表 13-3** から複数の引用ができ，生徒指導で求められている力をつける取り組みであることを理解してもらえるでしょう。このような仕組みができると，担当者は見通しと自信をもって学校や保護者に提案できるのではないでしょうか。そしてこれが恒常的実践のための突破口になると考えています。

本質の誤解と担当者の交代

　私が品格教育を実践するなかで困惑したのは，本質を誤解した人たちが自分の解釈でどんどん広めてゆくことと，きちんと理解してくれた人たちの配置換えの2つです。

　品格教育の場合，共通のテーマは提示しますが，あくまで主体は子どもたちです。子どもたちが自分で考え，自分が何を具体的に行うのかを自分で決めます。これについて，精神医学者のフロムは「教育」と「操縦」の違いを子どもの可能性を信じるかどうかで説明しています（フロム，1972）。教育の主体は生徒で，周囲は可能性を支援します。他方で操縦の主体は「操縦者」で，大人が願わしいと思うものを注ぎ込みます。前者は人を育て，後者は人を精神疾患に陥らせます。

　私が出会った最大の障壁は，品格の「教育」をこの「操縦」型にしてしまう人の存在です。B教育委員会は「へんじ」「言葉づかい」等をスタンダードにしました。確かに児童生徒は統率がとれているように見えるかもしれません。しかしこの方法は児童生徒に考えたり選んだりする余地を与えていません。つまり「3つのH」の内の「知力のH」「心情のH」がなく，単に型にはめているに過ぎません。私は大きな疑問をもちましたが，教育委員会が決めた取り組みですのでどうすることもできませんでした。関連して「教育実践」という場には，多様な方がかかわっていることも障壁でした。心理学者の私はしっかりデータを取り，出典を明記して自分の実践について発表します。心理学者の雑誌には査読システムがあり，真実を紹介することを尊重します。ところが教育現場の雑誌には査読システムがありません。雑誌によっては出典も明記しないようです。こうして，品格教育はその本質を誤解されたまま広がりました。その結果，朝日新聞に「教育現場で広がるスタンダード：教師の主体性を危ぶむ声」と紹介されました（2017年）。

　もちろん，きちんと本質を理解して取り組んでくださる教育委員会もありました。C教育委員会は地域の保護者2万人にアンケートを実施して，地域の有識者を集めて核となるスタンダードを定めました。教師用のマニュアルも作成しました。私の調査でその取り組みは大きな成果をあげていることもわかりました。しかし，6年実践したところで首長の所属政党が変わりました。こうして前首長のもとでの取り組みは見直されることになり，保護者のアンケートから始め，保護者が望んだ取り組みとして始めた品格教育は続かなくなってしまいました。

（青木 多寿子）

第 14 章

日本の学校教育の再生と未来

── 心理教育プログラムが救世主となるか

山崎 勝之（鳴門教育大学）

本章へのとびら

　振り返れば，本書の序章では導入として，心理教育プログラムが安定して恒常的に実施されるために必要だと思われることを投げかけました。その投げかけは，たいへん無責任で大胆な投げかけでした。しかし，後に続く章では，その投げかけに対して具体的で丁寧な答えが数多く出されました。

　本章と続く終章では，その投げかけをおさらいしながら，寄せられた答えを発展的にまとめてみようと思います。さて，本書の大団円となるような締めとなりますかどうか，期待しながらお読みください。

1　日本の学校教育の建て直しの必要性

1-1　教員の働き方のあるべき姿

1-1-1　教員の労働の現状

　本書のこれまでの章をご覧いただくと，プログラムの開発と実施者がどれほどの困難に立ち向かってきたかが手に取るようにわかります。一度きりの実施でよいのならさほど難しいことはありませんが，恒常的に安定してずっと実施するとなると，その障壁は高く眼前に立ちはだかります。

　障壁にはどのようなものがあるのかは，これまでの章やトピックで紹介され

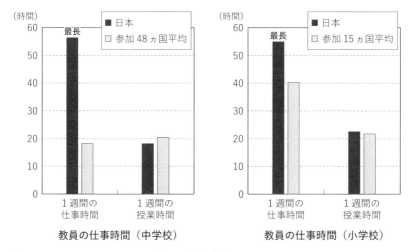

図 14-1　TALIS 2018 による教員の労働時間（国立教育政策研究所，2019 より作成）

てきました。続く終章においても，座談会形式でそのことが話題になります。その障壁はそう簡単に越えられそうにないものばかりで苦慮しますが，ここではその障壁の中でも，現在の学校教育が直面し，取り壊すことが喫緊の社会的な要請になっているものを取りあげ，現実的に動いていく後押しをしたいと思います。

　序章でも少しふれましたが，まず必要なのが教員の働き方改革です。学習指導要領にない心理教育プログラムが，子どもたちにとってどんなに大切なものでもなかなか取り入れられないのは，教員が多忙を極めていることが一つの大きな原因でした。**図 14-1** は 2018（平成 30）年の国際教員指導環境調査（TALIS）から小学校と中学校の仕事時間を調査に参加した国平均と比較したものです（国立教育政策研究所，2019）。この結果では，小学校でも中学校でも，教員の授業時間は参加国の平均とほぼ同じですが，仕事時間が著しく長くなっており，調査に参加した国では最長です。

　日本の教員の多忙さが心理教育プログラムの実施の壁になっていることは本書でも多くの執筆者が指摘し，嘆いています。しかも，授業時間以外に多忙さの原因があります。この状況に誰もが問題意識をもち，数年前からなんとかしようという動きが各所で出ていますが，抜本的な解決には至っていません。

　学校教員の勤務状況は特殊です。ひと言でいえば，労働時間に見合う給与が支払われていないのです。このいびつな状況は，給特法（公立の義務教育諸学校等の教育職員の給与等に関する特別措置法。1971（昭和46）年制定）がつくったとも言え，給料月額の4%に相当する教職調整額を支給する代わりに，時間外勤務手当は支給されないことになっています。そして，手当が付与される時間外勤務を命じる場合を超勤4項目（簡単に言えば，実習，学校行事，職員会議，非常災害などに必要な業務）と呼ばれる4つの業務に限定されています。ところが，教員の時間外勤務の多くは，超勤4項目以外の業務によって占められ，それらの勤務は教員の自発的行為によるもので公費支給はないという解釈がまかり通っています。

　学校教員にかかわるすべての労働に手当を出すことになれば，予算状況が逼迫する国政からすれば，おのずと労働時間が短縮される可能性があります。

▌1-1-2　教員の働き方を変える方途

　教員の多忙感が心理教育プログラムの恒常的安定実施を妨げる本丸の一つであるなら，このことをなんとかしなくてはなりません。時折，教員の働き方改革の成功事例が華々しく普及本の形で出版されます（例えば，中村，2020；時松・山田，2020）。そのような本を読むと，書籍上の情報だけではありますが，実に見事に働き方が改革できたなという印象を受けます。また，その改革はきわめてエレガントに実行され，他の学校でもできそうだという印象を受けます。

　しかしこのような成功事例をもってしても，それを全国に広げることができていません。このような成功事例には，よく見ると，その改革を進めるリーダーの存在が欠かせません。そのリーダーは校長や教頭という管理職です。先のTALISの調査でも明らかになっていることですが，日本では校長になる年齢が高すぎます。定年退職までそれほど時間が残されていない状況では，改革に乗り出すには及び腰になるのもやむを得ません。

　改革へのリーダー組織が確固として確立され，そこに改革方針が付与されればよいのです。改革方針は策定され動き出せば，最初は欠点が多くても動きながら改善されていくものです。できれば，このような動きが個人の手腕にまかせることなく公的に制度化されることが望まれます。

　最近（2019（令和元）年），給特法が約半世紀ぶりに改正されました。改正の

柱は2つで，①教員の時間外勤務の上限を定めること，②年間での変形労働時間制を採用できるようになったことです。②は多くの教員が指摘するように改悪ですが（例えば，内田・広田・高橋・島﨑・斉藤，2020参照），①は本気で守られると働き方の改革になる可能性があります。時間外の勤務時間を超勤4項目以外に広げ，1ヵ月45時間以内，年間360時間の超過勤務の上限を設定しています。教育は各自治体の権限で運営できるので，このことがどこまで守られるか不明ですが，抜け道に目を見張り自治体が本気になれば，この改正は味方になります。

　そして最後に強調しておきたいことは，教員が疲弊していては子どもへの教育の質が下がるということです。これまでに学校で行っていた行事やテストなどの保護者にとってなじみのある事柄が削減されると，すぐに保護者からクレームがつき，「子どもたちのためを第一に」という伝家の宝刀が抜かれます。その結果，教員は疲弊します。ふたたびTALISの調査結果を見ると，日本では，あれほど希望に満ちて教員になったのに，一度教員になると，やり直せるなら教員にはなりたくないとか，この学校は他の人に勧められないとか，夢枯れた心情が噴出します。そのあげく，授業実施や生徒指導に至るまで軒並み自己肯定感が低下している現状をどう思われるでしょうか。教員は，多大なスト

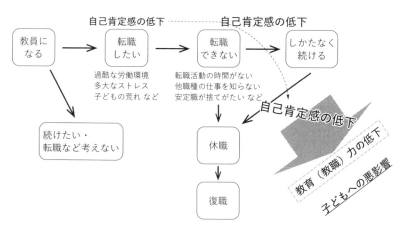

図14-2　教員の離職意向から自己肯定感の低下，そして子どもへの悪影響まで

レスを被っているわりには他業種と比べて離職率は低く，ここには辞めように
も辞められない状況が見てとれます。離職したいのにかなわず，教員を続ける
中で自己肯定感が低下し，それが子どもの教育に悪影響を及ぼす現況にあるの
です（図14-2）。

　教員が生き生きとやりがいをもって仕事に向かってこそ質の高い教育が成
り立ち，心理教育プログラムなど本当に大切な教育にも気づくことになるで
しょう。

1-2　学校教育がめざすものを見直す

　不登校の問題に文部科学省が手を焼いていることも序章でふれました。そし
て，不登校の問題を前に，不登校は誰にでも起こり得るととらえ，学校復帰に
とらわれない対応をとるようになりました。不登校が誰にも起こるほど普通に
見られるとすれば，それは学校教育が現在の子どもたちに適合していないこと
を意味します。適合しないなら，学校復帰以外の方法を認め提示するのではな
く，学校自らが変わるべきです。

　序章で紹介したように世界にはさまざまな教育手法があります。それらは，
国からの学校教育への縛りが緩やかな自由な環境の中ではぐくまれました。
それらの教育のうちのどれかが世界を席巻することがいまだないように，ど
の国でもどんな子どもにも推奨される教育は存在しないことは明白です。しか
し，自由な状況のもとで生まれてくる教育は，それぞれの状況で現状を打破す
る可能性があります。日本のように，学習指導要領など文部科学省からの規程
にがちがちに縛られていては，現代のニーズに合った教育は生まれようにあり
ません。

　構造改革特別区域制度（特区）など少しは自由にやれる道は残されていますが，それも申請には大きな制約と条件があり，現にその制度を利用している学
校はきわめて少ない現状です。国からの厳しすぎる縛りは一国の教育の最低限
の水準と一律性を保証するかもしれません。しかし，変革を必要とする激動の
時代にはそれが大きな足かせになるのです。

　心理教育プログラムもこのような足かせの中，実施を模索しています。学習
指導要領に入っていなければ，長期的に実施することにはどの学校も二の足を

踏みます。その縛りをなくし，自由度を高める時代精神に満ちているのが現代
なのです。

2　心理教育プログラムの開発における，大切で深い 2 つの視点

2-1　パーソナリティの形成を考慮した心理教育プログラムの必要性

　心理教育プログラムの実施の場としての学校，実施者としての学校教員が抱
える大きな問題について前節で指摘しました。それでは次に，このような問題
が解決したとして，心理教育プログラムが恒常的安定実施に向けて機能するの
かどうかを，心理教育プログラム自体のあり方から見てみたいと思います。

　まずは，プログラムが持つべき大きな視点をここでは扱ってみます。**図
14-3** に示したように，ある時点に立つ子どもの行動は，その子どもがこれま
でにどのような発達プロセスをたどってきたかと，現時点で降り注ぐ社会的な
情報をどのように処理するかによって決まります。もちろん両者は相互に関係
しています。

　心理学ではパーソナリティ（personality, 性格）という用語を，その人の心の
特徴や動きを決定するおおもとの概念として規定しています。むずかりやす

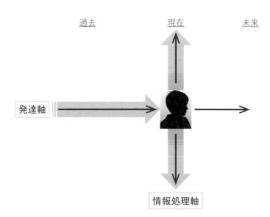

図 14-3　子どもの行動を見る発達軸と情報処理軸

い，興奮しやすいといった気質は誕生時からすでに確認できますが，このパーソナリティの形成は生後の環境（特に養育態度）のあり方によっておおよそ決まります。ある養育者のもとでは，特有の認知や思考や感情など心の動きがお決まりのパターンで動き，そのパターンが強固になったものをパーソナリティと呼びます。一度パーソナリティが形成されると，人の心の特徴のほぼすべてはパーソナリティによって決定されます。パーソナリティのとらえ方はいろいろありますが，ボウルビィ（Bowlby, 1969/1982）のアタッチメントの型もパーソナリティと呼べ，さまざまな型があります（Ainsworth, Blehar, Waters, & Wall, 1978）。その型がさまざまな心の特徴を導くことを考えれば，このことがよくわかるでしょう。

　パーソナリティが適応的に形成されないと，そこから問題のある認知や思考，感情や行動，つまり問題のある心の動きが生まれます。心理教育プログラムの一つの大切な視点は，教育対象となる子どもや，教育対象となる心の特徴の発達プロセスを考慮して構築される必要があることです。そのプロセスに踏み込めるプログラムなら，効果は一時的なものではなく安定して持続することが期待されます。本書でこれまでに紹介してきたプログラムには，何らかの形でこのような視点が備わっているはずです。

2-2　社会的情報処理過程を考慮した心理教育プログラムの必要性

　ある時点に立つ子どもは，それまでの発達プロセスから大きな影響を受けているばかりではなく，現にどのような社会的（人的）情報（刺激）を受け，それをどのように処理しているかが子どもの判断や行動に大きな影響を及ぼします。図 14-3 にはこのことも示されています。

　例えば，ドッジボールが背中に当たり，振り向いたときに見えた顔を笑っているととらえると，やり返すという行動が出るかもしれません。またあるときは，振り返ったときに複数の申し訳なさそうな顔を見て，偶然だと気にしないかもしれません。つまり，同じことが起こっても，その出来事をどのように見て解釈するかによって結果が異なるのです。

　もちろんこの社会的な情報の処理のあり方は，形成されているパーソナリティによって大きく影響を受けます。しかし，それだけではなく，その時々の

本人の状態によっても影響を受けます。心理教育プログラムは，悪影響を及ぼす情報処理を取りあげ，その処理方法を変えていくことができます。パーソナリティの影響があったとしても，結局は，情報（刺激）を歪みなくとらえ，正しく解釈し，その解釈に合った適切な行動ができるレパートリーを増やすことに，プログラムの具体的方法は作用しているはずです。実は，パーソナリティの形成も，最初は心の特徴（認知，思考，感情，行動など）の動きから決定されるのです。

　パーソナリティは抽象的で大きな概念です。灯台のように遠くで心理教育プログラムのあり方を大きく決定する役割があっても，具体的な方法レベルでは直接的に顔を出さないものです。

3　心理教育プログラムに備わってほしい，表面的だが大切な特徴

3-1　多くの問題と多様な発達過程に対応できるプログラム群の整理

　小学校で言えば6学年あり，1年生と6年生では子どもたちの様子はまったく異なります。それに中学校を加えれば，9学年あります。心理教育プログラムは特定の学年にだけ実施する必要があるのでなく，どの学年にも必要です。これら多くの学年に続けて実施すると多くのプログラムが必要で，それらは発達状況に応じた目的と方法をもつことになります。

　予防的観点で言えば，できるだけ多くの問題を防ぐことができる根幹となる心の特徴に踏み込むとしても，必要なプログラムはかなりの数に上ります。それに，根幹となる心の特徴も多様です。現時点では，各研究者それぞれにターゲットを絞って限定的なプログラムを開発しているに過ぎません。つまり，バラバラの状態です。学校教員の実施者は，偶然の出会いか，自ら苦労して掘り当てるようにお目当てのプログラムを見つけ，ようやく実施します。

　このような現況を見ると，日本における心理教育プログラムの全体を整理し，どの学年に，またどのような教育に，どのプログラムが実施できるかを，わかりやすい形で提示する必要があります。本書はその取っ掛かりになるものです。本書では日本における主要な心理教育プログラムを紹介することができました

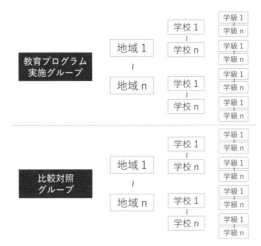

図14-4　科学的評価として無作為化比較試験（RCT）のサンプル布置

が，他にもいろいろなプログラムがあり，整理が急務な状況と言えるでしょう。

3-2　科学的効果評価はどうすればよいか

　個別の研究に利用できる点では，現時点での科学的評価の最高峰にあるのが無作為化比較試験（Randomized Controlled Trials: RCT）です。最高峰とは，より精度高く効果を見極めることができるという意味です。ところがこのRCTを瑕疵なく実施することには相当な労力と時間がかかります。実際のところ，教育分野でこのRCTが行われることは少なく，日本では皆無という残念な状況です。

　例えば，ある心理教育プログラムを実施し，日本の小学年高学年に効果があるかどうかを調べたいとします。すると，**図14-4**にあるような調査参加者の構成が必要になります。教育プログラム実施グループと教育を実施しない比較対照グループを設定し，それぞれに日本の小学校高学年を代表するようなサンプルを，地域，その中の学校，その中のクラスの観点から抽出し，すべてが無作為（でたらめ）に選ばれる必要があります。また，ややこしい話をするとデータの独立性という点では，学校単位のデータが統計分析にかかる最小単位の

データになります。少し専門性が高くなるので，その理由は別の資料に任せますが（山﨑・内田・村上，2013），学校単位である程度のデータ数が必要になると，教育グループと比較対照グループを問題なく設定することはたいへんな作業になります。

　これに評価方法の出来映え，つまり心理学で言う信頼性や妥当性のある評価方法が必要になるので，さらに実施が困難になります。日本では実施実績が皆無と言いましたが，米国などではこの領域でも RCT が少ないながらも行われていて日本は遅れをとっています。これは学校教育において常時実施に入る前にぜひやっておきたい研究であり，今後の課題です。現代は科学社会で，医療でさえ，科学的根拠のある医療（evidence-based medicine）の重要性を今さらながら訴えています。同じ人の健康や適応にかかわる学校教育だけが，科学と無縁の世界であってよいはずがありません。

3-3　子どもたちが待ち焦がれるほどの魅力と実施容易性を備える

　「学校の授業はおもしろくない」。多くの子どもたちから聞かれる声です。筆者はこれまでに心理教育プログラムの仕事で全国の 100 を超える学校に出向き，そのついでに教科の授業等も見せてもらう機会が多々ありました。そして，子どもたちの興味のなさそうな様子を間近に見て，実施されている先生には失礼ですが，筆者自身もこれではおもしろくないと何度も感じました。

　子どもたちが，その授業に興味をもって向かわなければ教育は成立しません。つまり，授業参加への動機づけが高まることが，授業が成功する最初の大切な要件になります。心理教育プログラムも同じことです。最初はものめずらしさが手伝って子どもたちはついてきますが，繰り返していくと次第に倦怠感が襲い，授業から離れます。心理教育プログラムが常時実施される必要があるなら，子どもを引きつけるほど魅力のあるプログラムにする必要があります。この点は，世界で開発される心理教育プログラムのほぼすべてに欠落していることだと思います。

　「学校が楽しい」「学校に来るのが楽しみ」「授業が待ちきれない」。学校という時間と空間を，まるで遊びのような時間と空間に変え，同時に学びを成立させるという視点をもちたいものです。

4　今後の活動への期待

4-1　研究者の協働の必要性

このような指摘をしていると，心理教育プログラムを開発し，実施している研究者が協働することが大切であることがわかります。学会などで寄り集まるだけではなく，課題を意識し，達成目標を明確にしたうえで腰を落ち着けての会議と協働を実現する必要があります。

写真 14-1　国内専門家会議の光景

　個々人の研究止まりならよいのですが，一国の教育に介入するほどの試みにはこのような協働が欠かせません。筆者の大学は，かつて心理教育プログラムを新たに開発し，全国に普及させるために，文部科学省の特別経費（プロジェクト分）「学校において子どもの健康と適応を守る予防教育開発・実践的応用研究事業」に採択されました。これは5年にわたるプロジェクトで，多額の予算がつく規模の大きなプロジェクトとなりました。この中で，やはり国内の研究者との協働は欠かせないと考え，頻繁に国内専門家会議を開催しました。（**写真 14-1**）。そこでは多様な意見が集まり，それぞれのプログラムを比較したり，長短所を明確にして，なんとかまとまりをもって整理し，そこからの発展をめざしました。その試みは貴重なもので，それから10年ほどたった今も，そこで開発されたプログラムは全国の多くの学校で実施されています。

　しかし，全国のどの学校でも常時実施するというプランの実現にはほど遠く，今回の書籍の出版に至ったわけです。

4-2　教員の学びの場の拡充

　教員になるためには，大学の教員養成課程の中，決められた授業や実習を受ける必要があります。しかし，その中には，心理教育プログラムの要素はほぼありません。この教員養成課程の中に心理教育プログラムの教育が入る必要がありますが，それは時間を置かずに簡単にできることではなさそうです。

　すぐにでもできること，また本書の執筆者の皆さんもやっていることは，現職教員への研修です。筆者たちもこの研修を重視し，全国の多くの場所で心理教育プログラムの研修を行ってきました。**写真 14-2** は，京都府の京丹後市で行った，学校の先生がたへの研修風景です。

　研修をして心理教育プログラムの実施に結びつける。あるいは，心理教育プログラムの実施と同時に研修を行うことが考えられます。学校の先生がたは，最初は教育の理論についての理解は十分ではないので，それも含めての研修はプログラム実施の意義を深めることになるでしょう。また，実地で質問を受けることも生きた学びの機会になります。

　2022（令和 4）年春に，この点では貴重な研修と情報交換の機会をもつことができました。前年度，筆者たちが開発した心理教育プログラム（予防教育プログラム）を実施した学校から，7 校ほど（神奈川県から佐賀県まで）がオンラインで集いました。そして，今年度予防教育を実施したいと考えている学校の先生がたが 20 名ほど，同じオンラインの場に参加したのです。

　実施校からは，どのような教育を実施したかと，その感想なり効果なりをお話しいただきました。筆者たち研究者が話すのとは違って，同じ学校教員から，しかも実際にプログラムを実施した教員からの情報提供ですから迫力があります。他の参加者たちからも多くの質問をいただき，このプログラムの意義に加え，子どもたちの変化，それに多忙ななかでも実施でき

写真 14-2　学校教員研修会の光景

る，実施する価値があることを実感していただきました。

　このように，研修の内容は多様な方向から実施できます。研究者からだけではなく，実施された学校の先生がたからの研修（情報提供）を加えると研修に厚みが増します。

4-3　終章，座談会に向けて

　本章では，心理教育プログラムを安定して恒常的に学校で実施するために比較的広い視野からの話を提供しました。それに対して，本書に登場した執筆者の面々はどのように考え，何を強調するのでしょうか。各章で示されたこと以上の論点があることが考えられます。

　そこで次の最終章では，心理教育プログラムの開発と実践のご経験が長い方に声をかけて座談会を行い，この問題を自由に語ってもらいました。この座談会ではじめて登場していただく先生もおられます。本章で指摘したことをさらに別角度から深く，また本章では指摘されなかったことも飛び出し，本書の締めとしてふさわしい会話が続きます。

新教育，コロナに負ける ?!

　ここ 2 年ほど新型コロナウイルスの蔓延に世間は苦しみ，翻弄されました。学校教育もそうでしょう。そして，私たちが進めている心理教育（予防教育）もそうでした。

　全国では，何年も予防教育を実施してくれている学校は少なくありません。しかし，コロナ禍によってその連続性がいくつかの学校で断たれました。「コロナのせいで，学校がたいへんで今年は断念します」。校長からの電話はとても残念そうで，苦渋の選択であったことに違いありません。

　しかし，そのような学校でも，学習指導要領にある勉強面はなんとか死守しようとします。学習指導要領にない予防教育は，なおざりにされてしまうのです。まさか，子どもたちの健康や適応の大切さを考えない学校はないでしょう。それにもかかわらず，健康と適応を守る，言ってみれば生命を守る予防教育が二の次にされるのです。

　なぜそうなるのでしょうか。まず考えられることは，それほどに学校に課せられている勉学上のノルマが多いということでしょう。こんな逆境のときこそ，学校の自由度がもっと上がればよいと思います。そして次に考えられることは，私たちの予防教育の魅力度がまだまだだということでしょうか。しかし，予防教育を受ける子どもたちのはちきれんばかりの笑顔を見れば，これ以上の魅力とは？と考え込んでしまいます。

　東日本大震災のときは，どうだったでしょうか。私たちは，あの地震が起こったまさにそのとき，大学の附属小学校で予防教育を行っていました。まだ開発途上の予防教育でした。あの震災がトラウマになった子どもたち，大きなストレスに苛まれた子どもたちが多く出ました。その子どもたちに，心理カウンセラーが心のケアに出向きました。普段の勉強どころではなかったのです。しかし，あのような大災害で傷つく子どもたちを前にしなければ学校は動けないのでしょうか。

　コロナ禍にストレスを感じた子どもは多くいます。不調を感じた子どもたちに手を差し伸べることはもちろん大切です。しかし，災害に直面する前に，その悪影響をはねのける力をはぐくむことは同じくらい大切なはずです。

　コロナがすっかり収まれば，このような学校もふたたび予防教育をやってくれるでしょうか。一方でコロナ禍にもかかわらず，予防教育を続ける学校があります。なんと第 6 波まっただ中でも，予防教育をすぐ実施したいという東京の学校からの電話もありました。コロナに負けるわけにはいきませんね。（山﨑 勝之）

座談会 ● 心理教育プログラムの恒常的安定実施への障壁とその突破口を探る

青木 多寿子・小泉 令三
冨永 良喜・渡辺 弥生
山崎 勝之（司会）
［アルファベット順］

山崎　本日はお忙しいなか，また新型コロナウイルス蔓延のなか，座談会にご参加いただきましてありがとうございます。まずは自己紹介がてら，これまでどのような心理・教育プログラムを行ってこられたか，お一人ずつ簡単にご紹介をお願いします。

●これまでの心理教育プログラム関連の経験

山崎　司会者の私からスタートします。私は，応用的な心理教育プログラムに入る前に，健康と適応に及ぼす心の影響について基礎研究をかなり長くやってきました。そして，基礎研究のデータが蓄積されてきたころに，そのデータを利用して応用研究に入りたいと思い，小学校から成人までの介入プログラムの研究に入ったわけです。そこで介入を始めた教育プログラムを予防教育プログラム「トップ・セルフ」と名付けました。その開始が25年ぐらい前なんですが，今では，その最初のプログラムを第一世代と呼んでいます。これは，基礎研究から直接生まれたプログラムで，効果はたいへん大きかったのですが，ちょっと準備と実施がたいへんなプログラムだったので，私たちがめざしていた普及という点では大きな欠点がありました。

　そこでなんとか，もっと多くの学校で安定して恒常的にやってもらうにはどうしたらよいかと考え，さらにプログラムの魅力度と実施しやすさを高め，もっと多くの学年もカバーした規模の大きいものを作りたいと考えました。

そこで，文部科学省に働きかけ，国の事業に採択してもらいまして，第二世代の予防教育がスタートしました。そして，調子よく全国展開へと走り出しました。ところが，同じように普及のうえで壁にぶち当たりました。その壁は，もっと先生がたがやりやすいプログラムにする必要があったということでした。

　この問題を解消するために，5年ぐらい前から第三世代へと予防教育の改訂を始めました。現在この第三世代を中心に取り組んでいます。その結果，以前よりも軽やかに全国展開を始めているという状況です。まだ第二世代のプログラムが残っていますので，それを第三世代に改訂しながら進めています。

山崎勝之（鳴門教育大学）
（司会）
毎夕，ウォーキングを楽しんでいます。そのやり方は独自に開発したものです。興味のある方にはこっそりお教えしますね。

冨永　私は，心の健康授業と呼んでいるプログラムを実施してきました。そのきっかけは災害事件後の心のケアでした。1995（平成7）年の阪神・淡路大震災，2年後の神戸児童連続殺傷事件後に子どもの心のケアを経験しました。当初は，災害事件後にストレスチェックでハイリスクな児童生徒を発見し，担任やスクールカウンセラーがカウンセリングをするという方法を採用していました。

　それが，2004（平成16）年の台風23号被害での子どもの心のケアのときに，クラス全体が落ち着かないという担任からの申し出があって，小学4年生のクラスでストレスマネジメント授業を行ったんです。それは1回だけの授業でしたが，子どもだけでなく，教師も変わったんですね。子どもたちも水害のことは話してはいけないと思っていたらしいんですけど，それをきっかけに担任の先生に，昼休みとかに，子どもたちが困っていることを話しかけるようになって，落ち着きを取り戻していきました。そのとき，心の健康授業が非常に大事だということがわかりました。

冨永良喜（兵庫県立大学）
釣りと卓球が趣味ですが，卓球はコロナ禍でできず，毎日ビーグル犬との森林公園の散歩と週1回の日本酒がストレス対処法です。

　また，神戸児童連続殺傷事件後に兵庫県心の教育総合センターが開設されて，そこで教員と一緒に，小学校低学年から高校生までを対象とした心の健康授業案を開発していったんですね。そして，2011

（平成23）年の東日本大震災後には，岩手県の13万人の小・中・高・特別支援学校の児童生徒に，トラウマを含むチェックリストを心のサポート授業（心の健康授業）で行うことにしました。その授業後に，担任とスクールカウンセラーによる教育相談を行うようにし，私はそこにスーパーヴァイザーとして携わってきました。

小泉　私は，子どもの学校適応というのがもともとの大きなテーマで，その中で，環境の変わり目のところをどうサポートするのかという点からのスタートだったんですね。そのことを研究しながら1997（平成9）年にアメリカに1年滞在する機会があって，そこで社会性と情動の学習（social and emotional learning: SEL）に出会いました。ちょうどSELが動き出した直後に近い時期だったんです。SELは子どもたち全員を対象にした予防開発的な取り組みで，こういうやり方があるんだなと思いました。もちろんそれまでにもソーシャルスキルトレーニング（SST）とかありましたけど，包括的・予防的にやれる道があるんだというプログラムに出会ったわけです。

小泉令三（福岡教育大学）
比較的自然が残っている地域に住んでいるので，散歩を楽しんでいます。いつぞやタヌキに遭遇。向こうもびっくりした様子でした。

　その後しばらく間が空いて，2010（平成22）年ごろから，SELの一つとしてSEL-8Sというプログラムを小中学校用に作って普及を始めました。その後，SEL-8Sの対象を広げ，幼児とか，それから高校生，さらには，教える教師向けにまで進んでいます。この進展は，どちらかと言うと現場の要望があって広がってきました。最初から，こういう風に全体を広げていこうという意図はあまりなかったんですけれども，結果的に現在は広がりながら進めてきています。

渡辺　私は大学院のときに，思いやりとか向社会的行動の発達研究をしていたので，道徳性や思いやりをはぐくむためにどうしたらいいかっていうことを考えていました。ハーバード大学のセルマン（Selman）先生のもとに1995年から1年間近く在外研究に行く機会があって，役割取得能力を向上させるための，思いやり育成プログラムである「Voices of Love and Freedom」プログラムに出会いました。その後，静岡に戻ってきてちょうど人権教育にかかわったので，静岡市内でこのプログラムのモデル授業を幼稚園や小学校の先

生がたに実践し，論文や本などでその効果を伝えたりしていました。

　同じころに，発達臨床の視点からも研究や実践をしていたので，適応指導教室にかかわりました。そこでは，認知行動に焦点を置いたソーシャルスキルトレーニングの実践をし始めました。その間，ノースカロライナ大学近くにある 3C Institute のデロージャー（DeRosier）先生と交流し，ソーシャルスキルのゲーム型アセスメントをもとに Zoo U（Japan）というアセスメントツールを作ったりしました。昨年

渡辺弥生（法政大学）
ジャンルをあまり問わず映画や演劇を鑑賞するのが大好きです。時々「球」を追いかけるスポーツを楽しんでいます。

は新型コロナウイルスの感染対策動画をソーシャルスキルベースに作ったり，道徳の教科書にもソーシャルスキルの考え方を取り入れてもらっています。

　最近は，認知と行動だけではなく感情の切り口も大切だと思い，感情知能（EQ とか EI と表記されますが）の基礎研究を行ったり，そのエビデンスをもとに SEL の視点から，「みらいグロース」という ICT のセルフラーニングのシステムをプレスリリースしたところです。

青木　私は1999（平成11）年にアメリカに滞在する機会を得ました。そこで品格教育を見てその理念に驚きました。帰国後に，品格教育を雑誌等で紹介しました。すると，声をかけてきてくれた教育委員会がいくつかありました。そこから一緒にやってきました。

　品格教育は，特定のプログラムというよりはそれを入れる枠組み，考え方のようなものです。ですから，内容は学校によって自由度があります。品格教育とは一言で言うなら，よい習慣を持つ市民の育成教育です。まず習慣について説明します。習慣は生後学習するものです。そして，一度獲得してしまうと実行しないと気もちの悪い側面があります。例えば，朝起きて顔を洗う，歯を磨くのもそうですし，あいさつをすることもそうかもしれません。次に市民教育について説明します。人は誰も，よい市民の住む地域に住みたいと願っています。となると，未来の市民である子どもたちが，よい市民の特性をもつ大人になれば地域は住みやすくなります。

青木多寿子（岡山大学）
日本史が大好きな歴女。録画した番組を食事の準備の傍ら見ています。7 年前に運動不足解消にダンスを始め，世界が広がりました。

このように考えると，家庭の教育の目標，学校教育の目標，地域の教育目標は同じになります。そしてよい市民を育てるという共通の目標に向かって，学校・家庭・地域で協力し合うことになります。この品格教育のステップとして，まずコミュニティでよい市民の特性を考えます。これが，あいさつをするとか，責任感とか，寛大とか根気強さという地区の品格のテーマとなり，共通言語となります。また，習慣は繰り返せば繰り返すほど身につきやすくなります。そこで学校・家庭・地域で連携して繰り返す機会を増やします。こうして小学校・中学校の義務教育の９年一貫で，共通のテーマについて，子どもたちが主体的によい習慣を獲得し，自分のめざす望ましい大人になることを希求する機会を増してゆく教育です。

●心理教育プログラム実施に際して出会った，恒常的安定実施への壁

山崎　ありがとうございます。自己紹介がてらのスタートを無事終えました。それでは，次のテーマですが，これまでに，学校で安定して恒常的にプログラムを実施しようとすることを阻まれた経験です。また私のほうから説明させていただきます。

　先ほど紹介しましたように，できるだけ多くの学校でずーっとやっていただきたいということで予防教育をやってきたんですが，学校側の対応というのは３つのパターンに分かれました。一度取り入れられたらずっと続けていかれる学校，１年でやめられる学校，そして最後に，まったく実施されない学校です。

　この違いをつくる要因は何なのか。それがわかれば，長く実施するところばかりになるんじゃないかと考えました。その要因は，キーパーソンにありますね。中心になってやる方が，どれほどしっかりしていてやる気があるかということが，取り組みが続くか続かないか，予防教育をやるかやらないかを決定することがわかりました。例えば，キーパーソンが教育長だったら県とか市町が全体でやることになるし，校長だったら学校全体，一教員だったら例えば一学年とか，そんな形になっていきます。キーパーソンが異動したり，辞めたりすると，そこでの学校とか地域は実施が下火になっていくという，残念な状況になります。このことをなんとかしたいと考えています。

　どうしたら，キーパーソンに頼らずにやっていけるのか，あるいは他の多くの人にもキーパーソン的な位置づけにどうしたらなってもらえるのかとい

う，結局，人的な問題ですね。非常に多忙な先生がたなので，多くの先生にキーパーソン的になってもらう。これしかないと思うのですが，どうしたら実現するかが問題ですね。

　学校は忙しいといっても，校長裁量でどうにでも時間をつくれることもわかっています。先生がたの多くが，どうにかしたい，やりたいという風になっていき，カリキュラムがいかに詰め込まれていてもやっていくにはどうしたらよいかということを考え続けて，今日に至っています。

冨永　2011年から，岩手県は心のサポート授業，いわゆる心の健康授業を，1コマなんですけど毎年，全学校で実施しています。しかしながらこの心のサポート授業は，道徳が教科になってから，それまでやってきた道徳の時間にはできなくなりました。皆さんご存じだと思いますが，2011年の大津のいじめ自殺事件を受けて，道徳を教科にしたわけですよね。そして，道徳の教科書ができたので，教科書に基づいて授業をしなくてはならなくなったわけです。

　少し経緯をお話しすると，1997年の神戸児童連続殺傷事件後に河合隼雄先生が座長になり，心の教育緊急会議が設置されました。そして「心の教育の充実に向けて」の提言が出され，兵庫県心の教育総合センターが設立され，もっと予防的な教育に力を入れていくことになりました。しかし国の政策としては「心のノート」ができましたね。「心のノート」は心の健康ノートじゃなくて道徳ノートだったわけです。その「心のノート」をベースに道徳の教科書が作成されていきました。

　その結果，心の健康授業は，朝の会や学活，わずかにある保健の時間でしかできなくなったのです。心の教育総合センターではさまざまな心の健康授業案，ストレスマネジメントとかいじめや暴力防止授業の開発をしてきましたけれど，授業枠がないのでほとんど実践されていないというのが現状です。

小泉　プログラムの継続に大きく関係しているのが，先ほどもキーパーソンという言葉が出ましたが，校長と，学校の中で実際にこの教育を動かすコーディネーター的な教員，このお二人にかなり重要な役割があるなと思っています。学校長は積極的な推進者でなくてもいいかもしれませんが，とにかく理解してそれをやっていこうと，学校の経営上にきちんと位置づけてくだされば，継続できると思っています。それと，コーディネーター的な教員がいること。この方が学校のカリキュラムの調整や，特に研修会がきちんと継続していく

かどうかを左右しますので，このお二人が重要な鍵を握っていらっしゃると思います。

　　これまで，私のプログラムなどが続けて実施されないときには，校長などが最初に一生懸命がんばっても，キーパーソンになる次の方が，私の専門はこっちだからと言って別の教科か何かを一生懸命されることがありました。そうすると続かない。その方がせっかくだから続けようと言われた場合には，継続される3人目の方がそれをやめるのはなかなか難しいかなという印象があります。コーディネーター的な教員の方がうまく継続しながら次の方にバトンを渡していくということが続けば，ある程度継続するんじゃないかと思います。

渡辺　私は，自分のプログラムをそのままの形で取り入れてくださいっていうことはあまりやっていません。考え方とか理論的なことを理解していただいて，どんな科目にも応用できますよという説明の仕方をしています。実施を阻む一つの原因は教員の不安にあるかなと思っています。教員養成のときに何もトレーニングしていませんので，いきなり心理教育とか，未体験のプログラムをやることになると，不安がやはり大きいのかなと思います。

　　カリキュラムの問題もあります。前年度から，前もってカリキュラムの中に入れてもらわないと，1セッションの時間はどれぐらいにするとか，週1回ペースなのかなどを決めて，恒常的に実施することができません。また，心理教育を実施する場合に，どの時間がふさわしいかと混乱します。道徳なのかロングホームルームなのか，あるいは総合的な学習の時間がよいのか迷います。

　　それから，先ほども言われたように，誰が中心になるかということが問題になります。私がかかわってきたソーシャルスキルトレーニングなどは，生徒指導担当の先生が行ったり，スクールカウンセラーがやったり，養護教員の人がリーダーになったりといろいろです。チーム学校が大切ですが，誰がリーダーになるのかといった組織化が難しいと感じています。

青木　私は，学校ではなくて教育委員会と交渉してきましたので，品格教育を継続できなくなった最大の理由は教育委員会内の人事異動だと思っています。日本の社会では，新しいリーダーが来たらそのリーダーが長年温めてきたことを実践しようと思うのは当然のことだと思います。そうなると，前のリーダーがやっていたことを，組織がただ単純に引き継ぐことは難しくなります。

その結果，教育委員会でリーダーが変わると，組織が重視するものも変わり，お金の使い方も変わって，なかなか継続しにくいと思います。

　特に東京都などは，この傾向が強いのではないでしょうか。政治の中心に位置していますので，トップの政党が変わると傘下にある多くの組織の支持政党が変わることになります。そうなると，前の政党が取り組んでいたものを徹底的に見直そうとする側面があるように思います。その際，教育は特にエビデンスに基づいて見直すことが難しい領域だと思います。また東京都は，ある区が取り組んだ実践を，隣りの区が取り入れるかというと，必ずしもそうではない。むしろどの区も，自分の区にふさわしいものをオリジナルで創ろうとする傾向があるように思います。もしそうだとしたら，広い地域で恒常的に安定的に実施するのはなかなか難しいと感じます。

　その点，地方は政治闘争がそれほど激しくありませんので，品格教育は残ります。しかし担当者が代わると取り組みの意義が正確に伝わらなくなりがちです。そうすると，研修会の回数が減り，やがて開かれなくなります。こうなると品格教育の本質が伝わりませんので形骸化してしまいます。このように考えると，恒常的安定実施に必要なものは，人とお金の使い方ではないかと私は思っています。

山崎　先生がた，ありがとうございます。お話をうかがっていると，皆さんいろんなバックグラウンドをもっておられるようで，出会ってこられた壁にも，共通している部分もあれば，独自に体験されている部分もあることがわかりました。

　さて，ここから座談会のクライマックスに入っていきます。先生がたのお話を聞いていて，4つほど討議するポイントが見えてきました。まず一つ目に，学習指導要領の壁があります。そこで，学習指導要領も含めて国主導の教育カリキュラム政策にどう入るか，あるいは入るべきかという問題があります。二つ目は，教職の学びのスタートである大学の教員養成課程の問題です。そこでは，心理教育プログラムのことはほぼ入っていません。そのため，実施するとなると教員になってから学ぶ必要があります。研修の機会もいろいろと考えられますが，多忙な職務の中でどうやっていくかという問題があります。これは，キーパーソンの育成にも関係してくると思います。

　三つ目は，どうしても考えてみたいことなのですが，公認心理師との関連です。これから次第に公認心理師の活動が前に出てきます。大学院のカリ

キュラムとか公認心理師の職務の中に少し心理教育プログラムに関係するものがありますが，公認心理師の活動の中にもっと入り込むにはどうしたらいいかということが問題になります。そして最後は，私たち自身の反省にもなりますが，私たちが開発しているプログラムが恒常的・安定的に実施してもらえるようなプログラムになっているのかという問題です。科学的効果評価の問題とか，実施容易性とか，他にはプログラムの数がそろっているかという問題で，これが四つ目です。これら4つを討議するということでよろしいでしょうか。

冨永・小泉・渡辺・青木　結構だと思います。賛同します。

●［第一のテーマ］学習指導要領に入る必要があるか，ないか

山崎　ありがとうございます。先生がたのご経験では，実際にいろんな壁に出会ってこられたようですね。そこで，この本の主題でもある，そういう壁をどう乗り越えたらよいかについて情報交換をしたいと思います。まず第一点目が，学習指導要領にこういうプログラムが入っていないことで，学習指導要領に先導され国主導で進む今の日本の教育では，これは実施上，相当なマイナスになります。この点について，学習指導要領に入る，あるいは入る必要はないことも含めて，自由にご意見，ご討議いただけたらと思います。

渡辺　道徳教育の中身を決める大事な委員会に心理学関係の人が十分に入っていなかったりして，なかなか心理学の知見を届けてこられなかったところがあるように思います。学際的に学問の壁を越えて考える必要がありますが，学習指導要領について決める委員会にも心理学領域の人がいまだ少ないところに，心理的なプログラムを紹介できずにいる原因の一つがあるかなと思っています。

冨永　私は，道徳の中に心理学をベースにした授業案を入れると，子どもが混乱すると思うんですね。そしてそれは定着しない。また，おそらく道徳学者が反対します。ですから保健体育の心の健康の時間を拡充するというのが重要で，その時間をいかに確保するかが問題になってくると思うんです。

小泉　たぶん，今ある科目などのどこかに入れるのが，一番いいと思いますね。海外の例では，例えばアメリカだとキャセル（CASEL: Collaborative for Academic, Social, and Emotional Learning）という団体がそういうことをかなり意識して動いています。教育行政に対して，心理教育プログラムを科目に

入れるよう働きかけをしていくのが必要な一歩になると思います。アメリカではそういう州が増えてきているのは事実です。一方で，じゃあ入れるとしたらどこに入れるのか。例えば，道徳教育なんかが考えられますが，これまでやってこなかったので，今度は具体的に実効性のあるものにするためにどうしていくのかという，2つのステップがあるかなと思います。

山崎　なるほど。いま小泉先生がおっしゃったCASELなどは，やはり法律の側から切り込んでいきますね。法制化したら勝ちというところがあるんですけど，それさえも日本ではできない。それをどうしたらいいかということと，小泉先生がおっしゃったように，法制化した後に実際にどう動くのかということもあると思います。なかなか悩ましいところですね。

冨永　今の学習指導要領の枠の中だったら，総合的な学習の時間に入れるのは一案だと思うんです。兵庫県選出の国会議員が，私たちのコロナ中傷差別防止授業の実践を見学に来られました。その方が，2021（令和3）年3月8日の参議院予算委員会で，小学校1年から高校生まで，全学年でストレス対処を学ぶ時間を，と質問されました。その結果，文科大臣は，保健体育以外にも総合的な学習の時間においてストレスを課題にして教科等横断的に探究的な学習を行い，特別活動や学級活動でもストレスを含めた心の健康について問題として取りあげることもできる，と答弁したんですね。次の2030（令和12）年の学習指導要領改訂までに，準備できるのはあと数年しかないんですよ。それに向けていろいろ発信していき，これまでに取りまとめた心の健康の授業の成果を含めて提示し，議員さんたちを動かして国を動かすことが必要じゃないでしょうか。

青木　私は教員養成学部に所属しておりまして，他の教科の先生がたと授業の話をする機会があります。その折によく思うのは，「心理学」とは「心のケアをする学問」という固定化したイメージをおもちの方が多いことです。その結果，道徳や総合的な学習と心理学は無縁と思っておられる方が多いと感じます。道徳や総合的な学習に心理教育を入れるという発想はおもちではないように思います。ですから，渡辺先生がおっしゃるように，一番上の会議でその設定を行うところに心理学の人が入っていかなければ，これらの教科に心理学が入るのは無理かもしれません。加えて，もし仮に入れることができたとしても，担当する教員の側に立ったとき，教員の側に心理教育についての知識がなければ，ついつい従来の方法を重視して，新しく入った心理教育

プログラムは簡単に済ます，ということもありそうです。ですから，教科の中に入れてゆくよりも，むしろオリジナルなものを作っていくほうが入りやすいのではないか，という気がします。

山崎　白熱してきましたが，なかなか難しい問題も見えますね。どうですか，ちょっと無理ではないかなという話もあってもよいのですが（笑）。

渡辺　さっきお話ししたように，心理学の知見を認めてくれる人はいるのですが，ただ心理学領域の研究者はデータとして成果を出していないと，比較的遠慮して主張しない傾向があるように思います。他領域の方々には，データがない場合にも理論をベースとして積極的に主張され，討論に長けている方が多いと感じるところがあります。他に，養護教諭の先生が心理教育に関心をもってくださる場合がありますが，教科教育を担当されていないので，ユニバーサル型の心理教育のリーダーにはなりにくいことがあるようです。

山崎　確かに，今の段階で，こういう教育政策を決めるトップに，たくさんの心理学関係者が入ったらだいぶ動きは違うと思いますが……。それが今は，心理学をやっている者に力がなくて，なかなか動けないということですね。

小泉　また別の観点でよろしいですか。今のお話，私も非常に強く感じるんですけど，もう一方で，例えば学校の現場で見ていると，小中一貫教育などは何もないところから草の根的に始まって，義務教育学校ができたりしていますよね。そういうことで言うと，実績みたいなものが制度をつくるという動きもあるのは事実かなぁと思うんですよね。なので，心理学関係では歯が立たないんだったら，別の方略から行ったほうがいいんじゃないかと思います。実績をつくっちゃって，実はこんなのがあるんだけどどうだ，みたいなのはどうでしょうか。先ほど冨永先生がお話しになったメンタルヘルスとか，ウェルビーイングというのはこの手のキーワードとして出てきそうかなと思うので，このあたりから押していく。そして，それを一つの形に持ち上げていく，みたいな方向性もあるのかなぁと感じています。

冨永　小中一貫校は，カリキュラムがかなり柔軟に組めますよね。例えば被災地の大槌学園小中学校では，心の授業が各学年で実践され今では定着しています。ですから，小泉先生がおっしゃったようなことも含めて発信していくのがいいように思いますね。

渡辺　あと一つ，発達心理学の大切さというか，対象となる子どもの理解がどのように違うかといったエビデンスを打ち出せるのは，発達心理学の領域だと

思います。その点をもう少しアピールできたらいいかなと思ったりもしています。

冨永　もう一つ，メンタルトレーニングの例で言えば，道徳の教科書に大谷翔平選手の目標達成シートが載ってるんですよ。道徳では，主人公の身になって考えるという時間がすごく多くて，自分について考える時間はほんのわずかなんですね。道徳で「克己」の態度を育て，心の健康でメンタルトレーニングを身につけるという提案も，入りやすいかもしれないですね。

山崎　第一のテーマについては，こういう風に学習指導要領を変えたらいい，こんな教科に入ることができるとか，ここをもうちょっと変えたらいいという案はたくさん出てきます。しかし，結局はそれをどう実現するかという段階で，政治的な動きや力が弱いということになります。それでもやはり可能性があることでしたら，草の根的にすごいものを見せつけるという方向があると思います。すると，今度はプログラムを作る私たち側の問題になるんですね。開発されたプログラムがどれほど草の根的な動きに耐えられるのかという問題もあるんですけど，いくつかの方法が，個別に実施されるだけではなく，並行していろんな形でやっていくのもいいのかもしれません。

●［第二のテーマ］教員の学びの場と機会を確保できるか

山崎　次のテーマに入りたいと思います。それは，学校の先生がたの学びの場ということで，そのスタートは大学の教員養成課程，そして，実際に学校の先生になると研修の機会が特に初期にはたくさんあります。そこで，こういう教育を学んでいただいてわずかなりとも中核になる先生を輩出するというような道筋もあると思うんですが，このあたりのテーマについていかがでしょうか。

冨永　山崎先生がおっしゃったように，やはり大学の教員養成課程を変えることだと思うんですね。今，教育相談論は必須ですよね。でも，先生になってからの教育相談論の研修は悉皆研修じゃないんですよ。一案としては，心の健康学のもとに心の健康授業論と教育相談論を置き，教育相談を心の健康授業の中でもできるとすれば，悉皆研修になると思いますね。

青木　私も教員養成課程の中で，ソーシャルスキルや心理教育を学生たちに伝えていきたいと思ってきました。教育相談も使えますが，生徒指導やキャリア教育のコマも使えると思います。私は現在，生徒指導の中で何コマかを使っ

277

て心理教育を実践しています。学生からすれば，自分が経験したことがない
ものは実践しにくいと思います。体験してみておもしろいと思ってくれたら，
教師になった後も自分で勉強してくれるのではないかと期待しています。他
方で近年，文科省はキャリア教育に力を入れています。このキャリア教育の
基本は自己理解です。広く考えると，社会に出た後に，自分がストレスをた
めないように対処することも入ってくると思います。今，私にできることは，
大学のこれらの講義の中で，心理教育を体験させてゆくことではないか，と
考えています。

渡辺　私もすごく賛成です。教員養成課程でトレーニングされていないことを急
に外部の人からやれやれって言われても，不安が先に立ち抵抗感があると思
います。やはり教員養成の中で何かしら実践の形が入るといいと思います。
今年度，学校の先生がたの SEL の力量を高める研修というのをはじめて行っ
たんですけど，先生がたの「あるある場面」がすごくよくわかりました。こ
ういう状況のトレーニングが必要だということがわかったんです。教育委員
会の夏の研修などでソーシャルスキルトレーニングの講師をしたりしていま
すが，先生がたが必要としている状況をもとに研修ができたらと思いました。
また，先生がたが研修から戻って他の先生がたに引き継げるような工夫を提
案する必要があるなぁと常々思っているところです。

小泉　授業に関しては，先ほど青木先生が言われたように，今ある科目の中にで
きるだけ位置づけていくしかないのかなという気がしますね。学生は，参加
型の授業ではモチベーションをある程度維持できるという印象がありますし，
私たちのほうでどういう風に利用していくのかということから始めないと，
無理でしょう。新しく何か必修を増やそうと思っても，他の科目を教えてい
る専門の方々には受け入れがたいでしょう。ですので，まず今あるところを
活かすと同時に，後は選択科目として取ってくれるような動きをしていくの
が現実的なステップかなと感じています。

山崎　現実の壁ですよね。それにまたここでもぶつかってしまいました。結局，
一つの科目の中でちょっと主張していくという風になり，心理教育プログラ
ムがそのまま科目名になることはなかなか難しいなと思います。教員養成課
程の中に入るのは，学習指導要領に入るのと同じような難しさをもっている
と考えてしまいます。教職課程が難しければ，実際に教員になった後の研修
ですよね。教育というのは基本的に地方自治の力が強いので，教育委員会が

本気で動くと動き，国が動かなくても認められていきます。事は子どもの命とか健康とか，生き住まう環境への適応とかに関わる一大事なんですよね。そういうことを主張するとともに，その教育の重要性をもっと主張したいんですが，どうでしょうか。そのあたりは，実際に先生になった後に学んでもらうことにすると，もう少し動きやすいかなという気はするんですけど，いかがでしょうか。

冨永　学習指導要領の改訂をにらんで準備することと今の枠の中でできることと，この2つを並行して走らせる必要があると思うんです。キャリア教育は，総合的な学習の時間を軸にしてるんでしょうかね，青木先生。

青木　はい，そうです。総合的な学習の時間と特別活動（特活）が軸になっているようですね。

冨永　ですよね。だから教科横断的に組むわけで，防災教育もそうですよね。防災教育では，人には逃げない心理である正常性バイアスがあることを学ぶとか，災害後の心のケアについて学ぶとか，そういうことを総合的な学習の時間で提案していくなど，学習指導要領の改訂までは工夫が必要だと思います。

青木　ちょっと愚痴になるかもしれませんが，総合的な学習の時間も特活も，多くの場合，心理学ではない先生がたが担当しておられますから，どれだけ心理学的要素を入れてくださるのかについては少し不安があります。先ほど渡辺先生が言っておられたように，発達心理学をもとに主張していくことができればよいのですが，教育学の先生には，それさえやれるとおっしゃる方がおられます。授業の中で子どもたちが多様であることがわからずして，どうしてよい授業ができるか，と主張をなさいます。このように主張されると，発達心理学者は返す言葉がありません。ですから，教員になる学生たちには，私たちが心理教育を体験させて，特別活動や総合的な学習でもやれるのだという関連を示しておけば，教師になった後，興味をもってくれた学生が研修会を通して心理教育を勉強してくれると期待しています。

渡辺　教育委員会が主催される研修には，人権教育だったり生徒指導だったり，また教育研修センターや教育相談センターの主催だったりと縦割り感がありますね。いずれにしても主催者側の先生がたが心理教育に理解を示してくださる場合には，実習なども熱がこもって研修が充実するように思います。

冨永　教師は授業をして，個別に苦しんでいる子どもをサポートして成長するんですよね。私も心の教育総合センターで研修をやってきましたけど，教師は

受け身ですよ。でも心の健康授業を教師が体験すると，ほんとに身につけていかれるんですね。そこが，やはり軸だと私は思います。

山崎　なるほど。結局やりやすいのは，研修とかシンポジウムとか座学的なことになってしまう。しかし，いま冨永先生がおっしゃったように効果がない。お金を使ってなんかやったぞ，で終わってしまいます。多くの企業での研修のように，実体験の研修を，本物の研修をやってみる必要があるのではないでしょうか。これはおそらく大学の教職課程でも同じことなんですが，知識だけ投げ打っても無駄なのではという気がしています。実効性のあるやり方ってありますかね。このままでは同じだという感じがするんですけど，いかがでしょうか。

渡辺　危機予防のPREPaREというアメリカの学校心理士のトレーナーの資格を取ったんですけど，そこでは，ワークショップの形式が決まっています。使用されるスライドなどの教材も，誰が講師になっても同じ質の研修ができるように徹底しています。日本では教員養成課程の同じ科目名でも，担当した教員によってまったく内容が違っていることがありますよね。研修の中身の質を同じにするという切り口からは，アメリカのデフォルトとなる教材や研修方法の確立はすごいと思いました。

青木　それはすごくいい仕組みだと思います。先ほど継続できない理由でも申し上げましたが，日本では人が代わるとやり方がガラッと変わります。だから恒常的に続かないのだと私は思います。ですから，例えば10年ぐらいは，担当者が誰に代わってもこれを続ける，みたいなものをつくっておくと，同じ研修を受けた先生たちの共有知識が財産になって，相互に共通理解できるものになります。この仕組みがあると恒常的に実施できるのではないかと思います。

小泉　一方で，日本ってそういうの嫌われますよね（笑）。画一的だとか，型にはまったことをするなとかね。これはなかなか越えがたい壁なんじゃないか，これまた大きなバリアかなと思います。先ほど学びの場というような話があったんですけど，教育委員会とか教育センターが設定する研修会も，そこで種を蒔いて，その蒔かれた人が職場でいわゆるOJT（On-the-Job Training）をする。そういうやり方のほうが割合，確実につながる。普及する場合はそれが確実なのかなって感じがします。ですから，種蒔きの部分をいかに効率よくやるかを考えたほうが，日本的にはマッチするのではないかということ

です。で，そのときに若干の自由度はあるよと，学校の実態に合わせて工夫してください，みたいに自由度を持たせたほうがモチベーションが上がる気がします。

青木　小泉先生のご意見をうかがうと，そのとおりだと思います。日本は地域によって風土がかなり違いますので，各学校で抱える問題が違っています。例えば岡山県・広島県近辺では，政令指定都市が抱える問題と山間部や瀬戸内の島々が抱える問題は当然違っています。ですから，どの地域でも共通の心理教育では嫌がられるのもわかります。もう一つ，私が取り組んだらよいのではないかと思う方法は，例えば教育委員会の研修会に各学校から「最低2人出す」という方法です。と申し上げるのも，1人しか研修会に出ていなかったら，学校に戻って広めようとしてもなかなか仲間の同意が得られにくいのではないでしょうか。この点，2人いたら，2人で相談しながら，相互に助け合ったり，根回ししながら取り組めるので広まるのではないかと思います。

山崎　ありがとうございます。草の根的というか下から突き上げるようなものも期待しなければならないようです。例えば，目の覚めるような効果があって，強く引きつけるような研修会を誰かがやっている，私たちの誰かがやっているということになれば，そこからの口コミってすごいですよね。10年研修はもうやめることになりましたが，効果がないものがあれほど大規模に進むということがまかり通っていくわけです。それに対抗できるのは，やっぱり素晴らしい，宝石のような研修かなぁという気がします。ここでもう一つの観点としては，私たちプログラム開発者が広めていくという点では，見違えるようなプログラムをがんばって作っていく必要があるのかもしれません。

●［第三のテーマ］公認心理師の仕事になれるか

山崎　それでは，三つ目のテーマですが，今トレンドの公認心理師との関係です。公認心理師はスクールカウンセラーでも第一番の資格に入ってきたりして，国家資格の強みがあるなと思って見てるんですが，この公認心理師の活動の中にも入り込むと強いかなという気がします。

冨永　現在のコロナ禍は大災害で，ストレスの問題は非常に身近だと思うんですね。それにもかかわらず，ストレッサー，ストレス反応，ストレス対処のような概念も，学校の先生には定着していません。ストレスを軸に，公認心理

師であるスクールカウンセラーが，ストレスについての心の健康授業を教員と共に行うことが必要だと思うんですね。

渡辺　まだはっきりしていないと思いますが，公認心理師になった後の研修制度の中にこういう心理教育が入るようにできたらいいなとは思います。

小泉　私は公認心理師の養成にはほとんどかかわっていないのですが，具体的に心理教育の受講がその資格要件にあるとか，受験のための養成の段階で何か取らないといけないことはあるんでしょうか。

冨永　公認心理師の業務の第四が心の健康教育にかかわります。大学院養成課程では「心の健康教育の理論と実際」という科目があります。

小泉　そういう科目はある意味，一つの切り口になるってことですね。

山崎　ただ公認心理師は基本的には学部資格となり，大学院の教育は絶対に必要なものではないということで，大切なんですけど付加されているような形です。それから，冨永先生がおっしゃったとおりなんですが，公認心理師の4番目の仕事も「心の健康教育の知識の普及を図る」とかで，ちょっと私たちが考えてることとは乖離があるのも事実です。大学院にも，先生がおっしゃったとおり授業があるんですけれど，授業名に「健康教育」という名前が付いているように広くカバーできない可能性があります。担当者の意向に沿うんでしょうけれど，その科目内容だけでは心理教育プログラムにとっては不十分になるでしょうね。要するに，養成課程のカリキュラムなどを今のままの指導のあり方でやっていくのでは，なかなか入り込めないということです。今後さらに養成課程の中に入っていくにはどうしたらいいか，それに関してお考えをお聞かせいただければと思います。

渡辺　今は実際，公認心理師のポストがはっきりせず，学校では臨床心理士と両方の資格をもっている方がスクールカウンセラーとして入っているというのが一番多いと思います。私のゼミで博士を取った人が，スクールカウンセラーに心理教育ができるかということを博士論文にしましたが，やはりスクールカウンセラーからすると，授業に入っていくことはなかなか難しいようです。コンサルテーションして，授業は先生にやってもらう方法が好まれるようです。そこで，例えば，そういうコンサルテーションのやり方をトレーニングするとか，誰が授業するのかということと関わってくるんですけど，そのあたりの役割をもう少し明確にしたほうがいいような気がします。

青木　私も似たような話を聞きました。ある校長先生が自校のスクールカウンセ

ラーに「心理教育をやってもらえないか」とお願いしたそうです。すると「自分は臨床心理士，公認心理師なので授業はできない。面談しかできない」と言われたそうです。そこで仕方がないから，小規模校でもあったので，学校の生徒全員と個別面談をやっていただいたそうです。この例のように，個別面談を担当するのが公認心理師の仕事だと思われてしまったら，知識として心理教育は知っていても実際の授業はできない，という公認心理師が養成されるのではないかと懸念しています。

冨永　養成課程や教育実習で，公認心理師をめざしている学生が教員とコラボして授業する機会があるといいんですよね。その中で集団に対して語りかける，リラクゼーションのメッセージにしても，自分の言葉で語る，語り伝えるということがこんなにも違うのかと。本を読んで学ぶだけじゃなくて，そういう経験を積んでいかなければいけないと思いますね。そういう機会を確保してあげるのがポイントでしょうね。

青木　今のことに関連して，公認心理師の実習は，今のところ病院臨床だけなのだそうです。他の領域の人たちが，実習を病院臨床以外にも広げてほしいと要望する，という話を小耳にはさんだことがあります。もしそのように展開してゆくのでしたら，教育現場で心理教育プログラムの実習を入れていただくようにお願いしていくことは，私たちができることかもしれません。

冨永　医療機関で看護師のメンタルヘルス研修を，その病院にいる公認心理師とコラボで一緒にやり，お手伝いするといったような経験を積めば，それも財産になりますよね。

山崎　結局，心理教育プログラムが貢献するとすれば，おそらくスクールカウンセラーを通じてだと思うんですよ。国の予算がなくて，スクールカウンセラーは週1回が関の山という中で，心理教育プログラムをやってもらうことは難しい。また，トレーニングも受けていない。だから，渡辺先生もおっしゃったように，コンサルテーションするという立場でしかかかわれないと思うのですが，それもまだ不十分です。スクールカウンセラーが毎日のように学校に入っていく，あるいは専任として入っていくように機会が拡充されていくことが必要です。予算があれば必ずそうなっていくんでしょうけど，予算がないからできないという話です。そんなことも考えながら，スクールカウンセラーを媒介として心理教育プログラムが公認心理師を通じて広がっていくという側面はいかがでしょうか。

冨永　岩手県では，スクールカウンセラーが担任とコラボして心のサポート授業をしています。ただおっしゃったように，学校に入っているのが実質6時間，週に1日しかないので改革が必要です。今年度，文科省はスクールカウンセラー，スクールソーシャルワーカーの常勤化についての調査研究を委託していますので，文科省もその動きはあると思うんです。だからそれに乗って，カウンセリングだけじゃなくて心の健康授業を担任の先生とコラボでやるとこんな効果がありますよっていう発信を，エビデンスを出しながらやっていくことは非常に重要だと思いますね。

山崎　なるほど。実際にもう少し長く公認心理師がスクールカウンセラーとして学校に入ってこれるようになると，指導者的な立場だけではなくて教員とコラボする，あるいは教室で教員が行う教育にサポート的に入っていくというような形ができると思うんです。しかし実際には，スクールカウンセラーの方がこういうプログラムをやることはまずない。で，やるのは誰かというと，キーパーソンになっている一般の先生，担任の先生，学年主任の先生，そして養護教諭の先生ということで，核になれそうな先生がたがたくさんいらっしゃいます。それに，先ほどおっしゃったように，コラボレーションですが，チーム学校の中に一つそんな大きな核ができたらいいのになぁ，とも考えますがどうでしょうか。

小泉　いま言われたように，いろんな組み合わせのチームの組み方で進めていくしかないのかな，という気がします。ただ，スクールカウンセラーの方にも指向性の違いがあるようですので，学校組織とのかかわり方が上手な方の場合はスムーズに入っておられると思います。私の近くで言うと北九州市はそんなふうに，ぐっと入っていった実例です。そういう方々をうまく活かしていただけたらいいかなという気がします。

冨永　あとはやはり，現場の困り感に対応した心の健康授業をスクールカウンセラーが提案する，担任とのコラボですがスクールカウンセラーがしっかりリードしてやるとよいと思います。例えば，リストカットをしていて心配なんだけどもスクールカウンセラーの相談には行かない生徒がいるとすると，授業だったらスクールカウンセラーはクラスの全員にかかわるわけですね。授業をきっかけに相談の敷居が下がり，スクールカウンセラーとの接触ができます。そのように，スクールカウンセラーはやっぱり役に立つな，と実績を積み上げていくことだと思いますね。

渡辺　学校心理学の心理的援助の考えに一次，二次，三次予防という段階があり
　　ますが，アメリカの場合，スクールサイコロジストは，すべての援助ができ
　　るようにトレーニングしています。先ほど小泉先生もおっしゃったように，
　　今の日本のスクールカウンセラーの援助は病院などの三次的援助を念頭に
　　されている方が多いように思います。学校の先生がたと連携していくために，
　　研修先などは，病院だけではなく学校などを含めることができるといいです
　　ね。繰り返しになりますが，先生がたと関係者がどのように連携できるのか，
　　そのあたりは選択できる提案ができるといいのかなと思います。

青木　少し話は変わりますが，ある会でスクールカウンセラーをなさっている臨
　　床心理士の方とお話ししたとき，心理教育について次のようにおっしゃって
　　いました。「私たちスクールカウンセラーは臨床心理士が担当してきた。三
　　次支援として担当してきた。なのに一次支援が重要と言われたら私たちの
　　職域が侵されるみたいな気になる」と。これを聞いて私は「なるほど，一次
　　支援も専門性だと主張することは，臨床心理士の十八番である三次支援を
　　相対的に低くみることになるのだ」と気づきました。私たちが一次支援の重
　　要性を主張したら，同業者の抵抗に遭いそうだと気づいたのです。このよ
　　うなことから，小泉先生や冨永先生のご意見のように，一次支援の事例を集
　　めて，「仕事は三次支援だけではないですよ」というメッセージを発信して，
　　スクールカウンセラーたちに職域についての概念転換を図る取り組みも必要
　　かもしれないと思います。

山崎　ありがとうございます。学校に接点をもっている第一の人は学校教員です
　　よね。それと，スクールカウンセラーの方もかなり接点をもっている。ス
　　クールカウンセラーの大半は大学院まで学んでいて，一般教諭で大学院で学
　　んでる人がほんのわずかなことと比較すると，学ぶ機会を十分にもってきた
　　人たちなので，期待できるかもしれません。学校教員やスクールカウンセ
　　ラーをなんとかしたい，公認心理師や臨床心理士の人たちもなんとかしたい
　　と，一つの方向だけではちょっと手緩いというか，牙城を崩せないので，い
　　ろんな方向から攻めていかなければだめだなということが考えられると思い
　　ます。

●[第四のテーマ] 提供する心理教育プログラムは十分なのか

山崎　そこで，もう一つの視点はプログラムの提供側ですよね。つまり，私たち

です。プログラムを軌道に乗せようとするときに，あるいは，こんなプログラムがありますよと提案するときに，プログラム自体の素晴らしさと，その見せ方を工夫しなければならないと感じます。

青木　アメリカのスクールカウンセラーは，地域や学区で作った自分たちの総合的なカウンセリングの目標をもっています。対象は幼稚園年長組から高校3年生まで，領域は人格・社会的な領域，教育支援領域，キャリア発達領域の3つです。そして幼稚園ではこんなこと，小5ではこんなこと，という詳細な目安を作っています。一次支援の事例集にも，どの領域に関わるものなのか，その目安が記載されています。日本の心理教育も，人として社会でやっていけるような目安を作って，この心理教育はこの領域の目安をカバーしていますよ，というのを示せると，受け入れる側は安心できると思いますし，それを校長に紹介したり，保護者に紹介したりできます。他方で，そのようなものをどう作ったらよいかについては，ちょっと見当がつかないという状況です。

渡辺　青木先生がおっしゃったように，また小泉先生もお詳しいと思いますが，SEL については，まず地域において SEL プランナーなどが，保護者や学校とこの考えをどう共有するかということが必要になります。1ヵ月目はこうする，3ヵ月目はこうするといった，タイムラインやガイドラインがすごくしっかりと提案されています。ただし，そういうガイドラインを誰が作るかというところは，個人の力だとなかなか難しいなぁと感じます。大学の教員自体の業務がすごく多くなり，外部の方と実践することへのエネルギーに限界を感じることもあります。この書籍や座談会のようにみんなが集まって何かをやること自体，やりたいけれど現実化するのは難しいなと思うことがあります。

冨永　心理教育プログラムの授業を実践されている先生がたがこうやって集まって，ご自分の指導案や授業案をみんなで共有して，共通項と違う項を精査することが一つ大切だと思うんですね。もう一つ，最初に山崎先生が言われた第三世代の予防教育のように，教員の負担をできるだけ軽減したプログラムは非常に重要だと思います。ですから，私の立場で言えば，例えば緊張したときどうする，怒りを感じたときどうするというプログラムは，小学校1年生からずっとできるんですね，やろうと思えば毎年。発達とともにコーピングのやり方も変わってくるわけで，そういった一貫したものを提案するのも

286

一つかと思うんです。他の先生がたは，例えば怒りの感情について発達段階によってどのようなプログラムを提案しておられるのかなど，内輪でこのようなことを共有することじゃないでしょうかね。

渡辺　今おっしゃったように，共有できるものは共有して，実施する段になればプログラムを選べるとか，このプログラムはこう違うというのがわかる一覧をつくる。そんなことができる仲間が増えることで，底上げする力になるような気がします。あと，効果についてですが，SEL関係の論文では，社会性や感情の育成がメンタルヘルスや学力までつながっているという縦断的研究を含めた大規模な研究が多いですね。その点，日本では特定のプログラムを何回かやって，自己評価の質問紙の得点が上がったかどうかで終わってしまっている研究がまだ多いですよね。学力とかメンタルヘルスまで収集するデータを増やしたり，縦断的研究などの成果を発表していけたらいいのかなという気がします。

小泉　私も自戒の言葉としてですが，エビデンスの出し方をもっとかっちりやっていく必要があると思います。納得してもらえるようなものを出しつつ，またニーズに合わせたやり方をとることになるのかなぁと思うんですね。先ほど青木先生や渡辺先生も言われたように，アメリカの学校のシステムを見てみると，やっぱり学校の位置づけがちょっと違います。日本の学校は上から作ってもらっていますが，アメリカは違いますよね。地域で必要に応じて作ってきたような流れがあるので，分権性も非常に強い。そういうことから考えると，日本でのやり方をよくふまえて，そのニーズに合わせないといけない。アピールの仕方というか，もっと賢く攻めていかなければと感じています。その流れで言うとたぶん，震災などにかかわられた冨永先生は，ピントを合わせて入られています。そういう意味では，必要なところに必要なものを届けるという，それはすごくよい出会いだなぁと感じています。

冨永　災害の心のケアも，結局ストレス障害化してしまうのは，過去に暴力を体験したとかいじめを体験したような子どもなんですね。ですからやはり日本では，暴力トラウマについて小学校高学年から学べるような仕組みをつくらないと，災害や事件が起きた後だけの心のケアではもう限界があるというのが，私がひしひしと感じていることですね。

山崎　研究者側からのご意見をうかがうと，やるべきことは結構まとまっていますよね。一つは，一人ひとりがやっているだけでは十分じゃないということ

です。広がりというか，カバーできる子どもたちや学年を広めないと十分じゃない。今どんな心理教育プログラムがあってどう適用できるのかに，まとまりがないのが現状ですよね。パッケージのようなものがないんですよね。今回のこの書籍はその一里塚になるかもしれないんですけれど，各研究者がやってることを集約して，こんなときはこうやれるよ，この学年にはこうやれる，こんな問題があるときにはこうやれるよ，というバイブル的なものへとまとめていかなければならない。このことは今回の書籍を皮切りにちょっと考えてみたい気がします。

　二つ目は，これは日本が特に駄目なんですけど，エビデンスの出し方ですよね。アメリカと比べてはるかに科学性が落ちます。RCT（Randomized Controlled Trial）とはほど遠いエビデンスの出し方をされるのが現状ですが，科学の世の中ですから科学的に効果があることを迫力をもって示さなければならないということですね。それから三つ目は，現場のニーズに合わせていくことです。多忙な先生のために時間と手間がかからず容易にできるものをというニーズもあるし，この学校では，この地域ではというニーズもあり，そういうことに応えられることが大切になりそうです。この３つのことが，私たち研究者側に課せられた課題なんだろうなと，先生がたの話を聞いていて思いました。

●最後に，恒常的安定実施に向けての期待と夢

山崎　さて，快調に議論が進んできてありがたいのですが，最後に，心理教育を学校で恒常的に安定して実施することに向けての期待というか，夢でも結構なんですが，大いに語っていただきたいと思います。

冨永　やはり，議員に働きかけることだと思うんです。市会議員，県会議員，国会議員ですね。働きかけるときの資料としては，子どもが変わる，クラスが変わる，学校が変わる，そういったデータが非常に重要ですよね。それと同時に，海外ではどうなのかを整理して，議員の皆さんにわかってもらう必要があると思うんです。日本は，阪神・淡路大震災以来，心の教育を道徳のみを柱にやってきたわけですよ。しかも，例えば小学１年生の道徳で節度・節制を教える「かぼちゃのつる」のように，わがままをしていたら犬に踏まれてトラックに轢かれてしまうという暴力肯定の教材も含まれている。そういう現状を心理学者がどう考えているのかを，それに代わるものは何かといっ

たことと合わせて，提案していくことが大事だろうと思います。

小泉　今，コロナの関係で学校では授業時間が少なくなっています。そのような なかでは，こういうプログラムも削られてしまいます。まずは教科の学習 だっていうことになる現実が，非常に哀しいですね。こういうときだからこ そ，むしろ大事なものは何なのかを伝えたいですね。学校側にそれを理解し てほしいのですが，私たちの働きかけの弱さをあらためて感じている昨今な んです。今回，コロナ感染の問題からどういうところに影響が出てきている のか，これからいろいろと研究が進むと思いますけど，少なくとも心の教育 の観点から言うと，むしろ今だからこそ，この教育が必要だと感じています。 それをきちんとアピールできるような取り組み方が必要で，そういうところ をめざしていきたいなと今思っています。

渡辺　今，虐待とかいじめとか不登校とか，問題が多岐にわたっていますし，い ろんな事件になっていることもあります。例えば，虐待予防のためにも，親 が「親になる」という経験を重ねるなかで，イライラしたり，育児不安が生 まれたりして，なかなか子どもにうまく対応できない状況を共感し，理解し たうえでの対策が必要だと思います。例えば，保健所では出産や栄養などへ の対応は十分されていても，発達心理や先にあげた不安やイライラへの対応 など，心理教育についての時間は少ないと思います。赤ちゃんのときから幼 児，児童と育っていくことの知識やかかわり方についての心理教育がなされ ていないところが残念です。胎児期から高齢期を含めた生涯発達，ストレス コーピング，健康心理といったコンテンツが期待されますね。

　　今，私自身は「声」から感情がどの程度理解できるのかという基礎的な研 究をしていますが，意外と声のみを通して相手の気もちを理解することが難 しい中学生や高校生が多く存在します。個人的にはスマホなどの文字文化 が中心になってきて，耳を通してお互いがしゃべるのを聞いて相手の気も ちを汲む経験が減っているのではと危惧しています。繰り返しになります が，基礎的な心理学の知識を一般の方に取り入れてもらえるといいなと思っ ています。

青木　議員に持っていくという冨永先生の案はすごくいいお考えだと思います。 一方で議員に提案していくためには，こちらがある程度のものを，例えば各 教科の学習指導要領に相当するようなものを持っていないと，議員も採用し にくいのではないかと感じます。そのように考えたら，渡辺先生のご意見の

ように，生まれてから死ぬまでの心の変化を入れたプランと，それらをどこでどう教えるかといったプランを研究者が持っていれば，議員も，学校の中でどう実践するのかについて，話を軌道に乗せやすくなるのではないかと思います。

　加えて私は，道徳や特別活動などの，すでにある教科と一緒にやるのではなく，自分たちだけでできるものはないだろうかと考えてみたとき，一つ思い浮かぶのはキャリア教育です。キャリア教育には専門家がいませんし，米国ではスクールカウンセラーが担当する3つの領域の一つです。そこには心理的な要素がたくさんあります。例えば，キャリア教育の基礎は，自己理解や課題の解決，キャリアプランニングなど，心理的要素が多分に含まれています。私がアメリカで見たキャリア関係の授業に，ウェルネスとキャリアという必修科目がありました。ウェルネスとは，身体の健康を含めた幸福感だそうです。この科目は，自分のキャリアを選ぶとき，自分が幸せになるキャリアの選び方を考えさせる必修授業です。日本でも近年，文科省がキャリア教育に力を入れていますから，キャリア教育に関連づけてプランを作れば，受け入れてもらいやすいように感じます。

　しかし，実際の授業を誰が担当するかを考えたとき，学級担任にお願いすると学校の先生がたの負担が増えてしまいます。そうなると，やはりスクールカウンセラーの活躍に期待したいと感じます。実際の授業を担当しなくても，せめてスクールカウンセラーが中心になって，その種の知識と情報を集めて，自分の職場の先生がたに広めていくというようなスタイルをとってほしいと思っています。

山崎　最近，不登校の現象とそれに対する文科省の対応に注目しています。その対応の歴史を振り返ると，不登校が増加してきた当初は，文科省はなんとかそれを食い止めたいとがんばってきたわけですが，何をやっても駄目でした。それでどうしたかというと，結局，不登校は誰にでも起こる現象なんだという方向に舵を切って，正規の学校教育以外にも教育の場はたくさんあっていいんだよと，要するに，この問題から逃げてしまったわけですね。

　ここには，大切な視点が欠落しています。それは学校自体が変わるという視点です。今の学校システムは第二次産業隆盛のときに適応したシステムであって，それが今，時代の情勢に合わなくなったのに学校は変わっていない。この状況はある意味，学校がガラッと変わる絶好のチャンスではないかと思

います。私は学校教育のめざすものをガラッと変えたいんです。生命，健康とか，生き住まう環境への適応とか，幸福とか，そういうものを中心とし，それを土台にして学問，勉強面があるというように，学校が変わるべきだと思います。残念ながら，日本という国はあらゆる面で衰退しつつあるので，ここは一念発起して学校教育をガラッと変え，その中核に私たちの心理教育が入っていったらいいのではないかという気がします。教育が変われば国が変わります。とにかく現行の学校教育は時代遅れですよね。この時代遅れの状態の中で歪みがいっぱい出てきている。この逆境をチャンスととらえ利用したいという強い気もちがあります。

　先生がた，本日はどうもありがとうございました。革新的で貴重な意見をたくさんいただき，この書籍の主張を代表する一章とすることができました。

今こそ，学校が変わるとき

　不登校もいじめも一向に減る気配がありません。それに，児童虐待の増加も学校教育に大きな影を落としています。私は，これらを現代の学校教育の三大問題と称しています。

　残念ながら，学校教育はこれらの問題に対して非力です。問題の解決には学校自体が大きく変わることを避けることはできません。このことは，本書の座談会などでも熱く語ってきました。これら三大問題を前に，学校の現況はどうでしょうか。不登校の問題に対して学校がその責任を放棄してしまっている状況はないでしょうか。いじめ防止の法律を制定して学校の対応を後押ししても，いじめ加害に減少の兆しが見えないのはなぜでしょうか。増え続ける児童虐待を前に被虐待児のケアどころかその存在にさえ気づかない教育現場を見かけませんか。

　いじめ，不登校，虐待の問題は学校での問題にとどまりません。放っておくと，学校を出た後の社会への適応にも尾を引く問題になることも少なくありません。そのような問題へと引きずることがないように対応できる切り札は，学校に他なりません。家庭が自ら変わるという自浄力が低下している今，学校への期待と責任は膨らむばかりです。

　そもそも，子どもたちの教育にとって何が一番大切なことでしょうか。それは答えが明らかな問いです。なんといっても，生命を自ら守る力の育成です。生命を守ることには，心身の健康や生き住まう環境への心理的適応，それに大きく言えば，幸福感が直結しています。これらの育成をなおざりにして，勉強面だけを強調する学校教育は見定める方向を完全に誤っています。

　本書で紹介してきた心理教育プログラムは，生命を守る力の育成に大いに貢献します。上記の三大問題の解決にも欠かせません。そのプログラムを学校教育の中核に置くべきです。ここで忘れてはいけないことは，このような力は勉強面の土台となるということです。この力なくして本来の学業は成り立たないのです。目先の成果だけにとらわれてはいけません。

　さて，未来の学校は見事に再生するでしょうか。本書は再生の一つの方向を示せたはずです。人口構成の歪みや経済成長の鈍化から，日本は今後の国のあり方を占う重要な局面を迎えています。心理教育プログラムの恒常的安定実施は，この国を救う一つの希望になるものと信じています。

（山崎　勝之）

引用文献

序　章

傳田健三（2008）．児童・青年期の気分障害の診断学——MINI-KID を用いた疫学調査から——　児童青年精神医学とその近接領域, *49*, 286-292.

Durlak, J. A., Weissberg, R. P., Dymnicki, A. B., Taylor, R. D., & Schellinger, K. B. (2011). The impact of enhancing students' social and emotional learning: A meta-analysis of school-based universal interventions. *Child Development, 82*, 405-432.

藤田武志（2015）．不登校数の増減をどう見るか——学校の聖性説を再考する——　日本女子大学紀要（人間社会学部）, *26*, 41-57.

服部隆志（2021）．虐待を受けた子どもの包括的アセスメント概説——心理的アセスメントを中心に——　鵜飼奈津子・服部隆志（編著）虐待を受けた子どものアセスメントとケア（pp. 2-27）　誠信書房

警察庁（2021）．令和 2 年中における自殺の状況（https://www.mhlw.go.jp/content/R2kakutei-01.pdf）

国立教育政策研究所（編）（2019）．教育環境の国際比較 OECD 国際教員指導環境調査（TALIS）2018 報告書——学び続ける教員と校長——　ぎょうせい

厚生労働省（2021）．令和 2 年度 児童相談所での児童虐待相談対応件数（速報値）（https://www.mhlw.go.jp/content/11900000/000824239.pdf）

Lyons-Ruth, K., & Block, D. (1996). The disturbed caregiving system: Relations among childhood trauma, maternal caregiving, and infant affect and attachment. *Infant Mental Health Journal, 17*, 257-275.

Matthews, K. A., & Woodall, K. L. (1988). Childhood origins of overt Type A behaviors and cardiovascular reactivity to behavioral stressors. *Annal of Behavioral Medicine, 10*, 71-77.

文部科学省（2020）．令和元年度公立学校教職員の人事行政状況調査について（概要）（https://www.mext.go.jp/content/20211220-mxt_syoto01-000011607_000.pdf）

文部科学省（2021）．令和 2 年度 児童生徒の問題行動・不登校等生徒指導上の諸課題に関する調査結果について（https://www.mext.go.jp/content/20201015-mext_jidou02-100002753_01.pdf）

内閣府（2013）．平成 25 年版障害者白書（https://www8.cao.go.jp/shougai/whitepaper/ h25hakusho/zenbun/index-pdf.html）

日本学校保健会（2020）．平成 30 年度・令和元年度　児童生徒の健康状態サーベイランス 事業報告書

山崎勝之（2022a）．愛着と虐待　鳴門教育大学学校教育研究紀要, *36*, 111-121.

山崎勝之（2022b）．「不登校」の問題とその解決　鳴門教育大学研究紀要, *37*, 30-45.

第 1 章

Damasio, A. R.（1994）．*Descartes' error: Emotion, reason, and the human brain.* New York: Putnam.（田中三彦（訳）（2000）．生存する脳——心と脳と身体の神秘—— 講談社）

鳴門教育大学予防教育科学センター（編）（2013）．予防教育科学に基づく「新しい学校予 防教育」Second Edition　鳴門教育大学

Russel, J. A.（1980）．A circumplex model of affect. *Journal of Personality and Social Psychology*, *39*, 1161-1178.

高橋浩之（1996）．健康教育への招待　大修館書店

Uchida, K., & Yamasaki, K.（2015, March）．*Effectiveness of a universal prevention program to enhance understanding and regulating emotions for children in schools.* Poster session presented at International Convention of Psychological Science, Amsterdam, NED.

内田香奈子・山崎勝之（2022）．学校予防教育プログラム "感情の理解と対処の育成" 短 縮版——小学校 6 年生における，新たな方途を用いた授業内容——　鳴門教育大学 研究紀要, *37*, 46-79.

Uchida, K., Yokoshima, T., & Yamasaki, K.（2016, March）．*Effects of implicit affect on emotional coping and school adjustments: A short-term longitudinal study with intervention programs.* Paper session presented at European Psychiatric Association, Madrid, Spain.

山崎勝之・佐々木恵・内田香奈子・勝間理沙・松本有貴（2011）．予防教育科学における ベース総合教育とオプショナル教育　鳴門教育大学研究紀要, *26*, 1-19.

山崎勝之・内田香奈子（2010）．学校における予防教育科学の展開　鳴門教育大学研究紀 要, *25*, 14-30.

Yamasaki, K., Uchida, K., & Murakami, Y.（2015, March）．*Effectiveness of a universal prevention program in enhancing self-confidence for children in schools.* Poster session presented at International Convention of Psychological Science, Amsterdam, NED.

第2章

小林朋子（2020）．思春期・青年期における社会性と感情に関する支援　野間教育研究所紀要, *63*, 306-352.

小林朋子（編著）（2019）．しなやかな子どもを育てるレジリエンス・ワークブック　東山書房

Masten, A. S.（2011）．Resilience in children threatened by extreme adversity: Frameworks for research, practice, and translational synergy. *Development and Psychopathology, 23*, 493-506.

満留昭久（2014）．からだの病気と抵抗力・回復力　児童心理, *68(11)*, 58-63.

鈴木純（2021）．中学校生活に困難を抱えていた生徒への高等学校での支援の在り方　日本高校教育学会年報, *28*, 4-13.

山西舞・小林朋子・澤田智之・中村景子・植田温子・豊田博之（2019）．適応指導教室におけるソーシャルスキルトレーニングを取り入れたレジリエンスプログラムの効果　静岡大学教育実践総合センター紀要, *29*, 47-54.

第3章

American Mindfulness Research Association（2022）．*Library.*（https://goamra.org/Library）

芦谷道子（2021）．子どもを対象としたマインドフルネス・プログラム .b（ドットビー）の主観的・生理的効果評価　日本心理臨床学会第40回大会発表抄録集, 32.

芦谷道子・伊藤靖・村田吉美・中川栄太（2018）．マインドフルネス・プログラムによる小学生に対する心理教育アプローチ　滋賀大学教育学部紀要, *67*, 109-122.

芦谷道子・伊藤靖・山本和美・中川栄太（2019）．英国で開発された子ども用マインドフルネス・プログラム（.b：ドットビー）の日本への導入の検討　日本マインドフルネス学会第6回大会抄録集, 43.

Baer, R. A., Smith, G. T., Hopkins, J., Krietemeyer, J., & Toney, L.（2006）．Using self-report assessment methods to explore facets of mindfulness. *Assessment, 131*, 27-45.

Caballero, C., Scherer, E., West, M. R., Mrazek, M. D., Gabrieli, C. F. O., & Gabrieli, J. D. E.（2019）．Greater mindfulness is associated with better academic achievement in middle school. *Mind, Brain, and Education, 13*, 157-166.

Chiesa, A., & Serretti, A.（2009）．Mindfulness-based stress reduction for stress management in healthy people: A review and meta-analysis. *Journal of Alternative and Complementary Medicine, 15*, 593-600.

Davidson, R. J., Kabat-Zinn, J., Schumacher, J., Rosenkranz, M., Muller, D., Santorelli, S. F., … Sheridan, J. F.（2003）．Alterations in brain and immune function produced by mindfulness meditation. *Psychosomatic Medicine, 65*, 564-570.

Gotink, R. A., Meijboom, R., Vernooij, M. W., Smits, M., & Hunink, M. G. M. (2016). 8-week Mindfulness Based Stress Reduction induces brain changes similar to traditional long-term meditation practice - A systematic review. *Brain and Cognition, 108,* 32-41.

Kabat-Zinn, J. (2013). *Full catastrophe living. Using the wisdom of your body and mind to face stress, pain, and illness* (Revised and updated edition). New York: Bantam books trade paperbacks.

Keng, S. L., Smoski, M. J., & Robins, C. J. (2011). Effects of mindfulness on psychological health: A review of empirical studies. *Clinical Psychology Review, 31,* 1041-1056.

Kimberly, A., Schonert-Reich, & Roeser, R. W. (Eds.) (2017). *Handbook of mindfulness in education: Integrating theory and research into practice.* New York: Springer.

Kuyken, W., Nuthall, E., Byford, S., Crane, C., Dalgleish, T., Ford, T., ... MYRIAD team (2017). The effectiveness and cost-effectiveness of a mindfulness training programme in schools compared with normal school provision (MYRIAD): Study protocol for a randomised controlled trial. *Trials, 18,* 194.

Kuyken, W., Weare, K., Ukoumunne, O. C., Vicary, R., Motton, N., Burnett, R., ... Huppert, F. (2013). Effectiveness of the Mindfulness in Schools Programme: Non-randomised controlled feasibility study. *British Journal of Psychiatry: Journal of Mental Science, 203,* 126-131.

Mindfulness in Schools Project (2016). Teachers' notes: How to Teach .b. (未公開資料)

文部科学省 (2020). 令和元年度公立学校教職員の人事行政状況調査について (概要) (https://www.mext.go.jp/content/20211220-mxt_syoto01-000011607_000.pdf)

Sapthiang, S., Van Gordon, W., & Shonin, E. (2019). Health school-based mindfulness interventions for improving mental health: A systematic review and thematic synthesis of qualitative studies. *Journal of Child and Family Studies, 28,* 2650-2658.

Treleaven, D. A. (2018). *Trauma-sensitive mindfulness: Practices for safe and transformative healing.* New York: W. W. Norton & Company.

Zarate, K., Maggin, D. M., & Passmore, A. (2019). Meta-analysis of mindfulness training on teacher well-being. *Psychology in the Schools, 56,* 1700-1715.

第4章

馬場ちはる・松見淳子 (2011). 応用行動分析学に基づく通常学級における支援についての実践的検討　関西学院大学人文論究, *61,* 100-114.

Bradshaw, C. P., Mitchell, M. M., & Leaf, P. J. (2010). Examining the effects of schoolwide positive behavioral interventions and supports on student outcomes: Results from a randomized controlled effectiveness trial in elementary schools.

Journal of Positive Behavior Interventions, 12, 133-148.

Bradshaw, C. P., Waasdorp, T. E., & Leaf, P. J. (2015). Examining variation in the impact of school-wide positive behavioral and interventions and supports: Findings from a randomized controlled effectiveness trial. *Journal of Educational Psychology, 107*, 546-557.

Carr, E. G., Dunlap, G., Horner, R. H., Loegel, R. L., Turnbull, A. P., Sailor, W., … Fox, L. (2002). Positive behavior support: Evolution of applied science. *Journal of Positive Behavior Interventions, 4*, 4-16.

Clunies-Ross, P., Little, E., & Kienhuis, M. (2008). Self-reported and actual use of proactive and reactive classroom management strategies and their relationship with stress and student behaviour. *Educational Psychology, 28*, 693-710.

平澤紀子 (2015). 体罰をなくすために，ポジティブな行動支援から　行動分析学研究, *29*, 119-126.

石黒康夫 (2010). 応用行動分析学を用いた学校秩序回復プログラム　教育カウンセリング研究, *3*, 56-67.

松山康成・三田地真実 (2020). 高等学校における学校規模ポジティブ行動支援 (SWPBS) 第1層支援の実践――Good Behavior Ticket (GBT) と Positive Peer Reporting (PPR) の付加効果――　行動分析学研究, *34*, 258-273.

日本ポジティブ行動支援ネットワーク (2022). 日本語版学校規模ポジティブ行動支援 Tiered Fidelity Inventory (日本語版 TFI) version 1.1　日本ポジティブ行動支援ネットワーク (https://pbsjapan.com/)

庭山和貴 (2020). 学校規模ポジティブ行動支援 (SWPBS) とは何か？――教育システムに対する行動分析学的アプローチの適用――　行動分析学研究, *34*, 178-197.

大久保賢一・月本彈・大対香奈子・田中善大・野田航・庭山和貴 (2020). 公立小学校における学校規模ポジティブ行動支援 (SWPBS) 第1層支援の効果と社会的妥当性の検討　行動分析学研究, *34*, 244-257.

大対香奈子 (2020). 学校規模ポジティブ行動支援 (SWPBS) における実行度の評価　行動分析学研究, *34*, 229-243.

大対香奈子 (2022). 中学校での学校規模ポジティブ行動支援が中学1年生の不登校，学校肯定感および自己肯定感に及ぼす効果――生徒主体による取り組みの効果に着目して――　近畿大学総合社会学部紀要, *10*, 15-28.

大対香奈子・庭山和貴・田中善大・松山康成 (2021). 学校規模ポジティブ行動支援が教師のバーンアウトおよび効力感に及ぼす効果　近畿大学総合社会学部紀要, *9*, 31-42.

Ross, S. W., Romer, N., & Horner, R. H. (2012). Teacher well-being and the implementation of school-wide positive intervention and supports. *Journal of Positive Behavior Interventions, 14*, 118-128.

島宗理・吉野俊彦・大久保賢一・奥田健次・杉山尚子・中島定彦…山本央子（2015）．「体罰」に反対する声明　行動分析学研究, *29*, 96-107.

Sugai, G., & Horner, R.（2002）. The evolution of discipline practices: School-wide positive behavior supports. *Child & Family Behavior Therapy, 24*, 23-50.

田中善大（2020）．学校規模ポジティブ行動支援（SWPBS）を支えるデータシステムとしての ODR　行動分析学研究, *34*, 211-228.

徳島県（2018）. 徳島県教育振興計画（第3期）(https://tokushimakyouikutaikou.tokushima-ec.ed.jp/page_20210225070729)

Waasdorp, T. E., Bradshaw, C. P., & Leaf, P. J.（2012）. The impact of schoolwide positive behavioral interventions and supports on bullying and peer rejection: A randomized controlled effectiveness trial. *Archives of Pediatrics & Adolescent Medicine, 166*, 149-156.

第5章

Collaborative for Academic, Social, and Emotional Learning（2020）. *Fundamentals of SEL*.（https://casel.org/fundamentals-of-sel/）

香川尚代・小泉令三（2015）．小学校での SEL-8S プログラムの導入による社会的能力の向上と学習定着の効果　日本学校心理士会年報, *7*, 97-109.

小泉令三（2011）．子どもの人間関係能力を育てる SEL-8S 1　社会性と情動の学習〈SEL-8S〉の導入と実践　ミネルヴァ書房

小泉令三（2015）．一次的援助サービスとしての社会性と情動の学習（ソーシャル・エモーショナル・ラーニング）　日本学校心理士会年報, *7*, 25-35.

小泉令三（2016）．社会性と情動の学習（SEL）の実施と持続に向けて──アンカーポイント植え込み法の適用──　教育心理学年報, *55*, 203-217.

小泉令三（2020）．公立 A 中学校の4年間にわたる社会性と情動の学習「SEL-8S プログラム」の実践──アンカーポイント植え込み法の観点からの検討──　福岡教育大学紀要 第六分冊, *69*, 53-60.

第6章

林泰成・貝塚茂樹・柳沼良太（編）（2019）．中学道徳3　教育出版

兵庫県心の教育総合センター（2015）．いじめ未然防止プログラム（https://www.hyogo-c.ed.jp/˜kenshusho/07kokoro/ijimemizen/）

兵庫県心の教育総合センター（2017）．自殺予防に生かせる教育プログラム（https://www.hyogo-c.ed.jp/˜kokoro/ji-yobo/）

兵庫県教育委員会（2020）．新型コロナウイルス感染症の影響に関する心のケアアンケート　第1回調査結果（https://www.hyogo-c.ed.jp/˜gimu-bo/10kokorocare/pdf/01_

kokorokea01.pdf）

岩井圭司（2019）．学校教員のメンタルヘルス・リテラシー ―― 教員の現状と今後の教員養成教育に向けて，特に自殺予防教育と道徳科教育に注目して ―― 精神神経学雑誌, *121*, 957-964.

金子善博・井門正美・馬場優子・本橋豊（2018）．児童生徒の SOS の出し方に関する教育 ―― 全国展開に向けての 3 つの実践モデル ―― 自殺総合政策研究, *1*, 1-47.

松本俊彦（2017）．「いのちの大切さ」を解くだけでは子どもは救えない *a*-Synodos vol. 215（https://synodos.jp/opinion/society/19993/）

文部科学省（2015）．学習指導要領解説 小学校特別の教科・道徳／中学校特別の教科・道徳（https://www.mext.go.jp/a_menu/shotou/doutoku/）

文部科学省（2019）．改訂『生きる力』を育む小学校保健体育の手引き

文部科学省（2020）．改訂『生きる力』を育む中学校保健体育の手引き

文部科学省（2021a）．改訂『生きる力』を育む高等学校保健体育の手引き（https://www.mext.go.jp/a_menu/kenko/hoken/1353636.htm）

文部科学省（2021b）．令和 2 年度 児童生徒の問題行動・不登校等生徒指導上の諸課題に関する調査結果（https://www.mext.go.jp/content/20201015-mext_jidou02-100002753_01.pdf）

森昭三（代表）（2020）．みんなの保健 5・6 年 学研教育みらい

森昭三・佐伯年詩雄（代表）（2021）．中学校保健体育（令和 3 年度）学研教育みらい

社会応援ネットワーク（2021）．アニメ動画 コロナに負けるな（https://youtu.be/iCj8532IJKQ）

太刀川弘和（2019）．「SOS の出し方教育」と自殺予防教育 社会と倫理, *34*, 41-48.

冨永良喜（2014）．災害・事件後の子どもの心理支援 創元社

冨永良喜（編）（2015）．ストレスマネジメント理論によるこころのサポート授業ツール集 あいり出版

冨永良喜・森田啓之（編）（2014）．「いじめ」と「体罰」その現状と対応 金子書房

Wasserman, D., Hoven, C. W., Wasserman, C., Wall, M., Eisenberg, R., Hadlaczky, G., ... Carli, V. (2015). School-based suicide prevention programmes: the SEYLE cluster randomised, controlled trial. *Lancet, 385 (9977)*, 1536-1544.

WHO（2020）. *Social stigma associated with COVID.* (https://www.who.int/docs/default-source/coronaviruse/covid19-stigma-guide.pdf)

第7章

賀屋育子・道下直矢・横嶋敬行・内田香奈子・山崎勝之（2020）．「自律的セルフ・エスティーム」を育成するユニバーサル予防教育の開発 鳴門教育大学学校教育研究紀要, *34*, 47-54.

文部科学省（2018）．小学校学習指導要領（平成 29 年告示）解説　特別の教科道徳編　廣済堂あかつき

野口太輔（2021）．「自律的セルフ・エスティーム」を育成する予防教育プログラム（小学校 2 年生版）の開発と教育効果の検証　鳴門教育大学大学院修士論文

野口太輔・横嶋敬行・賀屋育子・山崎勝之（2021）．「自律的セルフ・エスティーム」を育成する予防教育プログラム（小学校低学年児童版）の開発と教育効果の検証　日本教育心理学会総会発表論文集, *63*, 473.

山崎勝之（2013）．トップ・セルフの教育目標　鳴門教育大学予防教育科学センター（編）予防教育科学に基づく「新しい学校予防教育」（第 2 版）（pp.17-47）　鳴門教育大学

山崎勝之・横嶋敬行・内田香奈子（2017）．「セルフ・エスティーム」の概念と測定法の再構築 —— セルフ・エスティーム研究刷新への黎明 ——　鳴門教育大学研究紀要, *32*, 1-19.

横嶋敬行（2022a）．自律的ならびに他律的セルフ・エスティームを測定するタブレット PC 版潜在連合テスト　山崎勝之（編著）セルフ・エスティームの研究と教育の再構築 —— 概念と測定法から教育方法と効果評価まで ——（pp.103-118）　風間書房

横嶋敬行（2022b）．児童用のタブレット PC 版自律的ならびに他律的セルフ・エスティーム潜在連合テストを用いた教育効果の検証 —— 効果の持続性の観点を含めて ——　山崎勝之（編著）セルフ・エスティームの研究と教育の再構築 —— 概念と測定法から教育方法と効果評価まで ——（pp.190-195）　風間書房

横嶋敬行・影山明日香・賀屋育子・内田香奈子・山崎勝之（2020）．ユニバーサル予防教育「自律的セルフ・エスティームの育成」プログラムの効果 —— 小学校 5 年生を対象とした教育効果の検証 ——　鳴門教育大学学校教育研究紀要, *34*, 77-84.

横嶋敬行・賀屋育子・内田香奈子・山崎勝之（2019）．児童用の簡易版セルフ・エスティーム（SE）潜在連合テストの開発の構想 —— 自律的ならびに他律的 SE を同時に測定する，紙筆版とタブレット PC 版の測定法開発に関する理論 ——　鳴門教育大学学校教育研究紀要, *33*, 141-148.

横嶋敬行・野口太輔・賀屋育子・山崎勝之（2021）．顔文字刺激を使った小学校低学年児童用の紙筆版潜在連合テストの予備的研究 —— 自律的ならびに他律的自尊感情の測定法として ——　日本教育心理学会総会発表論文集, *63*, 472.

第 8 章

中央教育審議会（2011）．今後の学校におけるキャリア教育 職業教育の在り方について（答申）　文部科学省

伊住継行・石井志昂・高山瑞己・上山達稔・髙橋良一・岡本晃典・青木多寿子（2021）．児童の自己理解を促す心理教育に基づくキャリア教育のクロス・カリキュラム開発

と検証 —— 広域支援体制を活用した複数校での実践を通して —— 教育実践学論集, *22*, 1-13.

小泉令三 (2016). 社会性と情動の学習 (SEL) の実施と持続に向けて —— アンカーポイント植え込み法の適用 —— 教育心理学年報, *55*, 203-217.

文部科学省 (2018a). 小学校学習指導要領解説 総則編 東洋館出版社

文部科学省 (2018b). 小学校学習指導要領解説 特別活動編 東洋館出版社

野村総合研究所 (2016). 人工知能との共存 (https://www.nri.com/jp/knowledge/report/lst/2016/fis/thoughtleader/03)

大竹恵子・島井哲志・池見陽・宇津木成介・クリストファー ピーターソン・マーティン E. P. セリグマン (2005). 日本版生き方の原則調査票 (VIA-IS : Values in Action Inventory of Strengths) 作成の試み 心理学研究, *76*, 461-467.

品田笑子 (2000). 「教師のセルフヘルプグループ」(11 現代の子どもたちに対する教師のあり方とは —— 学級崩壊, 生徒指導に悩む教師とサポートする視点から ——) 日本教育心理学会総会発表論文集, *42*, 552.

第9章

Kansas State Department of Education (2009). Steps to Implementation-Kansas Comprehensive School Counseling Program. Kansas Comprehensive School Counseling Program, 13-15.

河村茂雄・武蔵由佳・粕谷貴志 (2005). 中学校のスクールカウンセラーの活動に対する意義と評価 —— 配置校と非配置校の比較 —— カウンセリング研究, *38*, 12-21.

黒沢幸子・森俊夫・元永拓郎 (2013). 明解! スクールカウンセリング —— 読んですっきり理論編 —— 金子書房

楠本和歌子 (2021). 僻地におけるスクールカウンセラーの心理支援モデルの構築 —— 教師の期待に焦点を当てて —— 学校心理学研究, *20*, 115-127.

文部科学省 (2017). 児童生徒の教育相談の充実について —— 学校の教育力を高める組織的な教育相談体制づくり ——（報告） 教育相談等に関する調査研究協力者会議

文部科学省 (2021). 令和2年度 児童生徒の問題行動・不登校等生徒指導上の諸課題に関する調査結果について (https://www.mext.go.jp/content/20201015-mext_jidou02-100002753_01.pdf)

山口裕幸 (2008). チームワークの心理学 —— よりよい集団づくりをめざして —— サイエンス社

山本渉 (2021). スクールカウンセラーと担任教師の協働 日本評論社

第10章

Bandura, A. (1977). Self-efficacy: Toward a unifying theory of behavioral change.

Psychological Review, 84, 191-215.

Gong, Q. H., Li, S. X., Li, H., Cui, J., & Xu, G. Z. (2018). Insufficient sleep duration and overweight/obesity among adolescents in a Chinese population. *International Journal of Environmental Research and Public Health, 15,* 997. (doi:10.3390/ijerph15050997)

Hirshkowitz, M., Whiton, K., Albert, S. M., Alessi, C., Bruni, O., Don Carlos, L., … Ware, J. C. (2015). National Sleep Foundation's sleep time duration recommendations: Methodology and results summary. *Sleep Health, 1,* 40-43.

北田雅子・磯村毅 (2016). 医療スタッフのための動機づけ面接法 ── 逆引き MI 学習帳 ── 医歯薬出版

内閣府 (2016). 平成 28 年度版 子供・若者白書（全体版）(https://www8.cao.go.jp/youth/whitepaper/h28honpen/pdf_index.html)

ミラー, W. R. & ロルニック, S. (2019). 動機づけ面接（第 3 版）上 原井宏明（監訳）星和書店

文部科学省 (2019). 改訂「生きる力」を育む小学校保健教育の手引

森谷潔・清水真理 (2009). 「健康のための行動変容」を支援する際に有用な「自己効力感尺度」と「ソーシャルサポート尺度」の検討 天使大学紀要, *9,* 1-20.

日本学校保健会 (2020). 平成 30 年度・令和元年度 児童生徒の健康状態サーベイランス事業報告書

鈴木伸一・嶋田洋徳・三浦正江・片柳弘司・右馬埜力也・坂野雄二 (1997). 新しい心理的ストレス反応尺度 (SRS-18) の開発と信頼性・妥当性の検討 行動医学研究, *4,* 22-29.

第 11 章

American School Counselor Association (2005). *The ASCA national model: A framework for school counseling programs,* Second Edition. Alexandria, VA.

American School Counselor Association (2012). *ASCA school counselor competencies.* (https://edge.sagepub.com/sites/default/files/School%20Counselor%20Competencies.pdf)

American School Counselor Association (2022). *The role of the school counselor.* (https://www.schoolcounselor.org/getmedia/ee8b2 e1b-d021-4575-982c-c84402cb2cd2/Role-Statement.pdf)

キャンベル, C. & ダヒア, C. (2000). スクールカウンセリングスタンダード ── アメリカのスクールカウンセリングプログラム国家基準 ── 中野良顯（訳） 図書文化社

黒水温・井本泰子・西山久子・脇田哲郎・小泉令三・納富恵子 (2017). アメリカ合衆

国におけるキャリア教育とスクール・カウンセリング（1）——ミズーリ州包括的ガイダンス・カウンセリングプログラム（MCGCP）について—— 福岡教育大学大学院教職実践専攻年報, *7*, 243-250.

文部科学省（2015）．チームとしての学校の在り方と今後の改善方策について（答申）（http://www.mext.go.jp/b_menu/shingi/chukyo/chukyo0/toushin/__icsFiles/afieldfile/2016/02/05/1365657_00.pdf）

西山久子（2018）．アメリカにおけるスクール・カウンセリングからみた「チーム学校」における多職種の協働 生徒指導学研究, *16*, 24-31.

UK Department of Education (UKDofE) (2015). *Counselling in schools.* (https://www.gov.uk/government/uploads/system/uploads/attachment_data/file/497825/Counselling_in_schools.pdf)

Wang, K., Rathbun, A., & Musu, L. (2019). Indicator 5, *School Choice in the United States: 2019.* National Center for Education Statistics, U.S. Department of Education.

第12章

菊池省三（2012）．「ほめ言葉のシャワー」——その実際—— 菊池省三（編著）小学校発！ 一人ひとりが輝くほめ言葉のシャワー（pp. 20-51） 日本標準

マーケティング・アジェンダ（2020）．刀・森岡毅氏が語る，どんな戦略でも使える“武器”とは アジェンダ・ノート編集部, 2020/12/24 (https://agenda-note.com/conference/detail/id=3473)

文部科学省（2017）．小学校学習指導要領解説

森岡毅（2016）．USJを劇的に変えた，たった一つの考え方——成功を引き寄せるマーケティング入門—— 角川書店

武田明典・池田政宣・知念渉・小柴孝子・嶋﨑政男（2018）．総合的な学習の時間についての教員のニーズ調査 神戸外国語大学紀要, *30*, 235-255.

第13章

青木多寿子（2002）．アメリカの小学校に見る品性徳目教育とその運用 岡山大学教育実践総合センター紀要, *2*, 47-59.

青木多寿子（2006）．カンザス州（米国）でみたスクールカウンセラーの活躍——小学校編—— 岡山大学教育実践総合センター紀要, *6*, 119-129.

青木多寿子（2007）．「ベスト実践集（1997）」に見るカンザス州（米国）のカウンセリング・プログラムの開発 学習開発学研究 広島大学大学院教育学研究科学習心理学講座, *1*, 73-82.

青木多寿子（編）（2011）．もう一つの教育——よい行為の習慣をつくる品格教育の提

　案── ナカニシヤ出版

青木多寿子（2013）. 品格教育の長期的実践の成果と課題　日本教育心理学会第55回
　総会　自主シンポジウム

青木多寿子（2014）. 品格教育とは何か──心理学を中心とした理論と実践の紹介──
　発達心理学研究, *25*, 432-442.

新茂之（2011）. 品格教育と倫理学　青木多寿子（編）もう一つの教育──よい行為の
　習慣をつくる品格教育の提案（pp. 8-9）　ナカニシヤ出版

Berkowitz, M. W., & Bier, M.（2004）. *What works in character education: A research-
　driven for educators*. Washington, DC: Character Education Partnership.

Character Education Partnership（2007）. *Character Education*. （http://www.
　character.org/）

フロム, E.（1972）. 人間における自由　谷口隆之助・早坂泰次郎（訳）　東京創元社

羽仁もと子（1995）. 靴を揃えてぬぐ自由　羽仁もと子（選集）最も自然な生活　婦人
　之友社

橋ヶ谷佳正・立己理恵・青木多寿子（2007）. 品格教育　こころくんポスター7種

井邑智哉・青木多寿子・高橋智子・野中陽一郎・山田剛史（2013）. 児童生徒の品格と
　Well-being の関連──よい行為の習慣からの検討──　心理学研究, *84*, 247-255.

Lickona, T.（1992）. *Educating for character: how our school can teach respect and
　responsibility*. New York: Robin Straus Agency, Inc.（リコーナ, T.　三浦正（訳）
　（1997）. リコーナ博士のこころの教育論──「尊重」と「責任」を育む学校環境の
　創造──　慶應義塾大学出版会）

Lickona, T.（1993）. The return of character education. *Educational Leadership*,
　November, 6-11.

宮崎宏志（2011a）. 品格教育と道徳教育　青木多寿子（編）もう一つの教育──よい
　行為の習慣をつくる品格教育の提案（p.6）　ナカニシヤ出版

宮崎宏志（2011b）. 品格教育と徳目主義　青木多寿子（編）もう一つの教育──よい
　行為の習慣をつくる品格教育の提案（pp.26-27）　ナカニシヤ出版

文部科学省（2011）. 生徒指導提要

Peterson, C., & Seligman, M. E. P.（2004）. *Character strengths and virtues: A
　handbook and classification*. Washington, DC: American Psychological Association
　and New York: Oxford University Press.

坂越正樹・青木多寿子・鈴木由美子・鈴木明子・七木田敦・栗原慎二・神山貴弥（2010）.
　学校と家庭とが共同して子どもの心を育てるための情報共有の在り方とその効果に
　ついて──規範意識の実態や学校文化への理解度を中心に──　広島大学教育学
　研究科調査報告書

若井田正文（2014）. 世田谷区における徳育の施策「人格の完成を目指して」　クオリ

ティ・エデュケーション，*6*, 139-153.

吉田辰雄（2009）．ガイダンス・カウンセリングの意義と必要性　吉田辰雄（編著）生徒指導・進路指導——ガイダンスとキャリア教育の理論と実際——　図書文化

第 14 章

Ainsworth, M. D. S., Blehar, M. C., Waters, E., & Wall, S. N.（1978）．*Patterns of attachment: A psychological study of the strange situation.* Hillsdale, NJ: Lawrence Erlbaum.

Bowlby, J.（1969/1982）*Attachment and loss. Vol. 1, Attachment.* New York: Basic Books.（黒田実郎・大羽蓁・岡田洋子・黒田聖一（訳）（1991）．母子関係の理論 I　愛着行動　新版　岩崎学術出版社）

国立教育政策研究所（編）（2019）．教育環境の国際比較 OECD 国際教員指導環境調査（TALIS）2018 報告書——学び続ける教員と校長——　ぎょうせい

中村浩二（2020）．全職員が定時で帰る スクールリーダーの職員室革命　明治図書

時松哲也・山田眞由美（2020）．仕事はここまで削減できる！ 学校改革スタートブック　学陽書房

内田良・広田照幸・高橋哲・島﨑量・斉藤ひでみ（2020）．迷走する教員の働き方改革——変形労働時間制を考える——　岩波ブックレット No. 1020

山崎勝之・内田香奈子・村上祐介（2013）．予防教育科学に基づく「子どもの健康と適応」のための学校予防教育における評価のあり方——無作為化比較試験への準備としての現段階の評価——　鳴門教育大学学校教育研究紀要，*28*, 39-45.

執筆者一覧
（執筆順）

山崎 勝之（やまさき かつゆき）　鳴門教育大学 特命教授, 兵庫教育大学 特任教授
（編著者）　［はじめに, 序章, 第 14 章, 終章, Topic 1, 15, 16, 全体編集］

内田 香奈子（うちだ かなこ）　鳴門教育大学 准教授　［第 1 章, Topic 2］

小林 朋子（こばやし ともこ）　静岡大学 教授　［第 2 章, Topic 3］

芦谷 道子（あしたに みちこ）　滋賀大学 教授　［第 3 章, Topic 4］

大対 香奈子（おおつい かなこ）　近畿大学 准教授　［第 4 章, Topic 5］

小泉 令三（こいずみ れいぞう）　福岡教育大学 名誉教授　［第 5 章, 終章, Topic 6］

冨永 良喜（とみなが よしき）　兵庫県立大学 特任教授　［第 6 章, 終章, Topic 7］

影山 明日香（かげやま あすか）　徳島県藍住町立藍住東小学校 教諭
［第 7 章, Topic 8］

野口 太輔（のぐち だいすけ）　中村学園大学 講師　［第 7 章, Topic 13］

伊住 継行（いずみ つぐゆき）　環太平洋大学 准教授　［第 8 章, Topic 9］

原 範幸（はら のりゆき）　兵庫教育大学大学院 博士課程（元中学校長）
［第 9 章, Topic 10］

滝 あい（たき あい）　高松市教育委員会 指導主事　［第 10 章, Topic 11］

西山 久子（にしやま ひさこ）　福岡教育大学 教授　［第 11 章, Topic 12］

田村 隆宏（たむら たかひろ）　鳴門教育大学 教授　［第 12 章］

青木 多寿子（あおき たずこ）　岡山大学 教授　［第 13 章, 終章, Topic 14］

渡辺 弥生（わたなべ やよい）　法政人学 教授　［終章］

本文イラスト　森岡海咲［もくじ・本文］
三嶋礼華［はじめに・各部扉］

日本の心理教育プログラム
心の健康を守る学校教育の再生と未来

2022 年 10 月 10 日　初版第 1 刷発行

編著者	山崎勝之
発行者	宮下基幸
発行所	福村出版株式会社

〒113-0034 東京都文京区湯島 2-14-11
電　話　03(5812)9702
ＦＡＸ　03(5812)9705
https://www.fukumura.co.jp

印　刷	株式会社文化カラー印刷
製　本	協栄製本株式会社

© Katsuyuki Yamasaki 2022

Printed in Japan
ISBN978-4-571-22061-6 C3011
落丁・乱丁本はお取替えいたします
定価はカバーに表示してあります

福村出版◆好評図書